Toulouse Métropole

Cofondateurs : Philippe GLOAGUEN et Michel DUVAL

Directeur de collection et auteur
Philippe GLOAGUEN

Rédacteurs en chef adjoints
Amanda KERAVEL
et Benoît LUCCHINI

Directrice de la coordination
Florence CHARMETANT

Directrice administrative
Bénédicte GLOAGUEN

Directeur du développement
Gavin's CLEMENTE-RUIZ

Direction éditoriale
Catherine JULHE

Rédaction
Isabelle AL SUBAIHI
Mathilde de BOISGROLLIER
Thierry BROUARD
Marie BURIN de
Véroniqu
Fio

…iller à la rédaction
Pierre JOSSE

Administration
Carole BORDES
Éléonore FRIESS

2017/18

hachette

TABLE DES MATIÈRES

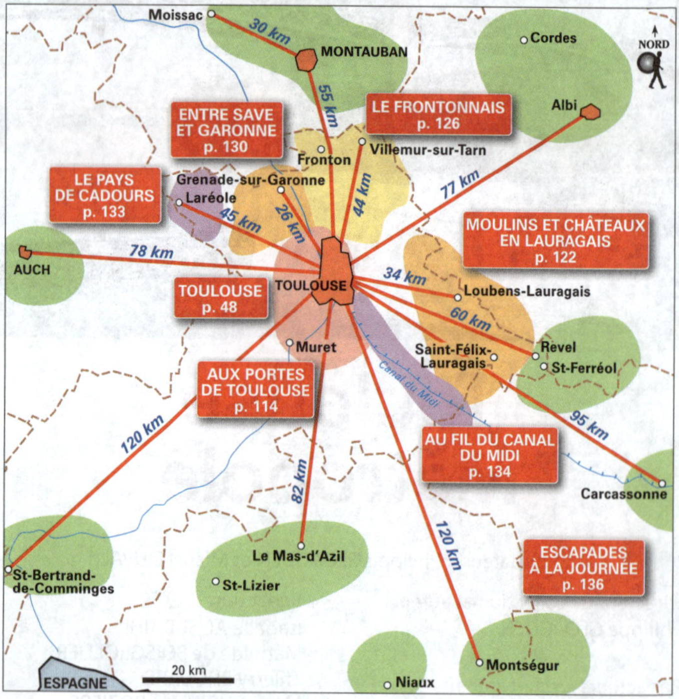

PRÉAMBULE

BON À SAVOIR AVANT LE DÉPART 33

COMMENT Y ALLER ? 43

Recommandation à ceux qui souhaitent profiter des réductions et avantages proposés dans *Le Routard* par les hôteliers et les restaurateurs.

À l'hôtel, pensez à les demander au moment de la réservation ou, si vous n'avez pas réservé, **à l'arrivée.** Ils ne sont valables que pour les réservations en direct et ne sont pas cumulables avec d'autres offres promotionnelles (notamment sur internet). Au restaurant, parlez-en **au moment** de la commande et surtout **avant** que l'addition soit établie. Poser votre *Routard* sur la table ne suffit pas : le personnel de salle n'est pas toujours au courant et une fois le ticket de caisse imprimé, il est souvent difficile de modifier le total. En cas de doute, montrez la notice relative à l'établissement dans *Le Routard* de l'année et, bien sûr, ne manquez pas de nous faire part de toute difficulté rencontrée.

☎ **112 :** c'est le numéro d'urgence commun à la France et à tous les pays de l'UE, à composer en cas d'accident, agression ou détresse. Il permet de se faire localiser et aider en français, tout en améliorant les délais d'intervention des services de secours.

Albi, ville fleurie

LA RÉDACTION DU ROUTARD

(sans oublier nos 50 enquêteurs, aussi sur le terrain)

Thierry, Anne-Caroline, Éléonore, Olivier, Pierre, Benoît, Alain, Fiona, Gavin's, André, Véronique, Bénédicte, Jean-Sébastien, Mathilde, Amanda, Isabelle, Géraldine, Marie, Carole, Philippe, Florence, Anne.

La saga du *Routard* : en 1971, deux étudiants, Philippe et Michel, avaient une furieuse envie de découvrir le monde. De retour du Népal germe l'idée d'un guide différent qui regrouperait tuyaux malins et itinéraires sympas, destiné aux jeunes fauchés en quête de liberté. 1973. Après 19 refus d'éditeurs et la faillite de leur première maison d'édition, l'aventure commence vraiment avec Hachette. Aujourd'hui, Le *Routard*, c'est plus d'une cinquantaine d'enquêteurs impliqués et sincères. Ils parcourent le monde toute l'année dans l'anonymat et s'acharnent à restituer leurs coups de cœur avec passion.

Merci à tous les Routards qui partagent nos convictions : liberté et indépendance d'esprit ; découverte et partage ; sincérité, tolérance et respect des autres.

NOS SPÉCIALISTES TOULOUSE

Amanda, Mathilde et Marie : quand l'une arpente les routes bretonnes en quête de la meilleure pâte à crêpes, l'autre explore le bocage normand à coups de gorgées de cidre, pendant que la troisième chausse ses skis pour dégoter le meilleur refuge alpin. La curiosité, l'enthousiasme et la gourmandise sont leur meilleur sonar, que complètent deux décennies d'expérience à user leurs semelles sur les routes de l'Hexagone. Un trio complice et indépendant qui essaie, entre deux voyages, de garder la ligne.

Thierry Bessou : ses origines agricoles auraient pu l'amener à cultiver la terre, finalement il la sillonne. Pourtant, il a peur de prendre l'avion ! En équilibre précaire sur un éléphant, les doigts gelés au pied d'un glacier, de marchés en musées, ses antennes restent déployées. C'est dans la Ville Rose qu'il écrit, inspiré par mille lieux foulés, mille regards croisés.

UN GRAND MERCI À NOS AMI(E)S SUR PLACE

Pour cette nouvelle édition, nous remercions particulièrement :

- **Nathalie Lacomme,** du comité départemental de tourisme de la Haute-Garonne ;
- **Mélissa Buttelli,** chargée de la promotion et des relations presse à l'office de tourisme de Toulouse ;
- **Marine Brunet-Modeste,** chargée de promotion et des relations avec les professionnels du tourisme à l'office de tourisme de Toulouse ;
- **Hélène Kemplaire,** directrice adjointe de l'office de tourisme de Toulouse, chargée de l'exploitation, de la commercialisation et des publics ;
- **Carol Borgel,** responsable de l'accueil à l'office de tourisme de Toulouse ;
- **Catherine,** notre guide en Lauraguais ;
- ... et toutes les équipes des offices de tourisme rencontrées durant notre périple.

Pictogrammes du Routard

Établissements

- Hôtel, auberge, chambre d'hôtes
- Camping
- Restaurant
- Boulangerie, sandwicherie
- Glacier
- Café, salon de thé
- Café, bar
- Bar musical
- Club, boîte de nuit
- Salle de spectacle
- Office de tourisme
- Poste
- Boutique, magasin, marché
- Accès Internet
- Hôpital, urgences

Sites

- Plage
- Site de plongée
- Piste cyclable, parcours à vélo

Transports

- Aéroport
- Gare ferroviaire
- Gare routière, arrêt de bus
- Station de métro
- Station de tramway
- Parking
- Taxi
- Taxi collectif
- Bateau
- Bateau fluvial

Attraits et équipements

- Présente un intérêt touristique
- Recommandé pour les enfants
- Adapté aux personnes handicapées
- Ordinateur à disposition
- Connexion wifi
- Inscrit au Patrimoine mondial de l'Unesco

Tout au long de ce guide, découvrez toutes les photos de la destination sur • *routard.com* • Attention au coût de connexion à l'étranger, assurez-vous d'être en wifi !

Le *Routard* est imprimé sur un papier issu de forêts gérées.

I.S.B.N. 978-2-01-279907-3

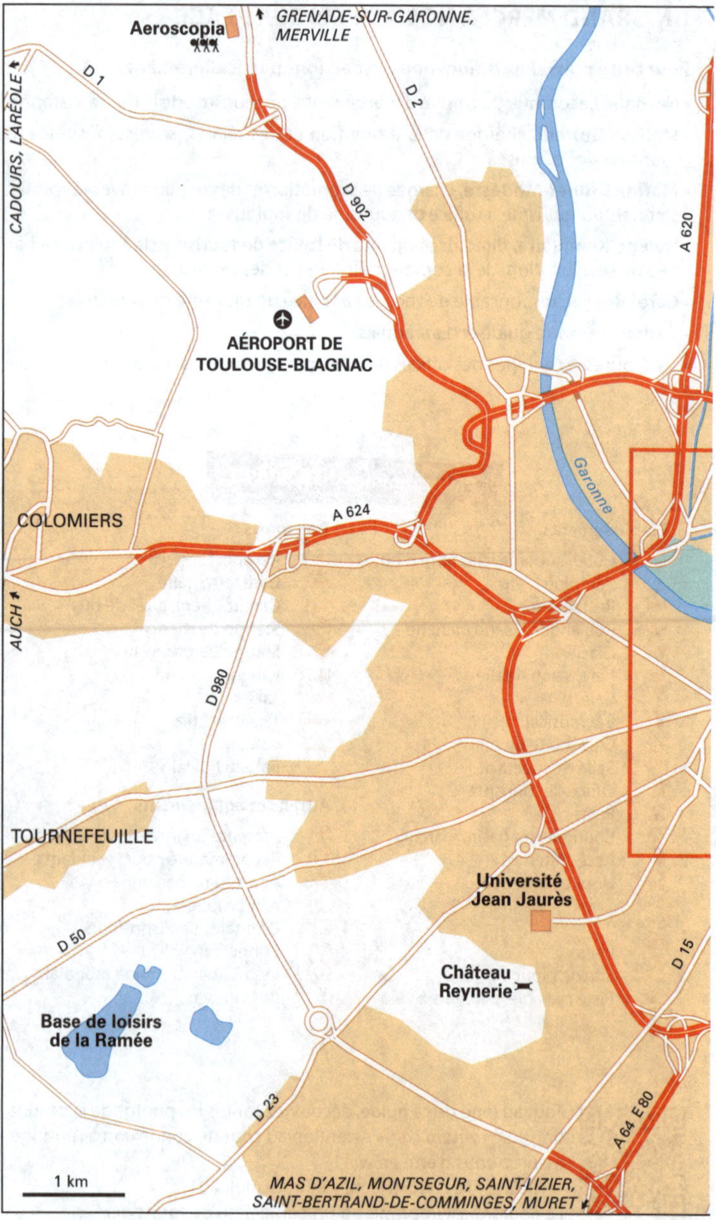

GRENADE-SUR-GARONNE,
MERVILLE
Aeroscopia
D 1
D 2
CADOURS, LARÉOLE
D 902
A 620
AÉROPORT DE
TOULOUSE-BLAGNAC
Garonne
COLOMIERS
A 624
AUCH
D 980
TOURNEFEUILLE
Université
Jean Jaurès
D 50
Château
Reynerie
D 15
Base de loisirs
de la Ramée
D 23
A 64 E 80
1 km
MAS D'AZIL, MONTSEGUR, SAINT-LIZIER,
SAINT-BERTRAND-DE-COMMINGES, MURET

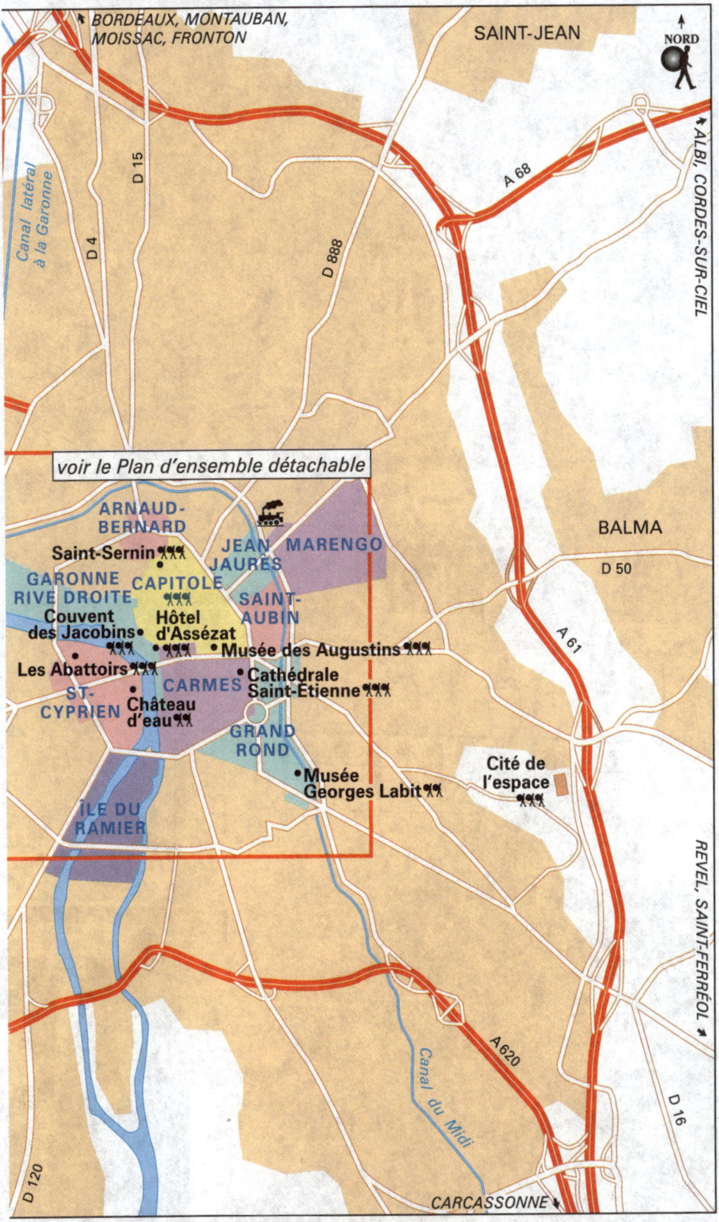

TOULOUSE MÉTROPOLE

Donjon du Capitole

« On finit ses phrases en chantant.
Et con c'est la ponctuation. »
Chanson, Con ! Juliette

Capitale de la région Occitanie, Toulouse véhicule l'image d'une ville dynamique, à la tête d'industries et technologies performantes, et empreinte d'une douceur de vivre, au diapason de toutes les variétés de roses qui teintent la cité. Nougaro, dans son enthousiasme poétique pour sa ville, nous avait déjà fait respirer l'air de quelques quartiers. Un « air » resté dans toutes les mémoires…

Toulouse est une ville assurément humaine et agréable. Au centre-ville, en de romantiques promenades, on découvre d'admirables églises, un treillis de ruelles charmantes, des édifices somptueux, une merveilleuse architecture, un riche patrimoine historique qui n'a pas sacrifié à un modernisme forcené. Qui sait que Toulouse possède le record de France du nombre d'hôtels particuliers du XVIe s ? La plupart se cachent dans de jolies cours qu'il faut prendre le temps de chercher, comme lors d'un jeu de piste. Avec, au bout de la quête, quelques moments magiques de calme et de poésie urbaine…

Si l'on devait comparer Toulouse à une autre ville, on ne se tournerait pas vers Bordeaux (plus bourgeoise) ni vers Montpellier (qui se couche plus tôt), mais davantage vers Barcelone, pour sa proximité culturelle et affective. Occitans et Catalans riment bien ensemble. Le dynamisme culturel en témoigne, avec de nombreux festivals ouverts sur le monde et des expos d'art contemporain qui rivalisent de modernisme avec son illustre voisine catalane. C'est ici que se sont élevés la magnifique galerie du Château d'Eau, les anciens abattoirs reconvertis en musée d'Art contemporain, la Cité de l'espace, et, plus récemment, Aeroscopia, qui rend hommage à la fantastique épopée de l'aviation. C'est ici aussi que le chant des partisans des groupes de musiciens engagés, chacun dans sa catégorie, fait tomber les à priori et les barrières culturelles.

Ambiance festive place Dupuy

NOS COUPS DE CŒUR

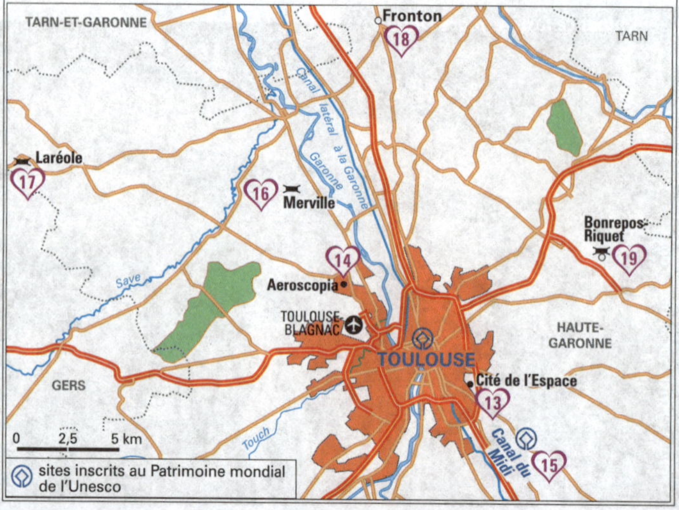

1 **Prendre le temps d'admirer coins et recoins de la basilique Saint-Sernin, surtout le soir, lorsque les projecteurs illuminent l'édifice.**
Un véritable joyau de l'art roman, aux proportions parfaites, édifié au XIe s pour accueillir les pèlerins se rendant à Saint-Jacques-de-Compostelle. Les architectes ont vu grand ! Le clocher octogonal qui s'élance avec force et élégance vers le ciel servit de modèle à de nombreuses églises dans la région toulousaine. L'intérieur est d'une belle sobriété et éclairé d'une émouvante luminosité. p. 80
Bon à savoir : possibilité de visite guidée.

2 Visiter l'ensemble conventuel des Jacobins en fin d'après-midi, lorsque le soleil projette le dessin des vitraux sur les murs intérieurs.

Admirable église édifiée aux XIIIe et XIVe s, chef-d'œuvre du gothique méridional, dominée par un clocher de 45 m. Pour lutter contre l'hérésie cathare qui sévissait dans la région, il fallait exhiber la puissance de l'Église. L'édifice initial fut alors considérablement agrandi. C'est ainsi que ce bijou vit le jour. Préparez-vous à un choc esthétique devant la hardiesse de l'architecture, le volume et l'unité de l'espace. *p. 86*

Bon à savoir : *fermé lun. Dans le cloître (accès payant) se déroule le festival Piano aux Jacobins en sept. • pianojacobins.com •*

3 Visiter l'hôtel d'Assézat, l'un des plus beaux hôtels particuliers du XVIe s de Toulouse.

C'est quasiment un palais, construit de 1555 à 1557, qui témoigne de la richesse de la ville à l'époque du pastel. De style Renaissance classique, il se compose de trois étages rythmés de colonnettes de styles dorique, ionique et corinthien, d'une tour de capitoul, d'une loggia à l'italienne et d'une superbe coursière. L'hôtel accueille aujourd'hui un musée fort intéressant qui présente de nombreux chefs-d'œuvre de peinture et de sculpture, réunis par Georges Bemberg, un collectionneur argentin. *p. 89*

Bon à savoir : *• fondation-bemberg.fr • Fermé lun, possibilité de visites guidées.*

© Patrice Thebault/OnlyFrance.fr

4 Visiter le superbe musée des Augustins pour se plonger dans l'architecture des XIVe et XVe s.

Un ensemble gothique méridional de toute beauté qui accueille l'un des plus anciens musées de France et l'une des plus riches collections de sculptures médiévales. Dans le cloître, la salle capitulaire, la chapelle Notre-Dame-de-Pitié ou dans la nef de l'église, les œuvres raisonnent en parfaite harmonie avec l'architecture du lieu. *p. 84*

Bon à savoir : *• augustins.org • Fermé mar. Nocturne mer avec concert d'orgue gratuit à 20h ; gratuit pour ts le 1er dim du mois.*

5 Déambuler dans le treillis des ruelles étroites du vieux Toulouse, d'église en musée, de musée en hôtel particulier, d'hôtel particulier en terrasse.

Dans le vieux Toulouse, chaque rue (ou presque) renferme des chefs-d'œuvre. Au-delà des grands monuments, la ville possède le record de France du nombre d'hôtels particuliers du XVIe s ! La plupart se cachent dans de jolies cours, qu'il faut chercher, comme lors d'un haletant jeu de piste. Au bout de la quête, de beaux moments de calme et de poésie urbaine.

Bon à savoir : • toulouse-tourisme.com • L'office de tourisme propose des visites guidées.

6 Flâner le long de la rive droite de la Garonne au coucher du soleil ou y pique-niquer aux beaux jours.

Comme de nombreux Toulousains, il faut prendre le temps de flâner le long de la rive droite du fleuve, pour saisir toute la beauté et l'âme de la ville. À l'heure où le soleil décline, les briques s'enflamment de couleurs ocre et orangée, teintées de rose. Un instant magique baigné d'une douce lumière. Une variante : se relaxer à la prairie des Filtres, sur la rive gauche, dans le quartier de Saint-Cyprien. p. 99

Bon à savoir : l'écluse Saint-Michel est un lieu retiré et peu fréquenté qui offre une belle perspective sur la Garonne.

7 **Explorer le nez en l'air le quartier Saint-Cyprien pour découvrir une autre Toulouse.**

Au-delà du Pont-Neuf débute une autre ville, plus populaire. Dominée par le dôme de l'hôtel-Dieu, la rive gauche de la Garonne est longtemps restée plus pauvre que sa jumelle. Plus basse, elle a subi des inondations parfois meurtrières. Ce fut une terre d'accueil pour les réfugiés espagnols fuyants la guerre civile. Saint-Cyprien conserve une atmosphère à part et le quartier est aujourd'hui convoité. *p. 103*

Bon à savoir : *la galerie du Château d'Eau, le musée des Abattoirs avec la passerelle sur la Garonne au bord du jardin Raymond-VI sont les moments forts d'une balade dans le quartier.*

8 Dévaler les escaliers du Château d'Eau, un lieu d'expo photos unique en France.

Au l'extrémité du Pont-Neuf, au bord de la prairie des Filtres, se dresse ce « phare de la photo », tout en briques. Construit en 1823, il alimenta la ville en eau potable jusqu'en 1870. Au début des années 1970, il fut transformé en lieu d'expo par Jean Dieuzaide, un photographe de la région, et célèbre pour ses clichés de Salvador Dalí. Un lieu qui a acquis une renommée internationale. *p. 103*

Bon à savoir : • *galeriechateaudeau.org* • *Fermé lun.*

© Forget Patrick/Sagaphoto.com

9 **Fréquenter sans modération les Abattoirs, dont les collections d'art moderne et contemporain vous donneront le coup de grâce.**

Un lieu de culture incontournable qui réconcilie passé et modernité, en attirant les plus récalcitrants. Installé dans les anciens abattoirs de style industriel, le musée d'Art moderne et contemporain dispose d'un fonds de 2 500 œuvres environ – peintures, dessins, gravures et photographies de la seconde moitié du XXe s, traversant des courants nés de la Seconde Guerre mondiale. L'occasion de découvrir l'expressionnisme abstrait, l'abstraction lyrique, l'art brut, l'art informel, etc. *p. 104*

Bon à savoir : *• lesabattoirs.org • Fermé lun oct-juin ; gratuit pour ts le 1er dim du mois.*

© Boisvieux Christophe/hemis.fr

10 Aux beaux jours, boire un verre, sur l'une des nombreuses terrasses qui vous tendent les bras.

Toulouse est connue pour ses musées, ses hôtels particuliers du XVIe s, ses édifices religieux, mais la Ville Rose est avant tout un lieu où il fait bon vivre, ce n'est pas un secret. Pour sentir cette atmosphère et cette douceur propres à Toulouse, rien de mieux que de s'installer à la terrasse d'un café pour laisser filer le temps, tout en admirant le ballet estival des martinets dans le ciel bleu.

Bon à savoir : la place de la Daurade est idéale au coucher du soleil. La place Saint-Georges a conservé un caractère villageois bourgeois avec ses arbres et ses nombreuses terrasses.

© Blanchot Rhilippe/hemis.fr

11 Amener ses gamins au fabuleux Muséum d'histoire naturelle.

Toulouse possède l'un des plus beaux muséums d'histoire naturelle de France ! À ne pas rater si vous avez des enfants ! Muséographie dynamique et moderne, avec même une dimension onirique ! L'approche pédagogique ne perd jamais de vue les liens entre l'homme et la nature. On y contemple, bouche bée, le quetzalcoatlus, le plus gros reptile volant connu à ce jour ! Pour se remettre de ses émotions, une balade dans le paisible jardin des Plantes, juste à côté, est la bienvenue. *p. 98*

Bon à savoir : • museum.toulouse.fr • Fermé lun ; gratuit pour ts le 1er dim du mois. Ateliers pour les enfants.

12 **S'offrir un voyage en Orient et en Asie en poussant les portes du musée Georges-Labit.**

Mais que fait donc à Toulouse, au bord du canal du Midi, cette curieuse villa néo-mauresque ? Vous ne rêvez pas ! Elle a été construite par le papa de Georges Labit, un riche voyageur. Il a rassemblé là une fabuleuse collection d'objets du Japon et de Chine à laquelle s'ajoutent aujourd'hui des œuvres du Tibet, du Népal, d'Inde, du Cambodge, de Thaïlande, d'Égypte, etc. Le tout est exposé dans une muséographie sobre et raffinée. Un lieu unique et superbe, tout simplement ! *p. 96*

Bon à savoir : fermé lun et j. fériés ; gratuit pour ts le 1er dim du mois. Possibilité de visite guidée.

© Patrice Thebault/OnlyFrance.fr

13 Se mettre la tête dans les étoiles à la Cité de l'espace.

Un parc consacré à l'aventure spatiale qui propose un étonnant voyage jusqu'aux confins de l'univers. Météorites, objets spatiaux, reconstitution d'Ariane 5, planétarium et moult animations interactives et ludiques. On peut même se prendre pour Neil Armstrong en marchant sur la Lune, aussi léger qu'une plume. Un lieu incontournable qui retransmet les grands événements spatiaux et astronomiques et qui fera naître, peut-être, des vocations chez les plus jeunes. *p. 111*

***Bon à savoir :** • cite-espace.com • Fermé janv et lun sept-mars sf vac scol. Programme événementiel en rapport avec l'actualité spatiale du moment.*

© Nicolas Thibaut/Photononstop

14 Embarquer à bord d'Aeroscopia, à Blagnac, pour découvrir l'histoire de l'aéronautique et admirer la technologie Airbus en plein vol.

Voici le plus grand site aéronautique d'Europe ! Dans la famille Airbus, quatre types d'avions sont assemblés à Blagnac et à proximité : l'A380, l'A330, l'A320 et l'A350. Sous une vaste nef d'acier, Aeroscopia retrace l'histoire de la conquête des airs, avec de beaux spécimens en expo, des gros (le Concorde, une Caravelle, etc.) et des tout petits, non moins attachants. Clou de la visite : le hangar d'assemblage de l'A380, que l'on observe depuis une passerelle à 46 m de hauteur. *p. 115*

***Bon à savoir :** • aeroscopia-blagnac.fr • Juste à côté, au musée des Ailes anciennes, des bénévoles retapent les anciens avions.*

© Sierpinski Jacques/hemis.fr

© thieury/shutterstock

(15) **Longer à vélo le canal du Midi pour une balade champêtre.**
Sur une cinquantaine de kilomètres, le canal du Midi, qui relie Toulouse à Port-Lauragais (et qui se prolonge jusqu'à la Méditerranée !), constitue une superbe escapade ombragée que l'on peut effectuer à vélo ou à pied. Œuvre ingénieuse de Pierre-Paul de Riquet, le canal fut réalisé au XVIIe s pour transporter les marchandises. Le parcours est rythmé par 12 écluses que franchissent paisiblement péniches et bateaux de plaisance. *p. 143*

Bon à savoir : *se procurer à l'office de tourisme la carte touristique de Toulouse à Sète qui indique les étapes du circuit, les distances, les durées moyennes et quelques adresses pour dormir et manger.*

16 Se perdre dans le labyrinthe du parc du château de Merville, joyau du XVIIIe s.

Classé « Jardin remarquable », Merville émerveille petits et grands. Il y a d'abord l'immense et unique jardin de buis. C'est un véritable labyrinthe dans lequel on progresse en trouvant des codes secrets indispensables pour ouvrir des portes ! Amusant comme tout ! Et la merveilleuse découverte continue avec la visite du château, dont l'intérieur est d'une beauté à couper le souffle ! *p. 131*

Bon à savoir : *• chateau-merville.com • labyrinthedemerville.com • Ouv mai-oct. Compter une bonne demi journée pour profiter du site.*

(17) **Visiter le château de Laréole au nord-ouest de Toulouse.**
Une petite virée à ne pas manquer pour voyager entre la Renaissance et le XVIIIe s. Édifié au XVIe s, à la belle époque du pastel, le château offre une élégante silhouette de brique et de pierre. Fleuron de l'architecture Renaissance, il est massif et dégage une harmonie gracieuse. Il accueille des expos temporaires d'art contemporain. Pour prolonger le plaisir, magnifique parc aménagé sur le principe des jardins à la française. *p. 133*
Bon à savoir : *ouv mai-sept slt ; accès gratuit. Possibilité de visiter le moulin à vent de Brignemont, à proximité* • *moulindebrignemont.com* •

(18) **Découvrir quelques-uns des meilleurs vins de la région toulousaine dans le Frontonnais.**
Région viticole discrète au nord de Toulouse, le Frontonnais produit le fronton, un excellent vin rouge et rosé, bénéficiant d'une AOC. Il est élaboré à partir de la négrette, un cépage originaire de Chypre, que l'on ne cultive nulle part ailleurs. Derrière une colline tout en rondeur, au creux de vallon boisé, certains domaines ouvrent leurs chais à la visite. La maison des vins à Fronton a aménagé un espace dégustation. *p. 126*
Bon à savoir : • *vins-de-fronton.com* • *Il existe une route des Vins et une coopérative à Fronton. Le w-e suivant le 15 août se déroule Fronton Saveurs & Senteurs.*

19 **Se faire conter l'incroyable épopée du canal du Midi au château de Bonrepos-Riquet.**

C'est dans le parc de ce château de famille, dans le village de Bonrepos-Riquet situé à une vingtaine de kilomètres au nord-est de Toulouse, que Pierre-Paul de Riquet, génial concepteur du canal du Midi, expérimenta le système hydraulique du canal, au XVIIe s ! Œuvre ingénieuse et audacieuse, le canal fut réalisé pour transporter les marchandises de Toulouse à la Méditerranée. Un projet colossal ! Sa fortune y passa et il mourut ruiné, alors qu'il ne restait plus que 3 km à creuser ! *p. 122*

Bon à savoir : *• bonrepos-riquet.fr • Visite guidée slt, mai-sept ; 1 w-e mi-juin se déroulent les Festivités de Riquet.*

© commune de Bonrepos-Riquet

20 **Assister, dans une ambiance collé-serré, à un match de rugby du Stade toulousain.**

Pour s'immerger dans l'ambiance locale, rien de mieux que d'assister à un match du Stade toulousain, une équipe qui possède l'un des palmarès les plus prestigieux de France, voire d'Europe ! Pour prolonger la fête, direction les bars de la place Saint-Pierre, haut lieu estudiantin de la troisième mi-temps. *p. 162*

Bon à savoir : *les matchs ont lieu au stade des Sept-Deniers ou Ernest-Wallon, plus rarement au Stadium. Infos (date, billetterie, etc.) sur le site • stadetoulousain.fr •*

© Stade Toulousain / Colin Saint-Charmant

Lu sur routard.com

Une soirée à Toulouse

(tiré du carnet de voyage de Jean-Philippe Damiani)

Un centre historique préservé, un cadre de vie agréable et une concentration étonnante de bars et de restos : Toulouse a tout pour séduire, à commencer par une atmosphère des plus chaleureuses.

Dès les beaux jours, les Toulousains aiment se retrouver sur la rive droite de la Garonne pour se balader, pique-niquer ou prendre un verre entre amis. Faites comme eux !

Quand le ciel est dégagé, on peut même apercevoir les Pyrénées. Lorsque le soleil décline, les belles demeures bourgeoises du quai Lucien Lombard, entre le pont Saint-Pierre et le Pont-Neuf, s'embrasent et prennent des couleurs orangées ou ocre. Installez-vous sur la place de la Daurade au café des Artistes pour prendre l'apéro face à la Garonne. Elle est pas belle, la vie ?

Pour le dîner, les bons vivants seront ravis. Avec près de 1 200 restaurants, **Toulouse fait partie des capitales gastronomiques de la France.** Il y en a pour tous les goûts et toutes les bourses. De quoi se régaler dans cette ville de Cocagne aux multiples spécialités : fromages, foie gras, saucisse oie, canard, fénétra et, bien sûr, le cassoulet.

Après, place à la fiesta ! Avec plus de 100 000 étudiants, **Toulouse est une ville festive** et pas seulement les soirs de matches de rugby. De bar en bar, de bodega en bodega, la Ville Rose prend des airs de Barcelone. L'offre est vaste, il y a du monde, et jusqu'à tard. Pour commencer, rien de tel qu'un apéro en terrasse sur les places du Capitole, de la Trinité ou Saint-Georges. Pour la fête, rendez-vous sur la place Saint-Pierre, avec ses bars QG des étudiants : ambiance remuante de 3e mi-temps.

Atmosphère très animée, mais moins hardcore, dans la rue Gabriel Péri, par exemple, où l'on se retrouve volontiers pour un verre au Télégramme ou à La Maison. À noter : une super salle de concerts, le Connexion, en accès gratuit certains soirs.

Chut ! Tout le monde est couché ou presque… Et si vous alliez admirer la Ville Rose? La nuit, grâce à des jeux d'éclairage, les quartiers, les monuments et les ponts de Toulouse sont mis en scène sous un nouveau… jour. Idéal pour une balade romantique avant d'aller rejoindre son lit.

ITINÉRAIRES CONSEILLÉS

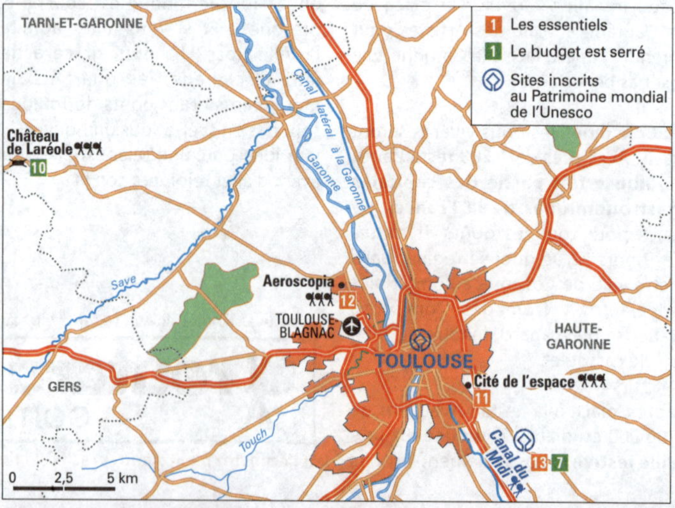

Les essentiels

Comme le chantait Nougaro, « Voici ***le Capitole,*** j'y arrête mes pas » ***(1).*** C'est ici que bat le cœur de la ville. De là, emprunter la rue du Taur pour constater que « ***L'église Saint-Sernin (2)*** illumine le soir ». On continue le périple avec le ***couvent des Jacobins (3),*** l'un des fleurons de l'art gothique méridional. Quelques pas plus loin se dresse l'***hôtel d'Assézat (4),*** le plus bel hôtel particulier du XVIe s de Toulouse. Les amoureux de sculpture médiévale ne manqueront pas le ***musée des Augustins (5).*** Ensuite, cap vers la ***cathédrale Saint-Etienne (6)*** pour une délicieuse flânerie dans les ***ruelles du vieux Toulouse (7),*** au sud de la cathédrale. Puis, rejoindre ***les bords de Garonne (8)*** pour saisir l'âme de la ville, loin de la circulation. Une balade le long des quais ombragés, une pause sur un banc ou une sieste sur l'herbe, et hop, on franchit le fleuve pour visiter le ***Château d'Eau (9)*** et le musée d'art moderne et contemporain ***Les Abattoirs (10).*** On n'oubliera pas la ***Cité de l'espace (11)*** et ***Aeroscopia (12),*** à Blagnac. Pour finir en beauté, on profitera de la quiétude des ***berges du canal du Midi (13).*** À moins que vous ne préfériez vous jeter dans la mêlée en assistant à un ***match de rugby du Stade toulousain*** !

Le budget est serré

Sachez que plusieurs musées sont gratuits pour les étudiants et/ou pour tous le 1er dimanche du mois (les musées Saint-Raymond, des Augustins, Paul-Dupuy, Georges-Labit, le Muséum d'histoire naturelle, le cloître des Jacobins et Les Abattoirs). L'office de tourisme vend des pass incluant transports, entrée (ou réductions) aux principaux sites, visites guidées de la ville et une balade en bateau.

En se baladant au gré des rues, on pourra profiter des charmes de Toulouse, sans vider le porte-monnaie. Petit florilège des lieux dont l'accès est gratuit et à ne pas rater : les cours de vieux hôtels particuliers dans lesquelles ont peut parfois discrètement se glisser, certaines salles du ***Capitole (1), Saint-Sernin (2),*** le ***couvent des Jacobins (3),*** la surprenante ***église Saint-Jérôme (4),*** l'***espace EDF-Bazacle (5),*** le ***musée d'Histoire de la médecine (6).*** On fera une balade sur les ***berges de la Garonne ou du canal du Midi (7),*** on prendra un bol d'oxygène au ***Jardin des plantes (8),*** au ***jardin Compans-Caffarelli (8)*** ou à la ***prairie des Filtres (8).*** Le dimanche matin, un tour au ***marché de Saint-Aubin (9)*** met en joie. Au nord-ouest de Toulouse, le ***château de Laréole (10)*** mérite la visite.

Jardin Compans-Caffarelli

Envie de culture

On visitera les ***musées Saint-Raymond (1), des Augustins (1), du Vieux Toulouse (1), Paul-Dupuy (1), Georges-Labit (1),*** l'***hôtel d'Assézat (1),*** le ***Château d'Eau (1)*** et ***Les Abattoirs (1).*** On n'oubliera pas ***Le Lieu Commun (2),*** qui accueille des expos d'art contemporain. Penser aux visites guidées proposées par l'office de tourisme. En soirée, on assistera à un spectacle au ***théâtre du Capitole (3)***, au ***Théâtre national de Toulouse*** – TNT ***(3),*** à la ***cave Poésie (3) ou ailleurs.*** En été, pensez au cinéma en plein air à la ***cinémathèque de Toulouse (4)*** et, toute l'année, à l'un des nombreux festivals qui se déroulent dans la Ville Rose.

Avec des enfants ?

Parmi les incontournables à faire avec des enfants : le ***Muséum d'histoire naturelle (1),*** l'un des muséums les plus réussis de France. Juste à côté, le ***Quai des savoirs (2)*** propose jeux et ateliers pour les 2 à 7 ans. Succès garanti avec la ***Cité de l'espace (3)*** et les avions d'***Aeroscopia (4),*** à Blagnac. L'espace ***EDF-Bazacle (5)*** est un lieu insolite avec sa passe à poissons. Pour se mettre au vert, le ***jardin Compans-Caffarelli (6)*** avec son jardin japonais, son coin jeux et ses sculptures fantastiques est tout trouvé. Pour un pique-nique, on pourra rejoindre la ***base de loisirs de la Ramée (7),*** à Tournefeuille. Une ***croisière sur la Garonne ou le canal du Midi (8)*** sera appréciée par toute la famille. Idem pour une ***balade à vélo le long du canal du Midi (9).*** De mi-juillet à mi-août, pensez aux activités dans le cadre de Toulouse Plage. Au nord de Toulouse, le ***labyrinthe de Merville (10)*** à parcourir avec un jeu de piste est très sympa. Non loin de là, on fera un tour au ***moulin à vent de Brignemont (11),*** une balade dans la ***forêt de Bouconne (12)*** ou au ***ramier de Bigorre au bord (13).***

En amoureux

En journée, on prendra le temps de s'allonger à la ***prairie des Filtres (1),*** au coucher du soleil, de flâner près de la ***place de la Daurade (2).*** L'***écluse Saint-Michel (3),*** à la pointe de l'île du Ramier, est l'un des endroits les plus romantiques au bord du fleuve. Une ***balade le long du canal du Midi (4),*** à pied, à vélo, ou mieux, à bord d'une péniche (!), sous la voûte des platanes, s'impose. Le soir, on se perdra dans les ***ruelles sinueuses du vieux Toulouse (5),*** pour une balade en noir et blanc, à la recherche des beaux jeux d'ombres et de lumières. Les amateurs d'opéras et de ballets s'offriront un spectacle au ***théâtre du Capitole (6),*** une institution à Toulouse. Enfin, on n'oubliera pas de faire un ***repas en tête à tête*** dans l'une des grandes tables de la ville.

Théâtre du Capitole

NORD
2 Lieu Commun - Espace d'art contemporain
Av. Honoré Serres
Matabiau
6 Jardin Compans-Caffarelli
Boulevard d'Arcole
Boulevard Lascrosses
ARNAUD-BERNARD
MARENGO
Rue
Boulevard de Strasbourg
JEAN JAURÈS
Allées Jean Jaurès
Musée Saint-Raymond 1
3 La Cave Poésie
Cinémathèque 4
Canal de Brienne
Avenue Paul Séjourné
CAPITOLE
Lorraine
SAINT-AUBIN
PLACE DU CAPITOLE
PLACE WILSON
5 Espace EDF-Bazacle
PONT DES CATALANS
8 Garonne
PONT SAINT-PIERRE
3 6 Théâtre du Capitole
TNT 3
Boulevard Lazare
d'Alsace
1 Musée du Vieux Toulouse
2
1 Les Abattoirs
PL. DE LA DAURADE
1 Musée des Augustins
Rue de Metz
Allées Charles de Fitte
Musée d'Histoire de la médecine
PONT-NEUF
1 L'hôtel d'Assézat
Rue de la République
1
CARMES
Le Château d'Eau - Pôle photographique
5 Ruelles du Vieux Toulouse
ST-CYPRIEN
Rue du Languedoc
1 Musée Paul-Dupuy
1 Prairie des Filtres
2 Quai des savoirs
Écluse Saint-Michel
Allées Jules Guesde
GRAND ROND
3
PONT SAINT-MICHEL
1 Muséum d'histoire naturelle
0 250 500 m
ÎLE DU RAMIER
Musée Georges-Labit 1

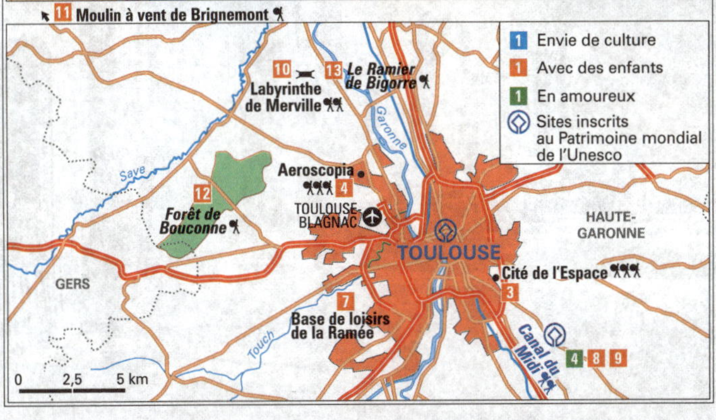
11 Moulin à vent de Brignemont
10 Labyrinthe de Merville
13 Le Ramier de Bigorre
Garonne
Save
Aeroscopia 4
12 Forêt de Bouconne
TOULOUSE-BLAGNAC
TOULOUSE
HAUTE-GARONNE
GERS
Cité de l'Espace 3
7 Base de loisirs de la Ramée
Touch
Canal du Midi 4 8 9
0 2,5 5 km
1 Envie de culture
1 Avec des enfants
1 En amoureux
Sites inscrits au Patrimoine mondial de l'Unesco

© Zylberyng Didier/hemis.fr

Capitole, salle des Illustres

BON À SAVOIR AVANT LE DÉPART

ABC de Toulouse

- ***Population :*** 458 298 hab. (4e ville de France).
- ***Toulouse Métropole :*** 748 150 hab.
- ***Superficie :*** environ 118 km^2.
- ***Caractéristique :*** préfecture de la Haute-Garonne et capitale de la région Occitanie, la plus grande région française.
- ***Maire de la ville :*** Jean-Luc Moudenc.
- ***Grands pôles économiques :*** Airbus, Airbus Group (ex-EADS), CNES et Météo France, centres de recherche, imagerie satellitaire (satellite SPOT), biotechnologie (laboratoires Pierre-Fabre), chimie, pharmacie, Oncopôle (recherche médicale), filière numérique (Cap Gemini...).
- ***Signes particuliers :*** avec environ 100 000 étudiants, près d'un Toulousain sur cinq est à la fac ou en école supérieure, ce qui fait de la Ville Rose la 3e ville universitaire de France, après Paris et Lyon, sans compter les 16 000 chercheurs ! Toulouse est aussi la ville de France où la brique est la plus présente et – sans transition – affiche un impressionnant taux d'ensoleillement (2 028 h/an contre 1 950 h/an en moyenne nationale). Mentionnons évidemment l'importance du rugby !
- ***Présence de l'eau dans la ville :*** un fleuve (la Garonne) et trois canaux (canal du Midi, canal de Brienne et canal de la Garonne).

Adresses utiles

Office de tourisme de Toulouse *(plan centre détachable, E3,* ***1****)* ***:*** *square Charles-de-Gaulle, 31080 Toulouse Cedex 06. ☎ 0892-180-180 (0,34 €/mn) ou, depuis l'étranger, ☎ 00-33-540-131-531. • toulouse-tourisme.com •* Contactez-les avant votre voyage, ils vous donneront toutes les infos pour le préparer.

Comité régional de tourisme Midi-Pyrénées : *15, rue Rivals, CS 78543, 31685 Toulouse Cedex 06. ☎ 05-61-13-55-55. • tourisme-midi-pyrenees.com • Lun-ven 9h-12h30, 14h-17h30.* Écrire ou téléphoner pour toute demande d'information sur la région. Édite et distribue un matériel touristique par thème, très intéressant, sur les 8 départements. On peut obtenir toutes les infos et commander de nombreuses documentations sur le site internet.

Comité départemental de tourisme *(CDT ; plan centre détachable, E2,* ***2****)* ***:*** *14, rue Bayard, BP 71509, 31015 Toulouse Cedex 06. ☎ 05-61-99-44-00. • tourisme-haute-garonne.fr • Lun-ven 9h-12h15, 13h-17h.* Pour découvrir le reste de la Haute-Garonne. Leur site, très complet, fait le grand écart entre la plaine de la Garonne et les sommets pyrénéens.

Carte d'adhésion internationale aux auberges de jeunesse (carte FUAJ)

Cette carte vous ouvre les portes des 4 000 auberges de jeunesse du réseau *HI-Hostelling International* en France et dans le monde. Vous pouvez ainsi parcourir 90 pays à des prix avantageux et bénéficier de tarifs préférentiels avec les partenaires des Auberges de Jeunesse *HI*. Enfin, vous intégrez une communauté mondiale de voyageurs partageant les mêmes valeurs : plaisir de la rencontre, respect des différences et échange dans un esprit convivial. Il n'y a pas de limite d'âge pour séjourner en auberge de jeunesse. Il faut simplement être adhérent.

Renseignements et inscriptions

– ***En France :*** • *hifrance.org* •
– ***En Belgique :*** • *lesaubergesdejeunesse.be* •
– ***En Suisse :*** • *youthhostel.ch* •
– ***Au Canada :*** • *hihostels.ca* •

Si vous prévoyez un séjour itinérant, vous pouvez réserver plusieurs auberges en une seule fois en France et dans le monde : • *hihostels.com* •

Carte internationale d'étudiant (carte ISIC)

Elle prouve le statut d'étudiant dans le monde entier et permet de bénéficier de tous les avantages, services et réductions dans les domaines du transport, de l'hébergement, de la culture, des loisirs, du shopping...
La carte ISIC permet aussi d'accéder à des avantages exclusifs (billets d'avion spécial étudiants, hôtels et auberges de jeunesse, assurances, cartes SIM internationales, location de voiture...).

Renseignements et inscriptions

– ***En France :*** • *isic.fr* • *13€ pour 1 année scolaire.*
– ***En Belgique :*** • *isic.be* •
– ***En Suisse :*** • *isic.ch* •
– ***Au Canada :*** • *isiccanada.com* •

ACHATS GOURMANDS... ET AUTRES

– ***Saucisse de Toulouse :*** dans toutes les bonnes charcuteries qui se respectent. Bien sûr, aucune difficulté pour en trouver sur les marchés, notamment sur celui de la place Victor-Hugo ou sur celui de la place des Carmes.
– ***Cassoulet, confit de canard et foie gras :*** comme pour la saucisse de Toulouse, vous devriez trouver votre bonheur sur les marchés cités, mais vous pouvez aussi aller faire un tour chez *Busquets (10, rue de Rémusat ; ☎ 05-61-21-22-16),* l'une des épiceries fines les plus réputées de la ville depuis 1919 ! Au nº 5 de la place Victor-Hugo, *Chez Bacquié* propose, outre de bons cafés torréfiés, des cassoulets et confits de canard dans des bocaux, à l'ancienne ! N'oublions pas non plus le marché des Carmes (place des Carmes) ; et allez voir l'étal de *Baron de Roquette* (conserves, bocaux, saucisses confites...). Voir la rubrique « Les marchés » dans « Toulouse. Adresses et infos utiles ».
– ***Produits à base de violette :*** le plus simple est de rendre visite à la péniche *La Maison de la Violette,* à l'angle du boulevard de Bonrepos et des allées Jean-Jaurès. Nombreux produits réalisés à base de violette : confitures, thés aromatisés, excellents bonbons, savons, eaux de toilette... On trouve également d'autres boutiques proposant de beaux produits du même acabit (pour les infos pratiques, voir la rubrique « Achats » dans « Toulouse »).
– ***Fénétra :*** c'est un gâteau à base de pâte d'amandes meringuée et de citrons confits que les Romains confectionnaient pour... les enterrements. C'est aujourd'hui une spécialité de Toulouse. On en trouve de très bons *Chez Régal's,* au 25, rue du Taur ; voir la rubrique « Achats » dans « Toulouse ».

ACTIVITÉS SPORTIVES

Impossible d'énumérer ici toutes les activités sportives, mais voici quand même celles qui sont liées à la nature et à la découverte. Se connecter sur les différents sites de la région.

■ ***Ligue des Pyrénées de cyclotourisme :*** *7, rue André-Citroën, 31130* ***Balma.*** • *pyrenees.ffct.org* •
■ ***Comité départemental de randonnées pédestres (CDPR) :*** *5, port Saint-Sauveur.* ☎ *05-34-31-58-31.* • *randopedestre31.fr* •
■ ***Comité de spéléologie régional :*** *7, rue André-Citroën, 31130* ***Balma.*** ☎ *05-34-30-77-45.* • *comite-speleo-midipy.com* •

Randonnées pédestres

➢ Dans les environs proches de Toulouse (communes de Colomiers, Pibrac, Tournefeuille, Blagnac, Pinsaguel...), il existe des *circuits balisés* (de 4 à 25 km environ, en boucle ou en linéaire). Possibilité de se rendre aux points de départ en bus. Pratique ! Plein de balades à faire aussi dans les forêts de Bouconne et de Buzet, sans oublier les chemins de Saint-Jacques-de-Compostelle (voir plus loin).

➢ Ceux qui veulent prendre un peu de hauteur sillonneront le sentier balisé de l'*oppidum gaulois* (5,5 km), qui débute au chemin de Pechbusque à Pouvourville (à 8 km au sud de Toulouse). Réf. : topoguide *La Haute-Garonne à pied,* PR, éd. FFRP. Pour s'y rendre, direction CHU de Rangueil. Depuis le coteau de Pech-David qui surplombe la Garonne, vue imprenable sur Toulouse.

BUDGET

Recommandation à ceux qui souhaitent profiter des réductions et avantages proposés dans le *Routard* par les hôteliers et les restaurateurs.

À l'hôtel, pensez à les demander au moment de la réservation ou, si vous n'avez pas réservé, **à l'arrivée.** Ils ne sont valables que pour les réservations en direct et ne sont pas cumulables avec d'autres offres promotionnelles (notamment sur Internet). Au restaurant, parlez-en **au moment** de la commande et surtout **avant** que l'addition ne soit établie. Poser votre *Routard* sur la table ne suffit pas : le personnel de salle n'est pas toujours au courant et une fois le ticket de caisse imprimé, il est souvent difficile de modifier le total. En cas de doute, montrez la notice relative à l'établissement dans le *Routard* de l'année et, bien sûr, ne manquez pas de nous faire part de toute difficulté rencontrée.

Nous vous indiquons ci-dessous l'échelle des tarifs auxquels nous nous référons pour le classement de nos adresses en France.

Hébergement

D'une manière générale, nous indiquons des fourchettes de prix allant de la chambre double la moins chère en basse saison à la plus chère en haute saison. Ce qui implique parfois d'importantes fourchettes de prix, pas toujours en adéquation avec la rubrique dans laquelle l'établissement est cité. Le classement retenu est donc celui du prix de la majorité des chambres et de leur rapport qualité-prix.

À noter que lorsque les lieux d'hébergement sont équipés d'un accès Internet et/ou wifi, nous le mentionnons.
– Les tarifs des ***campings*** sont calculés sur la base d'un emplacement pour deux avec voiture et tente.
– Les ***auberges de jeunesse*** et ***gîtes d'étape*** pratiquent en règle générale des tarifs « Bon marché » pour une nuitée en dortoir (avec ou sans les draps). Le tarif indiqué est celui du lit en dortoir et/ou de la chambre double quand il y en a.
– En ***chambres d'hôtes,*** les prix sont donnés sur la base d'une chambre double. Ils incluent toujours le petit déjeuner. Les cartes de paiement sont rarement acceptées. Dans les cas contraires, nous indiquons « petit déj en sus » et « CB acceptées ».
– Concernant les ***hôtels,*** la base reste celle d'une nuit en chambre double (sans petit déjeuner), sauf exception.
– ***Bon marché :*** moins de 50 €.
– ***Prix moyens :*** de 50 à 80 €.
– ***Chic :*** de 80 à 120 €.
– ***Plus chic :*** de 120 à 150 €.
– ***Beaucoup plus chic :*** plus de 150 €.

Restos

Au restaurant, notre critère de classement est le prix du premier menu servi le soir (hors boissons). Les notions de « prix moyens » ou « plus chic » n'engagent donc que les prix. Autrement dit, certains restos chic proposant parfois d'intéressantes formules, notamment au déjeuner, pourront malgré tout être classés dans la rubrique « Plus chic » en raison des tarifs pratiqués le soir.
– ***Très bon marché :*** moins de 15 €.
– ***Bon marché :*** de 15 à 25 €.
– ***Prix moyens :*** de 25 à 35 €.
– ***Chic :*** de 35 à 50 €.
– ***Plus chic :*** plus de 50 €.

CHEMINS DE SAINT-JACQUES-DE-COMPOSTELLE

Les différents chemins de Compostelle convergent vers la côte galicienne espagnole et la cathédrale Saint-Jacques, où sont conservées les reliques d'un des plus importants apôtres de Jésus, Jacques, mort en martyr vers l'an 35.
C'est en 800 qu'un ermite, guidé en songe par une étoile, retrouve le tombeau du saint. Le nom de Compostelle proviendrait d'ailleurs de *campus stellae* : champ d'étoiles... Dès le Xe s, des pèlerins en provenance de toute l'Europe viennent se recueillir sur ses reliques. Aujourd'hui encore, on assiste parfois à une certaine affluence sur les chemins en période de pèlerinages et pendant les vacances...
Au fil des ans, aux pèlerins se joignent amateurs d'art roman et férus de randonnées. Il faut dire que les chemins de Compostelle, cadre de ressourcement spirituel extraordinaire, sont aussi d'une beauté et d'un intérêt historique qui valent le détour : les échanges culturels et religieux et la nécessité d'héberger un grand nombre de pèlerins ont favorisé, dès le Moyen Âge, le développement des villes et des monuments étapes sur le chemin.
Les quatre sentiers historiques français commencent respectivement à Vézelay, au Puy-en-Velay, à Tours (aujourd'hui à Paris) et en Arles. C'est d'ailleurs ce dernier chemin, connu sous nom de *via Tolosana,* qui glorifie l'étape toulousaine et son impressionnante église Saint-Sernin. On a aussi remis à l'honneur certains itinéraires secondaires comme celui de Conques à Toulouse, qui offrent de belles découvertes en traversant le Tarn. Depuis 1998, les parcours et les principaux

monuments sont inscrits sur la liste du Patrimoine mondial de l'humanité de l'Unesco. Que vous partiez à pied, à cheval ou à VTT, que vous marchiez tout le long de la route ou sur les derniers kilomètres uniquement, ouvrez grand les yeux pour ne pas rater les beautés croisées sur le chemin : une aubergiste super accueillante, une église romane perdue dans la campagne, les champs à perte de vue et souvent de bien belles rencontres...
– Pour plus de renseignements :

■ ***ACIR Compostelle*** *(plan centre détachable, D3,* ***5****)* **:** *4, rue Clémence-Isaure, 31000 Toulouse. ☎ 05-62-27-00-05. • chemins-compostelle.com •* Association qui fournit tous les renseignements et documentations sur les chemins qui mènent à Compostelle, que ce soit à Toulouse, dans la région et dans toute la France ou en Espagne. Demande de doc par téléphone ou sur place.

CROISIÈRES FLUVIALES

On peut découvrir Toulouse est ses environs en réalisant une croisière commentée de 45 mn à 2h sur la Garonne ou le canal du Midi avec passages d'écluses. Attention, bien se renseigner sur les horaires et les lieux de départ qui peuvent changer en fonction du niveau d'eau. Vous pouvez tenter aussi l'expérience de petites balades à bord de bateaux électriques (possibilité de location à l'heure) qui permettent un agréable dépaysement. Conduite très facile, sans permis. Mais sachez que la navigation est impossible sur le canal quand il est en période de chômage (traduire : quand on le vide et qu'on le nettoie).
On peut aussi partir pour des croisières de 2 à 7 jours sur le canal. Juin, septembre et octobre sont les meilleurs mois. Partir si possible à quatre : il y en a toujours un sur la berge qui fait son jogging (il va plus vite que le bateau !), deux aux manœuvres pour passer les écluses (les écluses manuelles, mais il y en a de moins en moins) et le dernier à la barre. C'est tout de même jouable à deux – les éclusiers et les voisins donnent souvent un coup de main.

Les Bateaux Toulousains **:** *départ théorique quai de la Daurade, port Saint-Sauveur. ☎ 05-61-80-22-26. • bateaux-toulousains.com •* Plusieurs formules sur résa sont proposées sur des péniches. Attention : pour certaines croisières, le point d'arrivée ne correspond pas au point de départ (se renseigner pour éviter les mauvaises surprises).

■ ***Navicanal*** **:** *situé à* ***Port-Lauragais,*** *à 49 km au sud de Toulouse. ☎ 05-61-55-10-91. 📱 06-75-28-60-83. • navicanal.com •* Location de bateaux électriques à la journée, au week-end ou à la semaine. On explore le canal à la vitesse d'une tortue qui sprinte. Bateaux pour 2 à 6 personnes, certains avec cabines. Bateaux habitables sans permis. La compagnie Nicols *(• nicols.com •)*, à Port-Lauragais, loue également des bateaux habitables sans permis.

FÊTES, MANIFESTATIONS ET FESTIVALS

On peut se procurer gratuitement le mensuel *À Toulouse* à l'office de tourisme. Ce mensuel liste par le menu toute l'actualité de la ville. Très complet.
Voici quelques festivités importantes au cours de l'année. Beaucoup d'autres événements toute l'année, bien sûr, recensés sur le site *• toulouse-tourisme.com •* (le site de l'office de tourisme). Pour plus d'infos, on peut aussi consulter la page Facebook de l'office de tourisme *• facebook.com/toulouse.tourisme •*

Les incontournables

– ***Le Printemps de Septembre*** **:** *• toulouseartfestival.com/fr •* À partir de mi-sept, pendant 3 semaines, les années paires, Toulouse devient une ville ouverte à tous.

Rendez-vous des amoureux de la création artistique en général, ce festival se veut un observatoire de la création contemporaine. Différentes demeures de la ville, célèbres ou non, toutes au riche passé historique, présentent des créations d'art visuel. Performances chorégraphiques et musicales se déroulent dans les lieux patrimoniaux. Ici, le spectacle est aussi à l'extérieur : son et lumière, artistes de rue, sculptures mobiles.
– ***Le Marathon des mots :*** *pdt 4 j. en juin.* • *lemarathondesmots.com* • Créé en 2005 à l'initiative d'Olivier Poivre d'Arvor, le Marathon est un rendez-vous incontournable pour les amoureux des mots. Plus de 200 lectures, spectacles et performances (en majorité gratuits) animent la Ville Rose.
– ***¡ Rio Loco ! :*** *4 j. mi-juin.* • *rio-loco.org* • Un festival qui fait bouger toute la ville. Nombreux concerts en plein air, en bord de Garonne, sur la prairie des Filtres. À chaque édition, une culture musicale différente est à l'honneur : Maghreb, Afrique du Sud, Mexique, Antilles...

Autres manifestations

En février

– ***Fête de la Violette :*** *pdt quelques j., sur la pl. du Capitole.* Se déroule quand la violette commence à fleurir.

En mars

– ***Zoom arrière :*** *15 j., à la cinémathèque.* • *lacinemathequedetoulouse.com* • Pour découvrir ou redécouvrir des films rares et souvent oubliés. Rencontres et débats. C'est la cinémathèque la plus importante de France après celle de Paris.

En mars-avril

– ***Ciné Latino :*** • *cinelatino.com.fr* • Durant 1 semaine, des rencontres qui visent à promouvoir le cinéma latino-américain, en proposant documentaires, courts et longs métrages. Également des débats, rencontres et expositions dans différents lieux de Toulouse.
– ***Le Printemps du rire :*** • *printempsdurire.com* • Spectacles en salle, cafés-théâtres, one-(wo)man shows, pour les petits et pour les grands, expos.
– ***Le Carnaval de Toulouse :*** • *carnavaldetoulouse.fr* • Grand défilé de chars à travers les rues de la ville qui se termine par un M. Carnaval qu'on fait brûler.

En mai

– ***Le Forom des langues du monde :*** *un w-e.* • *arnaud-bernard.net* • Le samedi a lieu la Capitade : conteurs, chanteurs, musiciens, slameurs, conférenciers et poètes investissent la place du Capitole et déclament dans une grande variété de langues. Le dimanche, le Forom, sur la place du Capitole toujours, nous invite à découvrir près de 120 langues du monde, grâce à de nombreuses animations : chants et danses, jeux traditionnels, contes, expositions, ateliers d'initiation aux langues, et surtout plein de communautés linguistiques de Toulouse qui installent de petits stands pour promouvoir leur langue, leur culture (notamment l'artisanat)... Un événement cosmopolite !

En juin-juillet

– ***Le MAP :*** *pdt tt le mois de juin.* • *map-photo.fr* • Festival de photo amateur de Toulouse. Expos, débats, rencontres. Des photos présentées aussi bien dans les espaces publics que dans des lieux clos mais accessibles à tous.
– ***Le Marathon des mots :*** *pdt 4 j.* • *lemarathondesmots.com* • Voir plus haut dans « Les incontournables ».
– ***¡ Rio Loco ! :*** *4 j. mi-juin.* • *rio-loco.org* • Voir plus haut dans « Les incontournables ».

– ***Les Siestes électroniques :*** *infos sur* • *les-siestes-electroniques.com* • Durant 4 jours fin juin, toutes les musiques nouvelles et électroniques. Les sonorités les plus aventureuses s'expriment dans plusieurs lieux ouverts de la ville (parcs, places, espaces publics...).
– ***Passe ton Bach d'abord :*** *3 j. sur un w-e.* Découverte de nombreux lieux patrimoniaux et musées où la musique baroque en général et celle de Bach en particulier sont mises en valeur. Toutes les heures, 30 mn de musique sont jouées dans chaque lieu. Une sorte de marathon musical de qualité. Les thèmes musicaux sont revisités par le biais du hip-hop, du tango, des danses traditionnelles ou contemporaines.
– ***La Marche des fiertés :*** *un sam de juin.* Grand défilé fort animé, très *gay-friendly*. Tous les LGBT (lesbiennes, gays, bi et trans) y trouvent leur place.
– ***Toulouse l'Espagnole :*** *dernier sam de juin.* • *toulouse.fr* • Quand la ville met l'Espagne à l'honneur.

En juillet-août

– ***Festival Tangopostale :*** *10 j. début juil dans différents lieux de la ville.* • *tangopostale.com* • Trait d'union entre l'Argentine et Toulouse, le festival met en relation les pionniers de l'Aéropostale et du tango. Concerts, bals et milongas.
– ***Festival Ravensare :*** *4-5 j. en juil, dans les jardins Raymond-VI essentiellement. Rens auprès de l'association Le Trait Bleu, au ☎ 05-61-25-78-42 et sur* • *letraitbleu.com* • Consacré aux nouveaux visages de la scène émergente (danse, musique, arts plastiques).
– ***Grand concert du 14 Juillet :*** grand concert avec différents invités de prestige. Puis place au feu d'artifice.
– ***Toulouse plage :*** *de mi-juil à mi-août.* Comme toute grande ville qui se respecte, Toulouse installe sa plage l'été. Sur trois sites au bord de la Garonne (prairie des Filtres, Bazacle, et port Viguerie). Activités de loisirs, spectacles, ateliers, pêche, canoë, aviron... Buvette et concert.
– ***Toulouse d'été :*** *de mi-juil à mi-août. Infos au ☎ 05-62-27-60-71 et sur* • *tousedete.org* • Manifestations musicales organisées tout l'été. On y présente toutes les formes de musique. Plusieurs rendez-vous par semaine dans différents lieux emblématiques.
– Cinéma en plein air à la ***cinémathèque.***

En septembre

– ***Festival international Piano aux Jacobins :*** *pdt 3 sem, notamment dans le cadre magnifique du cloître et de la salle capitulaire des Jacobins. Rens : ☎ 0-826-30-36-36 (0,15 €/mn) et sur* • *pianojacobins.com* • *3 à 7 concerts/sem.* Réserver assez tôt ! D'abord pour avoir une place, ensuite pour obtenir une bonne place !
– ***Manifesto :*** *pdt 3 sem.* • *festival-manifesto.org* • Festival de photographie présentant les talents émergents, diffusant ainsi les nouveaux noms de la photographie.

En septembre-octobre

– ***Le Printemps de Septembre :*** • *toulouseartfestival.com/fr* • *Les années paires slt, pdt 3 sem à partir de mi-sept.* Voir plus haut dans « Les incontournables ».
– ***Festival Cinespaña :*** *pdt env 10 j. fin sept-début oct. Rens : ☎ 05-61-12-67-47 et sur* • *cinespagnol.com* • Révèle, s'il en était encore besoin, les liens puissants qui unissent Toulouse et l'Espagne, sur le plan tant historique que culturel. L'occasion de découvrir les futurs Almodóvar et Victoria Abril. Projections, entre autres, à la cinémathèque de Toulouse.
– ***Festival Occitania :*** *pdt 4-5 sem fin sept-début oct. Rens : ☎ 05-61-11-24-87 et sur* • *festivaloccitania.com* • Un festival qui établit des liens entre la culture occitane et les cultures du monde.

En octobre

– ***Festival international Toulouse les Orgues :*** *pdt 2 sem. Rens : ☎ 05-61-33-76-80 et sur • toulouse-les-orgues.org* • Concerts d'orgue et de chant, œuvres classiques interprétées dans des lieux magnifiques comme la basilique Saint-Sernin, les églises de la Dalbade, de Saint-Pierre-des-Chartreux ou Saint-Pierre-des-Cuisines... bref, dans tous les lieux où il y a des orgues, et Dieu sait qu'ils sont en nombre.

En octobre-novembre

– ***Festival Danses et Continents noirs :*** *env 2 sem de fin oct à mi-nov. Rens : ☎ 05-62-30-69-10 et sur • jamescarles.com/centre/festival* • Spectacles des plus grands chorégraphes noirs contemporains. On célèbre la civilisation, l'histoire et la culture du continent noir.

En novembre

– ***Festival Séquence court-métrage :*** *une sem fin nov, dans divers lieux à Toulouse et dans la région. Rens : ☎ 05-61-62-92-46 et sur • sequence-court.com* • Projections thématiques qui varient chaque année. Présélection durant l'année avec vote du public, puis festival et finale.

LIVRES DE ROUTE

Avant d'entamer une liste de livres qui pourrait être bien longue, le voyageur peut déjà noter trois éditeurs locaux qui font un travail remarquable pour la mise en valeur de leur région : les Éditions du Sud-Ouest, Privat et Loubatières.
– ***Toulouse secret et insolite,*** Sonia Ruiz et Corinne Clément, Parigramme, 2007. Des particularités architecturales et des détails sur Toulouse, anecdotes insolites et portraits de personnages marquants de la ville. Une Ville Rose méconnue, présentée sous forme de photos et de textes. De cette idée originale sont nées les visites secrètes et originales de l'office de tourisme.
– ***Le Guide du promeneur de Toulouse,*** Hélène Kemplaire, Les Beaux Jours, 2015. Un livre très utile pour découvrir l'âme de Toulouse en flânant dans ses quartiers, célèbres ou méconnus, au travers de différents itinéraires. Un bon moyen de se perdre dans la ville (sans jamais s'égarer), d'humer son atmosphère particulière et de découvrir ici ou là une multitude de petits trésors d'architecture.
– ***Histoire(s) de Toulouse,*** Grand Sud, 2011. Une B.D. qui narre la grande histoire et les petites histoires que la ville a connues, sous les traits de crayons de sept dessinateurs, l'ensemble inspiré de faits réels.
– ***Rues tolosanes,*** Michel Roquebert, Privat, 2000. Grandes et petites rues de Toulouse racontées de manière agréable et documentée. Illustrations tirées de documents anciens et photos de choix.
– ***Les romans de Pascal Dessaint,*** Rivages. Depuis de nombreuses années, cet écrivain de polars situe l'action de ses livres dans la Ville Rose. Parmi les œuvres les plus significatives, citons *Du bruit sous le silence,* où l'intrigue se déroule dans le milieu du rugby toulousain et qui obtint le prix du Roman noir de Cognac en 2006. Également à lire : *Loin des humains.*
– ***Toulouse, 2 000 ans d'art et d'histoire,*** Mosé Biagio Moliterni, Daniel Briand, 2000. Un beau livre à offrir aux amoureux de Toulouse. Un grand format avec photos et textes.
– ***Les Sentiers d'Émilie autour de Toulouse,*** Rob Day, Jean-Pierre Siréjol, Rando Éditions, 2010. Pour les amateurs de promenades à pied ou à vélo : 25 balades faciles et malignes pour découvrir Toulouse et ses environs. Il existe ainsi toute une collection de *Sentiers d'Émilie* sur la région Sud-Ouest.

– ***Le Canal du Midi à vélo,*** Philippe Calas, Édisud, 2012. Un remarquable petit livre, bien documenté, pour suivre le canal à bicyclette, en empruntant les anciens chemins de halage.
– ***Toulouse à pied,*** topoguide FFRP, mars 2009. Cinq circuits (de 5 à 31 km) pour ceux qui ont envie d'arpenter la ville autrement. Les bords de la Garonne, les berges du canal du Midi, les châteaux et pigeonniers de la rive gauche, les sculptures et fontaines au cœur de la ville...

PERSONNES HANDICAPÉES

Le label Tourisme et Handicap

Ce label national, créé par le secrétariat d'État à la Consommation et au Tourisme en partenariat avec les professionnels du tourisme et les associations représentant les personnes handicapées, permet d'identifier les lieux de vacances (hôtels, campings, sites naturels, etc.), de loisirs (parcs d'attractions, etc.) ou de culture (musées, monuments, etc.) accessibles aux personnes handicapées. Il apporte aux touristes en situation de handicap une information fiable sur l'accessibilité des lieux. Cette accessibilité, visualisée par un pictogramme correspondant aux quatre types de handicaps (moteur, visuel, auditif et mental), garantit un accueil et une utilisation des services proposés avec un maximum d'autonomie dans un environnement sécurisant. Pour connaître la liste des sites labellisés : • *rendezvousenfrance.com* • (rubrique « Tourisme et Handicap »).

Par ailleurs, dans notre guide, nous indiquons par le logo ♿ les établissements qui possèdent un accès ou des chambres pouvant accueillir des personnes handicapées. Certaines adresses sont parfaitement équipées selon les critères les plus modernes. D'autres, plus simples, plus anciennes aussi, sans répondre aux normes les plus récentes, favorisent l'accueil des personnes handicapées en facilitant l'accès à leur établissement, tant sur le plan matériel que sur le plan humain. Évidemment, les handicaps étant très divers, des lieux accessibles à certaines personnes ne le seront pas pour d'autres. Appelez donc auparavant pour savoir si l'équipement de l'hôtel ou du resto est compatible avec votre niveau de mobilité.
Malgré les combats menés par les nombreuses associations, l'intégration des personnes handicapées à la vie de tous les jours est encore balbutiante en France. Il tient à chacun de nous de faire changer les choses. Une prise de conscience est nécessaire, nous sommes tous concernés.

SITES INSCRITS AU PATRIMOINE MONDIAL DE L'UNESCO

Organisation des Nations Unies pour l'éducation, la science et la culture

En coopération avec le centre du patrimoine mondial de l'UNESCO

Pour figurer sur la liste du Patrimoine mondial, les sites doivent avoir une valeur universelle exceptionnelle et satisfaire à au moins un des 10 critères de sélection. La protection, la gestion, l'authenticité et l'intégrité des biens sont également des considérations importantes.
Le patrimoine est l'héritage du passé dont nous profitons aujourd'hui et que nous transmettons aux générations à venir. Nos patrimoines culturel et naturel sont deux sources irremplaçables de vie et d'inspiration. Ces sites appartiennent à tous les

peuples du monde, sans tenir compte du territoire sur lequel ils sont situés. Pour plus d'informations : • *whc.unesco.org* •
À Toulouse sont concernés le canal du Midi et le canal de Brienne, ainsi que la basilique Saint-Sernin et l'hôtel-Dieu au titre des chemins de Saint-Jacques-de-Compostelle.

SITES INTERNET

• ***routard.com*** • Le site de voyage n° 1 avec 750 000 membres et des millions d'internautes chaque mois. Partagez vos expériences avec la communauté de voyageurs : forums de discussions, avis, bons plans et photos. Pour s'inspirer et s'organiser, plus de 250 fiches pays actualisées avec les infos pratiques, les incontournables et les dernières actualités, ainsi que des reportages terrains et des carnets de voyage. Enfin, vous trouverez tout pour vos vols, hébergements, activités et voitures pour réserver votre voyage au meilleur prix. Routard.com, votre voyage de A à Z !
• ***toulouse-tourisme.com*** • Le site de l'office de tourisme de la ville. Toutes les infos indispensables à la visite de la Ville Rose. Hébergements (central de réservations), visites à réserver en ligne, packages, infos pratiques...
• ***toulouse.fr*** • Site officiel de la ville, avec des informations diverses et variées, dans le domaine tant administratif que culturel.
• ***toulouse-metropole.fr*** • Pour tout connaître sur la métropole.
• ***toulouseweb.com*** • Un portail de recherche très fonctionnel pour vous faciliter le quotidien dans la Ville Rose. Infos culturelles avec les agendas cinéma, concerts et expos, plein d'adresses utiles, bref, une mine d'informations actualisées régulièrement !
• ***toulouseblog.fr*** • Toute l'actualité culturelle et sportive, mais aussi des infos transports, concerts, festivals...
• ***tourisme.haute-garonne.fr*** • Le site du CDT fournit toutes les infos touristiques possibles pour ceux qui veulent explorer le reste du département.
• ***arnaud-bernard.net*** • Le site du carrefour culturel Arnaud-Bernard livre tous les secrets du quartier Arnaud-Bernard, le dernier quartier populaire du centre de Toulouse. La plupart des activités sont passées au peigne fin : repas de quartier, Forom des langues, conversations socratiques, etc. Indispensable avant d'aller s'asseoir à la terrasse d'un café sur la place principale du quartier.
• ***ladepeche.fr*** • Le site du journal *La Dépêche du Midi.* Pour tout savoir sur les actualités de Toulouse et sa région, le temps qu'il fera dans les prochains jours...
• ***clutchmag.fr*** • L'essentiel de Toulouse qui bouge ! Cinéma, expos et, surtout, tout sur l'actualité musicale de la ville : concerts, interviews de groupes du cru mais aussi d'ailleurs, sélection de nouveaux CD. Forum pour échanger ses coups de cœur...
• ***actu.cotetoulouse.fr*** • Site de l'hebdomadaire *Côté Toulouse* pour connaître l'actualité et les événements culturels de Toulouse.
• ***minuit-magazine.fr*** • Ce site vous donne tous les bons plans pour explorer Toulouse la nuit. Bars, boîtes, concerts et manifestations diverses.
• ***canalmidi.com*** • Un site sur le canal du Midi conçu par un instituteur ; pédagogique et bien documenté.
• ***vnf.fr*** • Plein d'infos sur les voies navigables de France. Infos pratiques, techniques et documentation téléchargeables sur la Garonne et le canal du Midi.

COMMENT Y ALLER ?

EN VOITURE

➢ ***Par l'autoroute :*** *• autoroutes.fr •* Le portail des autoroutes bien utile pour préparer son voyage en France et en Europe. Renseignements sur le temps de trajets, les conditions de circulation et le budget sur tous les tronçons autoroutiers de l'Hexagone. Également sur les tunnels, les ferries et autres portions payantes du réseau routier.

– ***Le covoiturage :*** le principe est simple, économique et écologique. Il s'agit de mettre en relation un chauffeur et des passagers afin de partager le trajet et les frais que ce soit de manière régulière ou de manière exceptionnelle, pour les vacances par exemple *(• blablacar.fr •).*

EN TRAIN

GRANDES LIGNES

Les différentes liaisons

Au départ de Paris

Gare Montparnasse : pour les départs en TGV.
Gare d'Austerlitz : pour les trains Corail, et notamment les trains de nuit.
➢ ***Paris-Toulouse :*** plusieurs trains directs/j., via Bordeaux (TGV) ou via Limoges (train Intercités). Compter 5h30-6h en moyenne. 1 train de nuit/j. (train Intercités).

Au départ de la province

Liaisons directes pour Toulouse au départ de Bordeaux (2h), Limoges (3h30), Marseille (4h), Montpellier (2h15), Nantes (6h45), Nice (6h45) et Perpignan (2h30) notamment.

▲ **VOYAGES-SNCF.COM**

– Infos et résas depuis la France : • voyages-sncf.com • et sur tablette et mobile avec les applis V. (trains) et V.Hôtels (hôtels).
– Réserver un vol, un hôtel, une voiture : ☎ 0899-500-500 (1,35 € l'appel, puis 0,34 €/mn).
– Une question ? : Rubrique « Contact » ou au ☎ 0970-60-99-60 (n° non surtaxé).
Voyages-sncf.com, distributeur de voyages en ligne de la SNCF, propose ses meilleurs prix de train et d'avion, d'hôtel et de location de voitures en France et en Europe. Accédez aussi à des services exclusifs : l'envoi gratuit des billets à domicile (en France), Alerte Résa, calendrier des prix, offres de dernière minute...

▲ **TRAINLINE**

Une nouvelle façon simple et rapide d'acheter vos billets de train sur le web, mobile et tablette. Réservez vos billets pour voyager en France et dans plus de 20 pays européens. Consultez les tarifs et les horaires dans une interface claire et sans publicités. Trainline compare les prix de plusieurs transporteurs européens pour vous garantir le meilleur tarif.
Réservations et paiements sur *• trainline.fr •* et sur mobile avec l'application Trainline pour iPhone et Android.
Et pour répondre à vos questions : *• guichet@trainline.fr •*

Pour préparer votre voyage

– ***e-billet :*** réservez, achetez et imprimez votre e-billet sur Internet.
– ***m-billet :*** plus besoin de support papier, vous pouvez télécharger le code-barres de votre voyage correspondant à votre réservation

directement dans votre smartphone, à l'aide de l'application *SNCF Direct*.
– ***Billet à domicile :*** commandez votre billet par Internet ou par téléphone au ☎ *36-35 (0,40 €/mn, hors surcoût éventuel de votre opérateur)* ; la SNCF vous l'envoie gratuitement à domicile sous 48h, en France.

Pour voyager au meilleur prix

La SNCF propose des tarifs adaptés à chacun de vos voyages.
➢ ***Prem's :*** des petits prix disponibles toute l'année, jusqu'à 90 jours avant le départ. Billets non échangeables et non remboursables (offres soumises à conditions). Impossible de poser des options de réservation sur ces billets : il faut les payer immédiatement.
➢ ***Les IDTGV :*** des prix mini, à saisir sur Internet uniquement.
➢ ***Les tarifs Loisirs***
Une offre pour programmer votre voyage tout en gardant des billets modifiables : ils sont échangeables et remboursables. Pour bénéficier des meilleures réductions, pensez à réserver vos billets à l'avance (les réservations sont ouvertes jusqu'à 90 jours avant le départ) ou à voyager en période de faible affluence.
➢ ***Les cartes de réduction***
Pour ceux qui voyagent régulièrement, profitez de réductions garanties tout le temps avec les cartes Enfant +, Jeune 12-17, Jeune 18-27, Week-end ou Senior + (valables 1 an).

Renseignements et réservations

– ***Internet :*** *• voyages-sncf.com •*
– ***Téléphone :*** ☎ *36-35 (0,40 € TTC/mn).*

– Également dans les gares, les boutiques SNCF et les agences de voyages agréées.

COMMENT CIRCULER DANS LA RÉGION ?

Le réseau TER Midi-Pyrénées

La SNCF et la Région Occitanie Pyrénées-Méditerranée proposent des tarifs régionaux pour voyager en train ou en car TER Midi-Pyrénées, dans les départements de l'Ariège, de l'Aveyron, de la Haute-Garonne, du Gers, du Lot, des Hautes-Pyrénées, du Tarn et du Tarn-et-Garonne.
Avec le Pack Liberté, pour 20 €/an :
– 50 % de réduction sur les trajets en TER Midi-Pyrénées les week-ends, les jours de fête et pendant les vacances scolaires (toutes zones). Cette réduction est aussi applicable de 1 à 4 personnes accompagnant ;
– 25 % de réduction les autres jours de l'année.
Et pour les moins de 26 ans, le Pack Liberté offre encore plus de réductions :
– 50 % de réduction tous les jours sur tous les trajets en TER Midi-Pyrénées ;
– un pack au prix de 15 € au lieu de 20 €.
Pour tout renseignement sur ces offres, rendez-vous dans les gares SNCF de la région, sur le site internet TER Midi-Pyrénées, ou appelez SNCF TER Midi-Pyrénées *(☎ 0-800-31-31-31, appel gratuit depuis un poste fixe).*

Pour tout renseignement

– ***Internet :*** *• midi-pyrenees.ter.sncf.com •*

EN BUS

▲ **EUROLINES**
☎ *0-892-89-90-91 (0,34 €/mn ; lun-sam 8h-21h, dim 10h-18h). • eurolines.fr •*
– Paris : 55, rue Saint-Jacques, 75005. n° d'urgence : ☎ 01-49-72-51-57. Lun-ven 9h30-18h30 ; sam 10h-13h, 14h-17h.
Vous trouverez également les services d'Eurolines sur • routard.com • Eurolines propose 10 % de réduction pour les jeunes (12-25 ans) et les seniors.

2 bagages gratuits/pers en Europe et 40 kg gratuits pour le Maroc.
– Gare routière internationale à Paris : 28, av. du Général-de-Gaulle, 93541 Bagnolet Cedex. Ⓜ Gallieni.
Première *low-cost* par bus en Europe, Eurolines permet de voyager vers plus de 600 destinations en Europe et au Maroc avec des départs quotidiens depuis 90 villes françaises. Eurolines propose également des hébergements à petits prix sur les destinations desservies.
– *Pass Europe :* pour un prix fixe valable 15 ou 30 jours, vous voyagez autant que vous le désirez sur le réseau entre 51 villes européennes. Également un *mini pass* pour visiter deux capitales européennes (7 combinés possibles).

▲ **FLIXBUX**
☎ 01-76-36-04-12. • flixbus.fr •
Ces bus long-courriers desservent quotidiennement une trentaine de villes en France au départ de Toulouse dont Bayonne, Bordeaux, Lyon, Marseille, Montpellier, Nantes, Nîmes, Nice, Paris, Perpignan, Rennes, etc.

▲ **OUIBUS**
Résa sur le site : • fr.ouibus.com/fr •
Depuis Toulouse, bus pour Bayonne, Biarritz, Bordeaux, Limoges, Marseille, Montpellier, Paris et Tarbes.

EN AVION

Les compagnies régulières

▲ **AIR FRANCE**
Rens et résas au ☎ 36-54 (0,34 €/mn – tlj 6h30-22h), sur • airfrance.fr •, dans les agences Air France et dans ttes les agences de voyages. Fermées dim.
➢ Air France dessert Toulouse au départ d'Orly-Ouest avec « la navette » : environ 25 vols/j. en sem et une quinzaine le week-end. Au départ de Roissy-Charles-de-Gaulle, env 5-6 vols/j.
➢ Air France assure également des liaisons directes Toulouse-Lyon et Toulouse-Strasbourg.
Air France propose des tarifs attractifs toute l'année. Pour consulter les meilleurs tarifs du moment, allez directement sur la page « Nos meilleurs tarifs » sur *• airfrance.fr •*
Flying Blue, le programme de fidélité gratuit d'Air France, permet de gagner des *Miles* en voyageant sur les vols Air France, KLM, Hop et les compagnies membres de *Skyteam,* mais aussi auprès des nombreux partenaires non aériens *Flying Blue.* Les *Miles* peuvent ensuite être échangés contre des billets d'avion ou des services (surclassement, bagage supplémentaire, accès salon...) ainsi qu'auprès des partenaires. Pour en savoir plus, rendez-vous sur *• flyingblue.com •*

▲ **HOP !**
Rens et résas sur • hop.com •, via les canaux de ventes Air France, dans ttes les agences de voyages et au centre d'appel au ☎ 36-54 (0,35 €/mn, tlj) ou au ☎ 0-892-70-22-22 (0,35 €/mn, tlj).
➢ Pour Toulouse, vols directs depuis Lille, Marseille, Nantes, Nice et Rennes. Quelques vols également depuis Calvi.

▲ **TWINJET**
☎ 0892-70-77-37 (0,34 €/mn). • twin jet.net •
➢ En sem, vols quotidiens entre Toulouse et Metz-Nancy

Les compagnies *low-cost*

Plus vous réserverez vos billets à l'avance, plus vous aurez des chances d'avoir des tarifs avantageux. En outre, les pénalités en cas de changement de vols sont assez importantes. Il faut aussi rappeler que plusieurs compagnies facturent maintenant les bagages en soute et limitent leurs poids. En cabine également le nombre de bagages est strictement limité (attention même le plus petit sac à main est compté comme un bagage à part entière). À bord, tous les services sont payants (boissons, journaux). Attention également au moment de la résa par Internet à décocher certaines options qui sont automatiquement cochées (assurances, etc.). Au final, même si les prix de base restent très attractifs, il convient de prendre en compte les frais annexes pour calculer le plus justement son budget.

▲ EASYJET

● *easyjet.com* ●

➢ Easyjet assure des liaisons pour Toulouse au départ de Paris (Orly et Roissy), Bâle-Mulhouse, Bastia, Lille, Lyon, Nantes, Nice, Genève, etc.

▲ VOLOTEA

● *volotea.com* ●

➢ Quelques vols entre Toulouse et Ajaccio, Bastia, Brest, Figari et Strasbourg.

Comment aller à Roissy et à Orly ?

Toutes les infos sur notre site ● *routard.com* ● à l'adresse suivante : ● *bit.ly/aeroports-routard* ●

TOULOUSE

• Pour se repérer, voir le plan d'ensemble, le plan centre, le zoom et le plan du métro et du tram sur le plan détachable en fin de guide.

ARRIVER – QUITTER

De et vers l'aéroport

✈ ***Aéroport Toulouse-Blagnac*** *(hors plan d'ensemble détachable par A1)* **:** *à* ***Blagnac,*** *à env 12 km du centre.* ☎ *0-825-38-00-00 (accueil-infos ; 0,18 €/mn). Depuis l'étranger slt :* ☎ *00-33-1-70-46-74-74.* • *toulouse.aeroport.fr* • Très nombreuses liaisons quotidiennes avec les villes françaises, capitales et grandes villes européennes.

■ ***Air France*** *(plan centre détachable, E3,* ***12****)* **:** *rens et résas à l'aéroport ou à l'agence en centre-ville, 2, bd de Strasbourg, à l'angle des allées Jean-Jaurès.* ☎ *36-54 (0,35 €/mn ; tlj, 6h30-22h).*

– ***Navettes aéroport :*** ☎ *05-34-60-64-00 ou 05-61-41-70-70.* • *tisseo.fr* • ♿ *Tlj sf 1er mai.* Départ ttes les 20 mn (compter 20-45 mn de trajet selon trafic), 5h-21h20 dans le sens Toulouse-aéroport, 5h40-0h15 dans l'autre sens. Compter 8 € pour 1 déplacement (possibilité d'emprunter 3 correspondances – bus ou métro –, pdt 1h30, avec le même ticket, 15 € A/R). Depuis le centre-ville, départ de la gare routière *(plan d'ensemble détachable, F1,* ***11****)* à proximité de la gare ferroviaire, arrêts à proximité du métro Jean-Jaurès *(plan centre détachable, E3,* ***11****)*, de la place Jeanne-d'Arc *(plan centre détachable, E2,* ***11****)*, de Compans-Caffarelli (centre de congrès ; *plan d'ensemble détachable, D2,* ***11***) et du pont du Béarnais *(plan d'ensemble détachable, B1,* ***11****)*.

– ***Tram T2 :*** il relie l'aéroport à la pl. Lafourcade, près du palais de justice (correspondance avec la ligne B du métro), en passant par les Arènes (correspondance avec la ligne A du métro). De l'aéroport, départs tlj, ttes les 15 mn (ttes les 20 mn dim), 6h-20h ; ttes les 20 mn, 20h-minuit (0h20 ven-sam). Trajet : 20 mn jusqu'aux Arènes, 30 mn jusqu'au palais de justice. Du centre-ville, départs 5h35 aux Arènes (5h50 palais de justice)-23h30 (palais de justice). Compter 1,60 € pour 1 déplacement ; possibilité de poursuivre dans le métro avec le même ticket.

■ ***Advantage :*** *6, rue Dieudonné-Costes, 31700* ***Blagnac*** *(accessible à pied en 5 mn depuis l'aéroport) ; l'agence se situe à côté de l'hôtel Radisson.* ☎ *05-61-78-95-13.* • *advantage.com* • *Tlj 9h-13h, 14h-20h (22h l'été).* Loueur de voitures *low-cost* pour les loisirs. Kilométrage illimité et prix intéressants. Advantage est une marque du groupe Hertz.

■ ***Hertz :*** *à l'aéroport, ☎ 05-61-30-08-99. Également à la gare Matabiau, à Toulouse, ☎ 05-62-73-39-47.*

Taxis : Taxis Aéroport *(borne), ☎ 05-61-30-02-54. Également* ***Capitole Taxi,*** *☎ 05-34-25-02-50, et* ***Taxi Radio Toulousain,*** *☎ 05-61-42-38-38. Ou encore* ***Prestibike,*** *• mototaxi.org/toulouse •* Il s'agit de motos-taxis.

De Toulouse vers les autres villes

Un site pour tous les transports régionaux (TER, bus, autocars, tramways) : *• sncf.com/fr/trains/ter •* Pour ceux ayant leur vélo, voir le site *• velo.sncf.com •*

En train

Gare SNCF Toulouse-Matabiau *(plan d'ensemble détachable, F2) : 80, bd Pierre-Sémard. Rens et résas : ☎ 36-35 (0,40 €/mn). Ⓜ Marengo-SNCF.* Une dizaine de trains directs (dont plusieurs TGV) au départ de Paris (5-6h) et Bordeaux (1h50). On rappelle que la liaison Bordeaux-Toulouse ne se fait pas à la vitesse TGV. Liaisons avec presque toutes les villes françaises et quelques villes espagnoles.

– Quelques liaisons régionales importantes (TER) à partir de Toulouse : Albi, Auch, Carcassonne, Moissac, Montauban, Agen, Cahors, Castres, Foix, Latour-de-Carol, Lourdes, Luchon, Rodez, Tarbes, etc.

En bus

Gare routière *(plan d'ensemble détachable, F1) : 68, bd Pierre-Sémard. ☎ 05-61-61-67-67 ou 0800-511-883 (n° Vert). Juste à côté de la gare SNCF. Lun-ven 9h-13h, 14h-17h.* Horaires et prix disponibles par téléphone (en théorie, car en pratique ils ne décrochent jamais ! Mieux vaut se déplacer).

– Pour les déplacements interurbains, consulter le site du conseil général : *• haute-garonne.fr •,* rubrique « Déplacements ». Plus de 350 communes desservies quotidiennement par le réseau Arc-en-Ciel. Attention, certaines liaisons ne sont pas assurées en été !

Tisséo est la compagnie spécialisée dans la desserte du Grand Toulouse *(☎ 05-61-41-70-70 ; • tisseo.fr • ; lun-ven 6h-20h, sam 8h30-18h30).* Principaux bureaux Tisséo à la gare et dans les stations de métro Capitole et Jean-Jaurès.

En bateau

■ ***VNF*** *(Voies navigables de France ; plan d'ensemble détachable, F4,* ***13****) : 2, port Saint-Étienne, BP 7204, 31073 Toulouse Cedex 07. ☎ 05-61-36-24-24. • sudouest.vnf.fr • Accueil lun-ven 10h-12h, 14h-16h.* Toutes les infos pour naviguer sans encombre sur le canal du Midi et le canal de la Garonne, et sur les animations qui se déroulent au fil de l'eau en été.

ADRESSES ET INFOS UTILES

Infos touristiques

Office de tourisme *(plan centre détachable, E3,* ***1****) : donjon du Capitole, square Charles-de-Gaulle, 31080 Toulouse Cedex 06. ☎ 0-892-180-180 (0,34 €/mn) ou, depuis l'étranger, ☎ 00-33-5-40-13-15-31.*

• toulouse-tourisme.com • Juste derrière le Capitole. Juin-sept, lun-sam 9h-19h ; dim et j. fériés 10h30-17h15. Oct-mai, lun-ven 9h-18h ; sam 9h-12h30, 14h-18h ; dim et j. fériés 10h-12h30, 14h-17h. Fermé 25 déc et 1er janv. Situé dans le donjon, ancienne tour des archives du XVIe s, restauré par Viollet-le-Duc. Documentation très complète sur la ville. Résas en ligne sur le site internet.

– ***Pass tourisme :*** *possibilité d'acheter ce pass à l'office de tourisme et dans les agences Tisséo et certains hébergeurs. Valable 24, 48 ou 72h (respectivement à 19,50, 26,50 et 33,50 €), il inclut les transports en bus, métro et tram sur l'ensemble du réseau Tisséo et la navette aéroport, les visites guidées de l'office de tourisme, l'entrée dans les principaux sites, une balade en bateau à bord des Bateaux Toulousains sur la Garonne et le canal, ainsi que les petits trains touristiques de la ville. Réduc pour de nombreux autres sites (cité de l'Espace, musée Aéroscopia, etc.).* Les sites inclus dans le *pass* : la fondation Bemberg, les Abattoirs, le cloître des Jacobins, le musée des Augustins, le musée Saint-Raymond, le musée Georges-Labit, le musée Paul-Dupuy, le Muséum d'histoire naturelle et ses jardins, l'église Saint-Pierre-des-Cuisines, la galerie du Château d'Eau, le musée du Vieux Toulouse, le déambulatoire et la crypte Saint-Sernin, l'amphithéâtre romain de Purpan et le musée Terre de Pastel.

– ***Visites guidées de l'office de tourisme de Toulouse :*** *nombreuses visites guidées générales, insolites ou thématiques, circuits régionaux et conférences tte l'année. Tarifs : 5-14 € selon visite ; gratuit pour les moins de 18 ans. Durée moyenne : 2h.* Outre les visites classiques (basilique Saint-Sernin, bord de la Garonne, Toulouse à la Renaissance...), l'office propose un large choix de visites insolites (« Balade gourmande », « Sur les pas de Nougaro », « Toulouse secrète », « Dans les coulisses du stade »...). Ou encore des visites liées à des événements ou des festivals. Demander le programme *Visites de la ville et des musées.* Les visites sont menées par des guides compétents et passionnés.

■ ***Centre occitan des musiques et danses traditionnelles Toulouse Midi-Pyrénées – Conservatoire occitan*** *(plan d'ensemble détachable, C4,* ***4****) :* *5, rue du Pont-de-Tounis. ☎ 05-34-51-28-38. • comdt.org • Lun-ven sf ven ap-m 10h-13h, 14h (15h lun)-18h45 (17h45 lun et pdt les vac scol). Fermé de mi-juil à mi-août.* Stages de danse et de musique. Atelier de lutherie. Bibliothèque regroupant aussi des informations sur les autres régions. Certains soirs, concerts de musique traditionnelle d'ici, mais aussi d'ailleurs. Le centre édite également une revue en ligne, *Pastel,* sur les musiques et les danses en Occitanie.

■ ***Nature Midi-Pyrénées*** *(plan d'ensemble détachable, F4,* ***6****) :* *14, rue de Tivoli, 31068 Toulouse Cedex. ☎ 05-34-31-97-32. • naturemp.org • Ⓜ François-Verdier. Dans les locaux de la Maison de l'environnement Midi-Pyrénées. Lun-ven 9h-12h30, 14h-18h.* Association de protection des milieux naturels, de sensibilisation et d'information, qui organise différentes escapades naturalistes dans les environs de Toulouse, au rythme des saisons et en compagnie de guides passionnés.

■ ***Pays d'Oc :*** *37, rue du Salat, 31850* ***Montrabe.*** *☎ 05-61-73-17-96. • paysdoc.com •* Visites guidées de Toulouse et de sa région sur des thèmes variés, à pied, à vélo, à rollers, à Segway, en car...

Poste et télécommunications

✉ ***Postes principales :*** *9, rue Lafayette (plan centre détachable, E3). ☎ 36-31. Entre le Capitole et la pl. du Président-Wilson. Lun-ven 8h30-18h30 ; sam 9h-12h30.*

@ ***Le Chat de la Voisine*** *(plan centre détachable, F2,* ***7****) :* *25, rue des Sept-Troubadours. ☎ 05-61-57-36-18. Lun-sam 10h (12h sam)-20h.* Un sympathique cybercafé.

■ @ ***Laverie des Lois*** *(plan centre détachable, D3,* ***8****) :* *19, rue des Lois.*

☎ 05-61-23-71-45. *Tlj 8h-21h30 pour laver son linge ; tlj sf dim 14h (9h sam)-19h pour surfer sur Internet (en été, jeu-sam 13h-19h).* Et pourquoi ne pas laver son linge tout en surfant sur Internet ?

Santé, urgences

■ ***Commissariat central*** *(plan d'ensemble détachable, C1,* ***9****) :* *23, bd de l'Embouchure.* ☎ *05-61-12-77-77 (ou* ☎ *17 pour police-secours).* Ⓜ *Canal-du-Midi.*
■ ***Médecins de garde :*** ☎ *05-61-49-66-66.*
■ ***Pharmacie de nuit*** *(plan d'ensemble détachable, F2,* ***10****) :* *70-76, allées Jean-Jaurès.* ☎ *05-61-62-38-05. Lun 20h-minuit, mar-dim 20h-8h.*
✚ ***CHU Purpan*** *(hors plan d'ensemble détachable par A2) :* *pl. du Docteur-Baylac (rond-point de Purpan).* ☎ *05-61-77-22-33.*
✚ ***CHU Rangueil*** *(hors plan d'ensemble détachable par E6) :* *av. Jean-Poulhes.* ☎ *05-61-32-25-33.*

Où s'informer ?

De nombreux magazines ou suppléments de quotidiens proposent des pages culture.

– ***La Dépêche du Midi :*** appelé *La Dépêche,* quotidien couvrant une grande partie de la région.
– ***Minuit :*** un excellent mensuel culturel gratuit. • *minuit-magazine.fr* •
– ***Côté Toulouse :*** hebdomadaire gratuit sur l'actualité et les événements culturels. • *actu.cotetoulouse.fr* •

Les marchés

Plusieurs marchés à Toulouse. Voici les principaux.

Alimentation

– Au cœur du vieux Toulouse, le ***marché des Carmes*** *(plan centre détachable, E4 ; au rdc du parking, tlj sf lun),* sur la place des Carmes, dans les beaux quartiers. Plus bobo que populo. Un autre à la ***halle Saint-Cyprien*** *(plan d'ensemble détachable, C4 ; tlj sf lun),* sur la place du même nom. Ou encore à la ***halle Victor-Hugo*** *(plan centre détachable, E2-3 ; tlj sf lun 6h-13h30),* pour le plaisir des yeux... et la douleur du porte-monnaie. Pour des produits frais toute l'année.
– ***Marché du Capitole*** *(plan centre détachable, E3) :* *sur la pl. du Capitole, mer 8h-18h.* Petit marché forain sans grand intérêt. En revanche, joli ***marché bio*** sur le square Charles-de-Gaulles, au pied du donjon de l'office de tourisme *(mar et sam mat, à partir de 7h).*
– ***Marché Cristal*** *(plan centre détachable, E2) :* *bd de Strasbourg, tlj sf lun jusqu'à 13h30.* Plein d'étals de fruits et légumes, à l'ombre des platanes.
– ***Marché de Saint-Aubin*** *(plan d'ensemble détachable, F3) :* *autour de l'église Saint-Aubin, dim mat.* Très pittoresque, et beaucoup de produits fermiers.

Divers

– ***Marchés de bouquinistes :*** *pl. Arnaud-Bernard (plan d'ensemble détachable, D2), jeu 7h-18h ; au pied de la cathédrale Saint-Étienne (plan centre détachable, E-F4), sam 9h30-18h ; pl. Saint-Aubin (plan d'ensemble détachable, F3), dim ; et pl. Saint-Cyprien (plan d'ensemble détachable, C4), lun.*
– ***Brocantes*** *(plan d'ensemble détachable, F5) :* *le 1er w-e du mois.* Grande brocante le long des allées François-Verdier.
– ***Marché au Puces :*** *dim mat, au cours Dillon (plan centre détachable, D4).*
– ***Brocante :*** *sam mat, autour de l'église Saint-Aubin (plan d'ensemble détachable, F3).*

Comment se déplacer en ville ?

À pied

Toulouse est une ville qui se parcourt à pied. On laisse la voiture garée et on se balade le nez en l'air. En moins de 30 mn, on a parcouru la vieille ville du nord au sud ou d'est en ouest. Les ruelles historiques supportent d'ailleurs très mal la circulation automobile.

En bus, métro et tramway

– ***Transports urbains Tisséo*** *(bus, métro et tram de Toulouse)* **:** *rens stations Esquirol, Gare ou Capitole (nombreux autres points).* ☎ *05-61-41-70-70.* • *tisseo.fr* • Une ligne de métro automatique (VAL), la ligne A, dessert 18 stations du sud-ouest (Basso-Cambo) au nord-est (Balma-Gramont) en passant par le centre et la gare. La ligne B, également automatique, dessert 20 stations et relie le nord-ouest (depuis Borderouge) et les Minimes au sud-est (Ramonville). Le métro circule de 5h15 à minuit (3h ven-sam) et s'appuie sur un réseau de bus. La ligne de tramway T1 relie la place Lafourcade, près du palais de justice (correspondance avec la ligne B du métro), à Beauzelle-Aéroconstellation (nord-ouest de l'agglomération), en passant par les Arènes. Le tram circule ttes les 5-10 mn env, 4h50-23h15 (0h20 ven-sam) dans le sens Aéroconstellation-Palais de Justice, 6h-0h20 (1h20 ven-sam) dans l'autre sens. Le tram 2 permet de relier le palais de justice à l'aéroport (se reporter à la rubrique « Arriver – Quitter »). En bus, une navette électrique gratuite parcourt tout le centre-ville ; car elle s'arrête à la demande.

À vélo, rollers et en cyclo-pousse

– ***VélôToulouse :*** ☎ *0-800-11-22-05 (n° Vert).* • *velo.toulouse.fr* • *24h/24. Tarifs : 1,20 €/j. ; 5 €/sem ; les premières 30 mn gratuites dans chacune des stations, 1-2 € l'heure suivante.* Avec un réseau dense (près de 250 stations, tous les 200 ou 300 m) et des vélos légers et maniables, c'est un véritable bonheur ; un moyen de locomotion qui vous change la ville. ***Attention :*** vérifiez bien que vous avez entendu le bip de raccrochage de votre vélo, sinon la facture monte toute seule !

– ***Service Locations Loisirs – Le Canal à Vélo*** *(plan d'ensemble détachable, F1,* ***14****)* **:** *89, bd Pierre-Sémard.* ☎ *05-34-40-64-72.* • *maisonduvelotoulouse.com* • *Tlj sf dim 10h-12h, 13h-18h. Résa vivement conseillée, car le parc de vélos est limité. Compter 20 € pour 1 j., 55 € pour 3 j., 100 € pour 1 sem ; caution : 450 €.* Location de vélos de cyclotourisme (VTC), avec cadre mixte ou homme, tandems, remorques (pour matériel ou pour enfants), sacoches avant et arrière... Parfait pour une escapade le long du canal du Midi.

– ***La Maison du Vélo*** *(plan d'ensemble détachable, F2,* ***15****)* **:** *12, bd Bonrepos.* ☎ *05-34-40-64-72.* • *maisonduvelotoulouse.com* • *Tlj sf dim 10h-12h, 13h-18h30 (17h sam). Pas de résa possible. Compter 15 € l'adhésion (réduc) ; puis 5 € pour 1 sem, 10 € pour 1 mois, 100 € à l'année ; caution : 250 €.* Location longue durée de vélos de ville et de vélos pliables. Atelier de réparation pour les adhérents *(mar-ven 14h30-17h30, sam 13h-17h).*

– ***Vinci Park :*** ☎ *05-61-21-70-06.* Vélos gracieusement prêtés si vous stationnez dans un des parkings *Vinci* de la ville. Au parking du Capitole, il faut payer 5 €, puis accès illimité.

– ***Altermove*** *(plan centre détachable, E2-3,* ***16****)* **:** *9, rue Rivals.* ☎ *05-61-23-49-76.* • *altermove.com* • *À 100 m du Capitole. Tlj sf dim-lun 10h30-13h30, 14h30-18h30. Congés : 1 sem vers le 15-août. Loc de vélos électriques : compter 10 € les 2h ; 15 € la ½ journée ; 25 € la journée.*

– ***Deux pieds deux roues :*** • *2p2r.org* • De mars à octobre, le dernier vendredi du mois à 20h30, organise des balades nocturnes (15 km ; durée : 2h environ ; départ depuis

Saint-Sernin) et des balades du dimanche ou du week-end 6-7 fois par an (50 km environ).
– ***Roulez rose :*** *• roulezrose.com •* Association qui promeut le développement du roller en ville. Propose des randos régulières, en général le vendredi à 21h, ou le 1er dimanche du mois (à voir sur leur site). Départ en général de la place du Capitole.
– ***Altern'Mobil :*** *3, Grande-Rue-Saint-Nicolas. • alternmobil.net • N'hésitez pas à héler un cycloville dans la rue lorsque vous en voyez un.* Vélo électrique avec chauffeur. Un moyen original de découvrir la ville !

Stationnement et parkings

Le centre-ville est payant. Il existe une quinzaine de parkings payants en centre-ville, certains ouverts 24h/24 (Capitole, Carmes, Compans-Caffarelli, Victor-Hugo). On trouve encore des places gratuites à Saint-Cyprien et dans le quartier de Jolimont, entre la médiathèque et le cimetière. L'agence *Tisséo* met également à disposition des parkings gratuits en dehors du centre-ville (stations de métro Jolimont, Arènes, Basso-Cambo, Argoulets, Balma-Gramont, Borderouge, Ramonville et La Vache), à condition d'utiliser son réseau par la suite.

OÙ DORMIR ?

Bien pratique, le service de réservation gratuit en ligne de l'office de tourisme. Un conseil : en dehors des vacances d'été, réservez à l'avance si vous comptez dormir à Toulouse. Entre les congrès, l'activité économique intense toute l'année et les milliers d'étudiants en période d'examens, la Ville Rose affiche très souvent complet ! À l'inverse, en période « creuse » (à savoir les week-ends et pendant les vacances scolaires), la plupart des hôtels de Toulouse (et des environs) bradent les prix. Appelez-les et surveillez les promos sur Internet ! Toujours sur Internet, sur le site de l'office de tourisme *(• toulouse-tourisme.com •)*, offres de séjours à prix intéressants associant un hébergement (1 à 3 nuits, sur les week-ends uniquement) à une activité qui peut se dérouler à l'extérieur de Toulouse (visite guidée, excursion en bateau sur le canal, sortie gastronomique...).

Chambres d'hôtes

☗ ***La Péniche Amboise*** *(plan d'ensemble détachable, G5,* ***20****) : face au 18, bd Griffoul-Dorval. ☎ 05-62-16-94-37. 📱 06-50-77-64-58. • peniche.amboise@gmail.com • peniche-amboise.com • Ouv tte l'année. Compter 89-105 € pour 2.* 📶 À quelques encablures du centre-ville, sur le mythique canal du Midi, est sagement amarrée une péniche anis et bronze, reconvertie en maison d'hôtes. 4 chambres, superbes et tout confort (clim, TV, sèche-cheveux, bouilloire), ultratendance, où l'esprit marin a été savamment préservé. La plus grande, l'ancienne cabine du capitaine, peut accueillir 4 personnes. Salon à disposition. Jacuzzi et terrasse sur le ponton.

☗ ***Chambres d'hôtes Hors-Scène*** *(plan d'ensemble détachable, E1,* ***22****) : 15, rue Ingres. ☎ 05-61-63-46-41. 📱 06-20-33-38-26. • contact@horsscene.com • horsscene.com • Ouv tte l'année. Compter 90 € pour 2 (85 € à partir de 2 nuits).* 📶 Au rez-de-chaussée de leur toulousaine, au fond d'une cour, Marion et Thierry ont aménagé 2 chambres avec un talent certain. C'est sobre, de très bon goût (murs d'argile, couleurs douces). Dans l'une des chambres, ils ont posé un ancien parquet de théâtre récupéré dans la rue ! Cette dernière dispose d'un w-c extérieur. L'autre chambre a conservé ses anciennes briques au sol. Cuisine à disposition équipée avec plaques chauffantes, micro-ondes mais pas de four. On a un peu le sentiment d'être dans un appartement. Adorable jardin pour prendre le petit déj ou se poser au calme. Porche à vélo.

☗ ***Le Clos d'Arduenna*** *(hors plan d'ensemble détachable par A4,* ***23****) : 201, av. de Lardenne. ☎ 05-34-56-61-85.*

06-17-03-82-47. • contact@leclosdarduenna.com • leclosdarduenna.com • À 7 km env du centre-ville. Juste à côté de l'église de Lardenne. Ouv tte l'année. Doubles avec sdb et clim 95-120 € selon taille, petit déj compris. Également 2 apparts. Parking gratuit dans la rue. Réduc de 10 % sur le prix de la chambre sur présentation de ce guide. Jolie maison restaurée proposant 5 chambres confortables, à la déco raffinée. Chacune d'elles rend hommage à un peintre de la région. On a un petit faible pour la grande chambre mansardée sous le toit. La maison borde une artère passante en journée, mais l'isolation phonique est efficace. Depuis le jardin verdoyant où l'on peut prendre le petit déj, on finit même par oublier qu'on est en ville. Piscine, court de tennis, salle de fitness et de jeux. Bon accueil du propriétaire, qui habite la maison mitoyenne.

De bon marché à prix moyens

La Petite Auberge de Saint-Sernin *(plan d'ensemble détachable, D2,* ***24****) : 17, rue d'Embarthe. 07-60-88-17-17. • auberge.toulouse@gmail.com • lapetiteaubergedesaintsernin.com • Nuitée 22 €/pers. Pas de petit déj.* Entre le gîte d'étape et l'auberge de jeunesse, voici une adresse sympathique et centrale qui fait le bonheur de jeunes du monde entier et en dépannera plus d'un. Une dizaine de dortoirs (4-8 lits, soit près de 60 lits) avec casiers, kitchenette, salle de bains et w-c. Dortoirs mixtes, sauf l'un d'eux, réservé aux filles. Ambiance cosmopolite et accueil extra. Terrasse, jardin (avec soirées barbecue), et même un balcon dans certaines chambres.

Gîte L'Étape *(hors plan d'ensemble détachable par D1,* ***21****) : 8, rue Lionel-Terray. 06-82-13-18-65. • gitetapetoulouse.jimdo.com • lapetiteaubergedesaintsernin.com • Ⓜ Barrière-de-Paris (puis 400 m à pied). Ouv avr-oct. Nuitée 19 €/pers, draps fournis. Petit déj 3 € avec confitures maison ; repas 10 €.* C'est dans leur maison, au sein d'un quartier pavillonnaire calme, que Marie et Vincent accueillent amoureux de la randonnée et pèlerins, pour une étape de 2 nuits maximum. Ils proposent 4 chambres de 2 à 4 personnes, avec ou sans salle de bains. Ici, on privilégie l'échange et les rencontres humaines, dans la plus grande simplicité. Petit jardin avec piscine de poche.

Auberge Ô Toulouse *(plan d'ensemble détachable, G1,* ***41****) : 2, av. Yves-Brunaud. ☎ 05-34-30-42-80. • aubergedejeunesse@otoulouse.org • otoulouse.org • Ⓜ Jolimont. Membre de la Fuaj. Nuitée 19 €/pers, draps fournis (min : 2 nuits ; max : 6 nuits). Petit déj env 5 € ; repas 8 € (midi)-10 € (soir).* Il y a la partie auberge de jeunesse et la partie foyer de jeunes travailleurs. Mais tout le monde se retrouve dans la salle commune (TV, billard et baby-foot) ou dans la cuisine à disposition (prêt de frigo). Une cinquantaine de chambres de 2 à 3 lits (salles de bains privées), sur 4 étages, le long de couloirs sans charme particulier. Préférez les chambres côté cour, plus calmes que celles qui donnent sur le boulevard. Terrain de sport, laverie et garage à vélo. Fonctionnel.

Hôtel Beauséjour *(plan centre détachable, F2,* ***25****) : 4, rue Caffarelli. ☎ 05-61-62-77-59. • hotel.beausejour@hotmail.fr • hotelbeausejourtoulouse.com • À 5 bonnes minutes de la gare et à 10 mn du Capitole. Fermé de fin juil à mi-août. Résa longtemps à l'avance conseillée. Doubles 45-62 €.* Voici le petit hôtel d'une dizaine de chambres comme on n'en fait plus guère. Propre, à l'accueil gentil et familial, sûr et calme. Double vitrage pour les chambres donnant sur la rue ; w-c sur le palier pour les moins chères. TV pour tout le monde. Euh... quoi d'autre ? Les prix, bien sûr ! Bas, tout simplement.

Hôtel Croix-Baragnon *(plan centre détachable, E4,* ***27****) : 17, rue Croix-Baragnon. ☎ 05-61-52-60-10. • hotelcroixbaragnon.toulouse@orange.fr • hotelcroixbaragnon.com • Réception (8h-20h) au 1er étage. Ouv tte l'année. Doubles 68-72 €.* En plein centre, un hôtel pas désagréable du tout, avec son petit escalier extérieur couvert de plantes. Les chambres sont très simples et suffisamment confortables ;

préférez celles avec fenêtre sur cour (celles donnant sur la rue ont tout de même le double vitrage). L'ambiance ferait presque penser à celle de colocataires d'un même immeuble...

De prix moyens à chic

Hôtel Royal Wilson *(plan centre détachable, E3, **29**) : 6, rue Labéda. ☎ 05-61-12-41-41. • contact@hotelroyalwilson-toulouse.com • hotelroyalwilson-toulouse.com • Ouv tte l'année. Doubles 64-99 €. Garage privé payant. Un petit déj par chambre et par nuit offert sur présentation de ce guide (pour les résas en direct à l'hôtel).* L'un des meilleurs rapports qualité-prix du centre-ville. Chambres jolies, confortables (climatisées) et personnalisées. Certaines d'entre elles, un peu plus sombres que celles sur rue, donnent sur un petit patio à l'espagnole, particulièrement calme. Parties communes décorées de suspensions, de cadres en bois, tout cela donnant de la chaleur et un certain charme à l'établissement. Bon accueil et grande propreté. Labellisé « Accueil vélo ». Une adresse sûre.

Hôtel d'Orsay *(plan d'ensemble détachable, F2, **28**) : 8, bd Bonrepos. ☎ 05-61-62-71-61. • hotel.dorsay@wanadoo.fr • hotel-dorsay.com • Doubles 69-79 €. Parking payant. Réduc de 10 % sur le prix de la chambre sur présentation de ce guide.* Presque en face de la gare, sur ce boulevard qui ne mérite plus son nom. Un petit hôtel aux chambres rénovées, malgré une façade peu avenante, où l'entretien est un souci au quotidien. Pour une nuit au calme, préférez le côté jardin, même si les chambres côté rue sont équipées de double vitrage. Le petit déj se prend côté jardin. Une bonne étape.

Hôtel St Claire *(plan centre détachable, F2, **30**) : 29, pl. Nicolas-Bachelier. ☎ 05-34-40-58-88. • contact@stclairehotel.com • stclairehotel.fr • Doubles 75-150 € ; petit déj 12,90 €. Un petit déj par chambre et par nuit offert sur présentation de ce guide.* Situé dans un quartier agréable, un peu à l'écart de la foule mais à proximité immédiate du centre historique. Un petit hôtel de charme à l'atmosphère paisible. Une quinzaine de chambres à la déco raffinée (lampes en ferronnerie d'art, meubles cérusés). Toutes sont lumineuses, calmes et confortables (excellente literie, TV et AC). Petit déj servi dans une petite salle cosy.

Hôtel Albert Ier *(plan centre détachable, E3, **32**) : 8, rue Rivals (et 7, rue John-Fitzgerald-Kennedy). ☎ 05-61-21-17-91. • toulouse@hotel-albert1.com • hotel-albert1.com • Ouv tte l'année. Doubles 71-134 €.* Rue calme dans un quartier commerçant et central. Excellent accueil, professionnel tout en restant assez familial. Hall d'entrée accueillant avec ses céramiques et ses briques toulousaines. Une cinquantaine de chambres différentes, agréables et confortables, de taille raisonnable, toutes avec minibar, AC et TV. L'hôtellerie indépendante dans ce qu'elle a de meilleur.

Hôtel Wilson Square *(zoom détachable, E3, **33**) : 12, rue d'Austerlitz. ☎ 05-61-21-67-57. • contact@hotel-wilson.com • hotel-wilson.com • Ouv tte l'année. Doubles 69-89 €. Possibilité de parking payant à proximité. Réduc de 10 % sur le prix de la chambre ven-dim et vac scol sur présentation de ce guide.* Dans une rue qui compte pas mal d'hôtels plus ou moins intéressants, celui-ci se défend honorablement tant au niveau de l'accueil que des tarifs. Façade néoclassique flanquée de ses cariatides et joli petit hall d'entrée dans les tons jaunes. TV et double vitrage dans toutes les chambres, clim dans celles qui sont le plus exposées aux rayons du soleil.

Hôtel Héliot *(plan centre détachable, E2, **34**) : 3, rue Héliot. ☎ 05-34-41-39-41. • hotel-heliot.com • À 10 mn de la gare à pied et à 15 mn du Capitole, dans une ruelle tranquille. Ouv tte l'année. Doubles 70-99 €. Parking payant.* Petit établissement de province dans toute sa splendeur, avec ses boiseries, ses planchers qui craquent, son côté désuet et charmant à la fois. Une douzaine de chambres spacieuses, avec d'anciennes cheminées en marbre, certaines donnant sur le jardin. Simple, propre, confortable. Excellent accueil.

Hôtel Castellane *(plan centre détachable, F3, **35**) : 17, rue Castellane.*

☎ 05-61-62-18-82. • hotelcastellane@gmail.com • castellanehotel.com • ♿ Ouv tte l'année. Doubles 60-90 €. Réduc de 10 % sur le prix de la chambre pdt vac scol slt sur présentation de ce guide. Un hôtel somme toute assez banal mais plutôt bien situé et offrant des chambres propres et confortables, avec AC. Certaines sont plus tranquilles que d'autres (donnant sur le patio, sous les toits et dans l'annexe plus récente). Terrasses pour les plus chères (la nº 113 est particulièrement spacieuse et agréable). Salle accueillante pour le petit déj.

Grand Hôtel d'Orléans *(plan d'ensemble détachable, F2,* ***36****) : 72, rue Bayard. ☎ 05-61-62-98-47. • contact@grand-hotel-orleans.fr • grand-hotel-orleans.fr • Fermé pour les fêtes de fin d'année. Doubles 60-100 €. Parking privé payant. Un petit déj par pers et par nuit offert sur présentation de ce guide.* Un bon hôtel à deux pas de la gare. Un petit style espagnol avec son patio couvert à coursives, dont les balcons débordent de plantes. Chambres rénovées, assez spacieuses, avec TV et clim, fenêtres donnant sur la rue ou sur le patio. Ces dernières se révèlent plus calmes (double vitrage pour celles donnant sur la rue) mais sont plus confinées aussi. Accueil familial. Autre atout : un parking privé, plutôt rare en centre-ville.

Hôtel Ours Blanc Victor Hugo *(zoom détachable, E2,* ***39****) : 25, pl. Victor-Hugo. ☎ 05-61-23-14-55. • victorhugo@hotel-oursblanc.com • hotel-oursblanc.com • Ouv tte l'année. Doubles 78-88 € (jusqu'à 25 % de réduc ven-dim). Parking public payant à proximité.* Parmi les 3 hôtels *Ours* que compte la famille, le *Victor Hugo* est le plus simple, celui qui a le moins de charme, mais aussi celui qui propose les prix les plus tassés. Déco minimaliste, standard et datée (crépis beige, moquette marron). Les chambres qui donnent côté rue ont un balcon et bénéficient d'une double fenêtre. Les autres, peu spacieuses, peuvent s'avérer un peu sombres. Malgré tout, le rapport qualité-prix est honorable.

Hôtel Ours Blanc Centre *(zoom détachable, E2-3,* ***40****) : 14, pl. Victor-Hugo. ☎ 05-61-21-25-97. • centre@hotel-oursblanc.com • hotel-oursblanc.com • Ouv tte l'année. Doubles 88-98 € (jusqu'à 20 % de réduc à certaines périodes). Parking public payant à proximité.* Dans un ancien bâtiment à la jolie façade de brique, l'hôtel propose des chambres à la déco blanche et, là encore, minimaliste. Si votre budget vous le permet, autant opter pour une supérieure qui donne à l'arrière, plus calme. Un sympathique petit igloo pour la nuit, à condition d'éviter les 2 ou 3 chambres situées au-dessus du bar (très animé en fin de semaine).

Hôtel Le Capitole *(plan centre détachable, E3,* ***42****) : 10, rue Rivals. ☎ 05-61-23-21-28. • contact@capitole-hotel.com • capitole-hotel.com • Doubles 49-56 € pour les plus petites (peu adaptées pour 2 pers) ; 67-89 € pour les autres.* Un établissement bien tenu dont les chambres ont été rafraîchies dans un esprit un brin clinquant (coussins aux couleurs flashy sur fond de teintes grises et blanches, têtes de lit matelassées). Il faut voir cette adresse, à deux pas de la place du Capitole, comme un petit pied-à-terre pas cher et sympa (avec AC tout de même).

Hôtel de France *(zoom détachable, E3,* ***43****) : 5, rue d'Austerlitz. ☎ 05-61-21-88-24. • contact@hotel-france-toulouse.com • hotel-france-toulouse.com • Doubles 69-102 € (avec douche ou bains) ; promos régulières sur Internet.* Cet hôtel a profité d'un lifting intérieur de qualité, s'habillant de tons gris, blancs et noirs, mais aussi de nuances de rouge et d'autres teintes pimpantes, fraîches et modernes. Excellent accueil et propreté exemplaire. Les chambres des 2ᵉ et 5ᵉ étages sont dotées d'un balcon. Une bonne adresse centrale et soignée, presque chic en fait.

Appart'hôtel Odalys La Colombélie *(plan d'ensemble détachable, F3,* ***48****) : 76, rue de la Colombette. ☎ 05-61-54-82-40. • colombelie@odalys.fr • Studio à partir de 70 € pour 2 (linge de lit et de toilette fournis, lits faits à l'arrivée et ménage quotidien).* Situé dans le centre de Toulouse, ce nouvel appart'hôtel propose près de 80 studios et appartements avec kitchenette, et pouvant accueillir jusqu'à 4 personnes. Agréable salle de petit déjeuner. Espace détente avec spa de nage, hammam et salle de sport.

Hôtel Arnaud-Bernard *(plan d'ensemble détachable, D2, **44**) : 33, pl. des Tiercerettes. ☎ 05-61-21-37-64. • a.bernardhotel@wanadoo.fr • hotel-arnaudbernard.com • Congés : 1 sem pour les fêtes de fin d'année. Double 65-70 €.* Une vingtaine de chambres dans ce petit hôtel donnant sur une petite place sympa comme tout. Bon à savoir : on est au cœur d'un quartier qui aime bien vivre la nuit, et la place est bruyante jusque tard, voire très tard. Bref, une adresse pour noctambules. Ou alors choisissez l'une des quelques chambres donnant sur le petit patio, même si certaines d'entre elles sont particulièrement sombres. Elles sont bien équipées (AC, TV) et à prix corrects. Jolie salle de petit déj et accueil gentil comme tout.

De chic à plus chic

Hôtel Le Clocher de Rodez *(plan centre détachable, E2, **31**) : 14-15, pl. Jeanne-d'Arc. ☎ 05-61-62-42-92. • contact@hotel-clocher-toulouse.com • hotel-clocher-toulouse.com • Fermé pour les fêtes de fin d'année. Doubles 85-150 €. Tarif préférentiel au parking public voisin.* Un 3-étoiles accueillant, à la tenue impeccable et entièrement restauré. Chambres modernes, bien équipées, avec douche ou bains, joliment rénovées et parfaitement insonorisées. La structure de l'hôtel étant ancienne, les couloirs sont tarabiscotés et les chambres assez différentes les unes des autres. Sur les murs, de belles photos consacrées aux clochers de Toulouse (mais point de Rodez, en tout cas on ne l'a pas trouvé !).

Hôtel Ours Blanc Wilson *(zoom détachable, E3, **38**) : 2, rue Victor-Hugo. ☎ 05-61-21-62-40. • wilson@hotel-oursblanc.com • hotel-oursblanc.com • Ouv tte l'année. Doubles 118-128 € (jusqu'à 25 % de réduc à certaines périodes). Parking public payant.* Très bel immeuble en arrondi des années 1930. L'ensemble a été restauré. Dans le hall, remarquable cage en bois de l'ascenseur (elle est d'époque !). Les chambres avec vue sur la place Wilson sont très prisées.

Grand Hôtel Raymond IV *(plan d'ensemble détachable, E2, **37**) : 16, rue Raymond-IV. ☎ 05-61-62-89-41. • contact@grandhotel-raymond4.com • grandhotel-raymond4.com • ♿ Ouv tte l'année. Résa conseillée. Doubles 69-145 €. Parking payant.* À 2 mn de la place Jeanne-d'Arc, une façade de brique qui cache un établissement aux chambres confortables, coquettes, claires et douillettes (toutes sont climatisées). Les propriétaires aiment chiner et ça se voit. Dans la plupart des chambres se côtoient meubles anciens et design. C'est très réussi. Doubles fenêtres pour celles qui donnent sur la rue. Accueil professionnel.

Hôtel Best Western Athénée *(plan d'ensemble détachable, E2, **46**) : 13 bis, rue Matabiau. ☎ 05-61-63-10-63. • contact@hotel-toulouse-athenee.com • hotel-toulouse-athenee.com • ♿ Doubles avec sdb 69-159 €. Parking payant. Un petit déj par chambre et par nuit offert sur présentation de ce guide.* Un hôtel de bonne tenue qui abrite une bonne trentaine de chambres aussi confortables que classiques (certaines sont tout de même un peu petites). Celles situées au dernier étage, sous les toits (avec Velux), ont une déco très actuelle. Clim, TV satellite, double fenêtre côté rue et coffre-fort. Accueil pro.

Hôtel Riquet *(plan d'ensemble détachable, F2, **47**) : 92, rue Riquet. ☎ 05-61-62-55-96. • reception@hotelriquet.com • hotelriquet.com • Fermé pour les fêtes de fin d'année. Doubles 95-145 € (- 20 % ven-dim).* Un établissement classique, à proximité du centre-ville, dans une rue au calme, plutôt agréable. Service bien lissé. Les chambres standard ne sont pas bien grandes, certes, mais elles sont bien équipées (TV, double vitrage, salles de bains correctes). Une adresse régulière et sans soucis, même si la déco n'est pas à la dernière mode. Spa avec nage à contre-courant, sauna, salle de fitness.

Hôtel Saint-Sernin *(plan centre détachable, E2,* ***49****) : 2, rue Saint-Bernard. ☎ 05-61-21-73-08. • contact@hotelstsernin.com • hotelstsernin.com • À l'angle de la pl. Saint-Sernin. Réception au 1er étage. Ouv tte l'année. Doubles 79-149 €. Petit garage payant.* Un petit hôtel de charme, face à la basilique Saint-Sernin. Une vingtaine de chambres très confortables (certaines un peu petites néanmoins), avec clim. Les unes ont un esprit très nature (déco en bois brut), les autres un design contemporain sobre ou baroque. Les plus chères, très lumineuses, offrent une superbe vue sur la basilique et son extraordinaire clocher ; pas mal pour un petit séjour en amoureux, si votre budget vous le permet... On est alors aux premières loges pour contempler le beau marché qui s'anime le dimanche matin autour de Saint-Sernin.

Hôtel Père Léon *(plan centre détachable, E3,* ***26****) : 2, pl. Esquirol. ☎ 05-61-21-70-39. • contact@pere-leon.com • pere-leon.com • Ouv tte l'année. Doubles env 95-124 €. Parking payant à proximité.* Un hôtel restauré au cœur de Toulouse et de son animation. Il propose une quarantaine de chambres au confort moderne, impeccables et aménagées dans esprit actuel (teintes grises et rouges, parois des salles de bains en verre sablé). Elles sont toutes climatisées. L'établissement borde la place Esquirol, mais pas d'inquiétude, l'insonorisation phonique est très efficace. Il n'y a guère que la salle des petits déjeuners qui est un peu sombre.

Hôtel Mercure Saint-Georges *(plan centre détachable, E3,* ***50****) : rue Saint-Jérôme. ☎ 05-62-27-79-79. • mercure.com • Doubles 115-170 € (promos régulières sur Internet le w-e, vraiment attractives : compter alors env 95-100 €) ; petit déj-buffet 18 €.* Certes, la façade respire à pleins poumons le style des années 1970, mais dès la porte du hall d'entrée franchie, on comprend que l'hôtel a été revisité selon les canons les plus modernes de l'esthétique et du confort. Des tons blancs et vert acide pour les parties communes, et un confort sans défaut dans les chambres, lumineuses et chaleureuses. Excellente literie, tout comme l'accueil. Salles de bains bien équipées. Agréable salle de resto. Une affaire si l'on sait profiter des promotions.

Hôtel Garonne *(plan centre détachable, D4,* ***51****) : 22, descente de la Halle-aux-Poissons. ☎ 05-34-31-94-80. • contact@hotelgaronne.net • hotelgaronne.net • Ouv tte l'année. Doubles 79-169 € selon taille, période et promo ; petit déj continental 15 € (formule express 8 €).* Une quinzaine de chambres spacieuses, élégantes et d'un grand confort dans ce petit établissement bien caché au cœur d'une ruelle qui court vers la Garonne. Certaines chambres ont vue sur la cour intérieure, toutes sont luxueuses et impeccables. Celles qui donnent sur la ruelle sont toutefois un peu sombres. Déco d'une grande sobriété, tendance zen asiatique, aux couleurs bordeaux, beige et marron. Bel accueil.

Hôtel Les Bains Douches *(plan d'ensemble détachable, F4,* ***52****) : 4, rue du Pont-Guilheméry. ☎ 05-62-72-52-52. • accueil@hotel-bainsdouches.com • hotel-bainsdouches.com • Doubles 95-210 € ; petit déj-buffet 15 €. Parking payant.* Ce n'est pas une erreur, vous êtes bien dans les anciens bains-douches de la ville. Et la magnifique mosaïque sur le mur extérieur est là pour rappeler cette vocation initiale. Sauf que l'intérieur, s'il en a conservé les volumes et s'il reprend le thème de l'eau dans le choix des coloris et du mobilier ondulé, n'a plus rien à voir. Cadre ultra-design, éclairages étudiés, coloris flashy, et déco surprenante. On a l'impression d'évoluer dans un *Star Trek* de l'an 3000 !

Beaucoup plus chic

Hôtel Novotel Centre Wilson *(plan centre détachable, E3,* ***54****) : 15, pl. Wilson. ☎ 05-61-10-70-70. • novotel.com • Doubles 100-185 € (promos intéressantes sur Internet) ; 2 formules au petit déj : buffet 18 € (cher) ou petit déj continental allégé au bar 9 €.* Sur la superbe place Wilson, voici l'un des fleurons de la modernité hôtelière en centre-ville. Une modernité pleinement assumée. Les chambres ne sont pas très spacieuses, mais leur aménagement est particulièrement astucieux et il s'en dégage une atmosphère très zen. Mention spéciale pour cet incroyable système d'opacification de la vitre de séparation entre la salle de bains et la chambre, qui assure l'intimité comme par magie. Sauna, hammam, salle de fitness et jacuzzi, compris dans le tarif. Un ensemble hyperdesign et chaleureux. Et finalement assez abordable le week-end en famille. Accueil super pro.

Hôtel des Beaux-Arts *(plan centre détachable, D4,* ***53****) : 1, pl. du Pont-Neuf. ☎ 05-34-45-42-42. • contact@hoteldesbeauxarts.com • hoteldesbeauxarts.com • Juste à l'angle du Pont-Neuf. Doubles 120-185 € ; suites plus chères ; petit déj 15 €.* Un hôtel particulièrement bien placé puisque la plupart des chambres bénéficient d'une vue sur la Garonne. De plus, la nouvelle direction insuffle un véritable vent de fraîcheur en donnant carte blanche à des artistes et à des *graffers* pour relooker les chambres. Un côté *street art* étonnant, amusant et réussi. Les chambres qui attendent leur tour sont plus classiques. Coup de cœur pour celle située au dernier étage et dotée d'une petite terrasse sur le toit. Une adresse intimiste et élégante.

Hôtel Le Grand Balcon *(plan centre détachable, D-E3,* ***55****) : 8-10, rue Romiguières. ☎ 05-34-25-44-09. • info@grandbalconhotel.com • grandbalconhotel.com • Ouv tte l'année. Doubles 110-250 € ; également des suites ; réduc les w-e et vac scol ; petit déj 18 €. Parking payant.* Haut lieu de l'histoire aéropostale, c'est là que les Daurat, Guillaumet, Enderlin, Saint-Exupéry passaient leur dernière nuit avant de s'envoler pour Alicante, l'Afrique et l'Amérique du Sud. La rénovation très contemporaine a gardé un certain esprit des lieux et vous pouvez réserver la chambre de Saint-Exupéry, qui a été conservée dans son style d'antan. Couloirs baignés dans la pénombre avec un chapelet de petites loupiotes bleutées au sol qui évoquent une piste d'atterrissage, en clin d'œil au livre *Vol de nuit,* de Saint-Exupéry, bar en fuselage d'avion, pan de mur recouvert de photo de ciel dans les chambres. Le confort est sans faille. Pour un séjour prolongé, mieux vaut éviter les chambres Cosy (premier prix), bien petites... Le week-end, préférez une chambre donnant sur l'arrière : la place du Capitole est vraiment à deux pas.

Grand Hôtel de l'Opéra *(plan centre détachable, E3,* ***56****) : 1, pl. du Capitole. ☎ 05-61-21-82-66. • hotelopera@guichard.fr • grand-hotel-opera.com • Doubles 110-395 € ; suites plus chères ; petit déj 19 €.* Jouxtant le théâtre du Capitole et installé dans un ancien couvent, l'hôtel est situé en retrait de la place centrale de Toulouse, au fond d'une cour. Beaucoup de charme pour cet établissement qui a su miser sur les couleurs fortes et une personnalité marquée, tant pour les superbes salons que pour les chambres, dotées de tout le confort évidemment. Seules 3 chambres (les plus chères) ont donc vue sur la place. Pour apprécier ce raffinement cosy sans vous ruiner, misez sur les tarifs week-end, beaucoup plus abordables.

Où dormir dans les environs ?

Campings

Camping Les Violettes *(hors plan d'ensemble détachable par E6) : 17, D 813, à* ***Deyme*** *(31450). ☎ 05-61-81-72-07. • campinglesviolettes@wanadoo.fr • campinglesviolettes.com • À env 15 km de Toulouse, en direction de Narbonne-Carcassonne, 4 km après Castanet-Tolosan. Bus tlj sf dim de la gare routière* (Courriers de la Garonne), *direction Castelnaudary ; arrêt devant le camping. Ouv tte l'année. Compter 15 € pour 2 ; loc de mobile homes 280-350 €/sem. 80 empl.* Bien tenu, bien ombragé et agréable avec ses 2 allées de peupliers, mais proche de la route, sur laquelle la circulation est importante (seuls les emplacements les plus éloignés de la route ne sont pas importunés par le bruit). Bon accueil familial. Resto routier à côté (ouvert midi et soir en été).

Camping municipal Le Ramier *(hors plan d'ensemble détachable par E6) : av. du Camping-Vernet, sur la commune du **Vernet** (31810). ☎ 05-61-08-33-98 ou 05-61-08-50-47 (mairie). • mairielevernet.31@wanadoo.fr • mairielevernet31.fr • ♿ À env 20 km au sud de Toulouse par la D 820 ; en venant du Vernet, en direction de Venerque, au niveau du rond-point (avt de traverser la rivière), suivre la direction Stade du Ramier, puis 1re à gauche. Ouv tte l'année. Prix tente 15 € ; prix caravane 110 €/sem. CB refusées. 90 empl.* Camping municipal au bord de l'Ariège. Ombragé, verdoyant, et on y entend plus le bruit de l'eau de la rivière que celui de la route !

De bon marché à prix moyens

Friendly Auberge *(hors plan d'ensemble détachable par A2) : 32, rue Gilet, 31770 **Colomiers**. ☎ 05-61-42-24-92. • nancy@friendsauberge.com • friendsauberge.com • ♿ À 12 km à l'ouest de Toulouse par la D 124, direction Auch (sortie n° 4). Sinon, bus n° 64, arrêt La Bascule, puis 10 mn à pied. Ouv tte l'année. Compter 18-25 €/pers en dortoir 4-8 lits avec sdb ; double 65 € petit déj compris.* À côté de l'église et face à un parc, une auberge de jeunesse privée, montée par Nancy, une américaine qui a longtemps travaillé dans une grande boîte toulousaine. L'endroit est surtout intéressant pour ses dortoirs et ses chambres familiales, simples, modestes mais tout à fait suffisants. Cuisine à disposition. Petit jardin à l'arrière et atmosphère sympa. Resto *(ouv tlj pour les résidents).*

OÙ MANGER ?

Attention, beaucoup de restos sont fermés au mois d'août. N'oubliez pas que les adresses de la rubrique « Où prendre un thé ou un café... et grignoter ? » (voir plus loin) sont également souvent de sympathiques lieux pour casser la croûte.

Autour du Capitole, de la rue Saint-Rome et de Saint-Sernin

De très bon marché à bon marché

Le Bol Bu *(plan centre détachable, E3, **70**) : 8, rue du May. ☎ 05-61-21-11-31. • lebolbu@gmail.com • Tlj 12h-19h (22h jeu-sam). Repas 12-17 €. CB refusées. Café offert sur présentation de ce guide.* Un bar-salon de thé-crêperie agréable comme tout, un gentil bric-à-brac parfait pour poser ses fesses et ses courses à midi au cœur de la vieille ville. La carte est longue, et les crêpes réussies (pâte entièrement bio, comme la salade verte). À accompagner de thés (environ 80), cidre, café ou jus de fruits frais. Quelques tables en terrasse en bordure de la ruelle piétonne.

Les restos du marché Victor-Hugo *(zoom détachable, E2, **71**) : pl. Victor-Hugo. ♿ Tlj sf lun (marché fermé ce jour-là), le midi slt 11h45-14h30 (servent un peu plus tard en fin de sem). Menus env 13,50 € env en sem, 20 € les w-e et j. fériés.* Une institution toulousaine ! Au 1er étage de cette halle de béton, 5 petits restos en ligne à des prix fort modérés. Ambiance populaire et plats pour tous les goûts. Certains restos invitent au voyage et au mélange des saveurs : *Le Bon Graillou, L'Impériale, Le Magret,* ou encore *Chez Attila. Le Louchébem* vous fera découvrir un cassoulet aux fèves le 1er week-end de chaque mois. Excellentes viandes aussi. Quelques tables installées sur le long balcon. Attention, il y a toujours beaucoup de monde. Venez tôt, venez tard... ou patientez !

Le May *(plan centre détachable, E3,* ***72****) :* *4, rue du May. ☎ 05-61-23-98-76. • c.carles@club-internet.fr • Tte l'année, tlj sf le midi des dim et j. fériés. Résa conseillée. Formule et menu déj 9-11 €, 15-17 € le soir ; carte env 22 €. Apéritif maison offert sur présentation de ce guide.* 2 petites salles chaleureuses auxquelles s'ajoute une terrasse en bord de la rue piétonne dès qu'il fait beau. Clientèle d'habitués qui, au *May,* trouvent et font ce qui leur plaît. Souvent bondé, car les formules et menus proposés offrent un large choix et un rapport qualité-prix fort honnête. Cuisine du marché qui se défend correctement sans taper trop fort dans le porte-monnaie.

L'Esquinade *(plan centre détachable, D2,* ***73****) :* *28, rue de la Chaîne. ☎ 05-61-12-06-70. En face de la pl. des Tiercerettes. Tlj sf dim le soir en été ; tlj sf dim et lun midi le reste de l'année. Service jusqu'à 23h en sem, minuit ven-sam. Résa conseillée. Formules déj 10,90-12,90 € ; carte 20-28 €. Plusieurs formats : tapas, ½ ration ou ration entière. Brunch musical 1 dim/mois 12h-16h.* Un p'tit resto plein de chaleur humaine et pas plus grand qu'un mouchoir de poche, pour une bonne cuisine *a la plancha.* Une adresse très sympa mais, vu la promiscuité des tables (impossible de pousser les murs !), à éviter si vous recherchez une soirée intime. Il est d'ailleurs fréquent d'être au coude à coude avec ses voisins (ou voisines !). Quelques tables (chères !) sur le trottoir.

Le Temps de Tartines *(plan centre détachable, D2-3,* ***76****) :* *19, rue des Lois. ☎ 05-34-25-98-28. Mar-sam, service continu 9h-16h (18h sam). Congés : 3 sem en juil-août. Résa conseillée le midi. Brunch env 12 € ; repas env 14-18 €.* Un petit resto très prisé par une clientèle féminine pour ses tartines accompagnées d'une salade ou d'une soupe en hiver. Cadre rétro (anciennes tables dépareillées recouvertes de marbre, assiettes de grand-mère) et moderne à la fois. Quelques plats régionaux pour les gros appétits (cassoulet, alicuit d'oie), mais, dans ce cas, l'addition sera plus élevée. Propose un *English breakfast* dès l'ouverture. Bons desserts maison. Fait aussi salon de thé. En prime, l'accueil de Patricia est adorable.

Caminito – Empanadas Argentinas *(plan centre détachable, E3,* ***74****) :* *3, rue des Gestes. ☎ 05-61-23-51-74. • caminitotoulouse@gmail.com • Tlj sf dim 12h-15h, 19h-23h ; service continu sam 12h-minuit. Congés : 1 sem pour les fêtes de fin d'année. Repas 11-14 €.* À deux pas de la place du Capitole, un petit resto 100 % argentin aussi grand qu'un Abribus, qui propose de bonnes *empanadas* à grignoter avec une salade, des soupes en hiver et des gâteaux argentins. C'est bon, sans chichis. Pas mal du tout pour se restaurer à moindres frais. Tenu par une équipe qui a le sens de l'accueil.

La Faim des Haricots *(plan centre détachable, E3,* ***75****) :* *2 bis, rue du Puits-Vert. ☎ 05-61-22-49-25. Tlj, tte l'année, midi et soir. Formules 12-16,50 €.* À deux pas de la rue Saint-Rome, un petit resto tout simple qui ne désemplit pas le midi. Comme il n'y a pas de fenêtre, et que les tables sont rapprochées, on peut s'y sentir à l'étroit. Mais l'adresse est connue pour ses spécialités végétariennes pur jus et ses buffets de crudités, de tartes salées et de desserts. Bon plat du jour et soupe également en hiver. Une adresse pour manger frais et léger. Et que les gros appétits se rassurent, les buffets sont servis à volonté !

Prix moyens

Le Petit Magre *(plan centre détachable, E3,* ***77****) :* *4, rue Baronie. ☎ 05-61-22-55-48. • contact@lepetitmagre.com • Tlj sf dim-lun 9h-18h. Congés : 3 sem en août et pour les fêtes de fin d'année. Buffet au poids (salades et charcuterie) : 2,50 €/100 gr jusqu'à 14h ; plats env 16-20 € 14h-17h.* Fort du succès du *Genty Magre* (même proprio, voir plus loin), ce *Petit*

Magre est devenu la coqueluche des gourmands au déjeuner et des amateurs de bons gâteaux. Il faut voir le long comptoir de bois couvert de belles salades, ainsi que les super desserts pour se laisser aller et s'affaler sur les banquettes adoucies par de jolis coussins douillets. Et l'on s'empiffre de paris-brest, de tartes aux fruits, de cake au chocolat, de gaufres et de brioche à la cannelle... Côté boissons, belle sélection de thés de qualité, cocktails de fruits, etc.

|●| *Du Plaisir à la Toque* *(plan centre détachable, D3,* ***78****) :* *9, rue des Blanchers. ☎ 05-61-21-88-94. • rest.plaisiralatoque@free.fr • Ouv le soir mar-sam (tte l'année), plus jeu midi et ven midi hors vac scol. Congés : 1re sem d'août. Menu déj 15 € ; le soir, menus-carte 26-29 €.* Dans cette rue connue pour ses nombreux restos, il y a du bon et du moins bon. Celui-ci tire son épingle du jeu. Le cadre est plaisant, mais c'est ce que l'on a dégusté dans l'assiette qui a retenu notre attention. On y a découvert une cuisine faite de surprises, de fraîcheur, qui jongle adroitement avec les épices et les arômes. Une cuisine qui s'éloigne des standards régionaux sans jamais se trahir ni s'endormir. Carte de vins rigoureusement sélectionnés, il faut dire que le patron est un fin sommelier. Une adresse à la qualité régulière. Et puis la musique de fond est sympa, alors on ne va pas bouder notre plaisir. Quelques tables sur le trottoir.

|●| *Le J'Go* *(zoom détachable, E2,* ***79****) : 16, pl. Victor-Hugo. ☎ 05-61-23-02-03. • toulouse@lejgo.com • ♿ Tlj ; service jusqu'à 23h30 (0h30 jeu-sam). Le midi en sem, formules 15-18 €, puis menus 29,50-37 € ; carte 35-40 €.* Une ambiance de fête dans cet antre du bien-manger et du bien-boire, aux couleurs et à la déco feria à souhait. Bonnes terrines de foie gras, gigot d'agneau fermier du Quercy, porc noir de Bigorre et poulet du Gers. Des produits de qualité, servis dans une ambiance parfois endiablée au rez-de-chaussée, un peu plus calme à l'étage où l'on peut profiter, l'été, d'une terrasse bien agréable !

|●| *Monsieur Georges* *(plan centre détachable, E3,* ***80****) : 20, pl. Saint-Georges. ☎ 05-61-29-81-96. ♿ Tlj, sf dim hors saison ; service jusqu'à 22h15 (23h sam). Le midi, formule et menu 16-19 € ; le soir, menu 29 € ; carte 35-40 €.* Resto branchouille déclinant son concept de la cave au grenier. La cuisine n'a vraiment rien d'exceptionnel, mais les belles salades ou les formules restent un bon moyen de profiter de la belle terrasse sans trop casser sa tirelire. Car il faut bien avouer que l'ensemble s'avère un peu cher à la carte...

De prix moyens à chic

|●| *Les P'tits Fayots* *(plan centre détachable, D2,* ***81****) : 8, rue de l'Esquile. ☎ 05-61-23-20-71. Tlj sf sam-dim. Congés : 2 sem en août. Résa conseillée. Le midi, formule et menu 18-22 € ; le soir, menus carte blanche 40-46 €.* Aziz Mokhtari est l'une des coqueluches des gastronomes toulousains. Dans son resto de taille modeste, aux tonalités d'aujourd'hui, ce jeune chef brillant réussit le pari d'une cuisine à la fois stylée, fantaisiste et qui rappelle, dès la première bouchée, le plaisir des choses simples, et justes. Le soir, il a carte blanche. Faites-lui alors confiance pour un beau voyage en terre inconnue. Peut-être un peu comme lui l'a fait, un jour, lorsqu'il a quitté, adolescent, son Algérie natale. Et, croyez-nous, on ne fayote pas !

|●| *Le Genty Magre* *(plan centre détachable, E3,* ***82****) : 3, rue Genty-Magre. ☎ 05-61-21-38-60. • contact@legentymagre.com • Tlj sf dim-lun et 1er mai. Congés : 3 sem en août et pour les fêtes de fin d'année plus la 1re sem janv. Le midi, formule 17,50 € et menu 22,50 € ; le soir, menu 40 € ; carte 40-45 €.* Une cuisine d'aujourd'hui à déguster dans une ambiance agréable. Avant de revenir au pays natal, Romain Brard a travaillé à New York, puis à Tokyo, où il a rencontré sa jeune femme et d'où il a rapporté une conception nouvelle de la cuisine. Recettes fines et subtiles. Une des adresses appelées à redonner du fumet à une cuisine toulousaine trop longtemps endormie sur son cassoulet, dans un cadre classique et moderne à la fois.

Le Saint-Sauvage *(plan centre détachable, D2,* ***83****) : 20, rue des Salenques.* ☎ *05-61-23-56-86. Tlj sf sam midi et dim-lun. Congés : 2 sem en août. Formule et menu 17-20 € (midi), puis le soir slt, menu 39 € ; carte env 40-45 €.* Les rideaux prune, les banquettes de moleskine, les sièges design et les fauteuils « calèche » constituent un décor *cocoon* assez chargé (genre bonbonnière), chaleureux et tout à fait hors du temps et des modes. C'est fort bien ainsi, et tant mieux si l'adresse semble oubliée du Tout-Toulouse ! De toute manière, *Le Saint-Sauvage* fait le plein midi et soir avec les habitués, sans que ceux-ci refilent l'adresse à n'importe qui. Et l'on fait ici un excellent repas, tout simplement. La patronne-chef propose une cuisine hors du commun, simple et franche, généreuse (belles portions) et exquise, soignée et impeccable. Même dans le cadre du menu du midi, on ne se moque pas du client et on a à cœur de lui proposer le meilleur. Bravo !

De chic à plus chic

Restaurant Émile *(plan centre détachable, E3,* ***85****) : 13, pl. Saint-Georges.* ☎ *05-61-21-05-56.* • *restaurant-emile@wanadoo.fr* • *Fermé dim-lun (slt le lun midi hors saison) et pour les fêtes de fin d'année. Menus 22-32 € (midi), puis 42-56 € ; carte env 55 €.* Une institution toulousaine depuis les années 1940. Aux beaux jours, il y a la terrasse ombragée, accueillante et extrêmement prisée. Dans les assiettes, une cuisine traditionnelle généreuse, qui s'attache à la précision des cuissons. Le produit (agneau de lait des Pyrénées, canard du Gers, cochon du Quercy et poissons) est mis en avant, jamais masqué. Cassoulet réputé, soit dit en passant (le patron fait même partie de l'Académie universelle du cassoulet !). Côté vins, une cave pour tous les palais et toutes les bourses (avec près de 80 000 bouteilles !).

Le Bibent *(plan centre détachable, E3,* ***86****) : 5, pl. du Capitole.* ☎ *05-34-30-18-37.* • *brasseriebibent@maisonconstant.com* • *Tlj, tte l'année ; service jusqu'à 22h30 (23h30 jeu-sam). Formule et menu 27-32 € ; carte 45-53 €.* Christian Constant, le chef multiétoilé, a exhumé cette brasserie mythique et lui a offert une nouvelle vie. Le décor Belle Époque brille à nouveau de mille feux, marié pour le meilleur à un aménagement design et contemporain. Dans l'assiette, une cuisine de bistrot améliorée où le produit tient la vedette. Carte courte et de saison, associant plats de grand-mère et saveurs nouvelles (cassoulet, bar croustillant aux amandes). Pas donné, certes, mais délicieux ! Service jeune et plein de bonne volonté, mais parfois dépassé... *Le Bibent* (qui signifie le « bien-boire » en occitan) propose, en outre, petits déj, goûters et apéros.

Les Jardins de l'Opéra *(plan centre détachable, E3,* ***87****) : 1, pl. du Capitole.* ☎ *05-61-23-07-76.* • *contact@lesjardinsdelopera.fr* • ♿ *Tlj sf dim-lun et j. fériés. Menus 32 € (sf sam soir), puis 64-99 € ; carte 80-90 €.* Les Jardins se trouvent sous le porche à gauche (une fois passé la brasserie). Cuisine inventive, ludique, goûteuse et raffinée, dont l'éloge n'est plus à faire. Très cher à la carte, mais le 1er menu (non servi soir soir) permet de s'offrir un grand moment gastronomique à prix plutôt doux. Stéphane Tournié, l'un des grands chefs les plus remuants de la ville, fait partie aujourd'hui des notabilités. Il propose une véritable symphonie de goûts, de formes et de couleurs, qui promet d'enchanter vos papilles ! Bons vins à la carte, à des prix raisonnables compte tenu de la qualité de la table. Décor (une belle verrière), accueil et service au diapason.

Entre les allées Jean-Jaurès et le Grand-Rond

De bon marché à prix moyens

La Pastasciutta *(plan d'ensemble détachable, F2-3,* ***88****) : 35 bis, rue Gabriel-Péri.* ☎ *05-61-62-69-39. Tlj sf sam midi, dim-lun et le midi des j. fériés ; service jusqu'à 23h. Congés : de fin juil à mi-août. Pizzas 7-15 € ; repas env 20 €. Apéritif maison ou café* *offert sur présentation de ce guide.* Inutile d'y prévoir un rendez-vous amoureux : les tables sont au coude à coude, la salle bruyante quand elle est pleine (ce qui arrive souvent). Très bonnes pizzas et accueil chaleureux !

Le Ver Luisant *(plan d'ensemble détachable, F3,* ***89****) : 41, rue de la Colombette. ☎ 05-61-63-06-73. • leverluisant@hotmail.fr • Fermé sam midi, dim soir, lun et j. fériés. Le midi en sem, formule et menu 14-16 € ; le soir, menus 18,50-32 € et carte. Café offert sur présentation de ce guide.* Sous ses aspects de bar de d'jeuns, avec son bar d'aluminium et ses petites tables de troquet, ses murs à miroirs et ses ardoises indiquant la liste des bières, on ne s'attendait pas à faire un repas aussi abouti. Loin du petit bistrot branché (un fond de jazz de qualité emplit les oreilles), la cuisine est tout bonnement de qualité. Que ce soit la généreuse entrecôte, les gambas au curry ou le Parmentier d'agneau, les préparations sont goûteuses et copieuses, le service simple et direct, et les tarifs raisonnables. Une bonne affaire !

De prix moyens à chic

Les Sales Gosses *(plan centre détachable, F3,* ***90****) : 7, rue de l'Industrie. ☎ 05-61-99-30-31. Tlj sf dim-lun et j. fériés. Congés : 3 sem en août. Le midi, formules et menu 17,50-20 € ; le soir, formule 29 € et menu 32 €.* Le resto s'est déguisé en salle de classe de CM1, avec même une petite marelle peinte au sol ! La carte est courte, la cuisine inventive, avec un fond d'ambiance un rien potache que l'on apprécie bien. Une jolie petite adresse, généreuse et joyeuse, ayant été récompensée par le prix Lucien-Vanel en 2012, et c'est mérité. Service attentif et speed à la fois. Avec la note, si vous avez été sage, vous aurez droit à quelques bonbons.

Bois et Charbon *(plan d'ensemble détachable, F3,* ***91****) : 64, rue de la Colombette. ☎ 05-61-63-61-21. • restoboisetcharbon@gmail.com • Ouv le soir slt, mar-sam. Congés : 2de quinzaine d'août. Menu 30 € ; carte env 32-35 €.* Salle au cadre cosy : vieux parquet, tables et chaises de bistrot, loupiotes sur les murs de brique... Cuisine régionale plutôt bien tournée, sans oublier quelques échappées plus exotiques. Pour accompagner le repas, carte de vins de pays. Terrasse en été.

Les Copains d'Abord *(plan d'ensemble détachable, G3,* ***92****) : 38, rue du Pont-Guilheméry. ☎ 05-62-47-39-98. • les.copains@wanadoo.fr • Un poil excentré. Tlj sf dim soir. Formule déj en sem 15 € ; menus 18 € (midi en sem), puis 29-45 € ; carte 35-45 €.* On est bien content, une fois la porte franchie, de découvrir cet antre où le client est d'abord traité en copain. La cuisine, copieuse et conviviale, autant que le service contribuent à cette ambiance chaleureuse. Les grands classiques du Sud-Ouest sont présentés à la carte, avec du foie gras, le canard sous toutes ses formes, et un cassoulet qui n'a rien à envier aux institutions de la région ! Belle sélection de vins régionaux. Petite cour qui se dissimule à l'arrière du resto. Une adresse comme on les aime.

La Madeleine de Proust *(plan d'ensemble détachable, F3,* ***93****) : 11, rue Riquet. ☎ 05-61-63-80-88. • jomereni@aol.com • Tlj sf sam midi, dim soir et lun. Congés : 1re quinzaine d'août et 1 sem pour les fêtes de fin d'année. Formules déj en sem 15,50-17,50 € ; menus 26,50-29,50 € ; carte 35-40 €. Apéritif maison offert sur présentation de ce guide.* Il flotte ici comme un doux parfum de nostalgie car tout, du décor au contenu de l'assiette, rappelle notre enfance, à commencer par le mobilier chiné et l'incroyable collection de jouets d'autrefois joliment mis en scène (on dit même que certains habitants du quartier se piquant au jeu auraient contribué au décor !). Le chef affectionne les légumes anciens et revisite les classiques de nos grands-mères : foie gras et son pain d'épice, moelleux à la patate douce, riz au lait façon « mémé ». Une belle adresse, authentique et originale.

Orsi, Le Bouchon Lyonnais *(plan centre détachable, F3,* ***94****) : 13, rue de l'Industrie. ☎ 05-61-62-97-43. • orsi.le-bouchon-lyonnais@wanadoo.fr • Tlj sf sam midi et dim ; service jusqu'à*

23h. Le midi, formule et menu 17-21 € ; autres menus 27,90-42 €. Apéritif maison offert sur présentation de ce guide. Ce nom doit bien dire quelque chose aux gastronomes lyonnais. Cet *Orsi*-là, petit frère de l'autre, a su s'adapter aux spécialités de sa région d'adoption. Outre les 1ers menus, qui font la part belle aux « lyonnaiseries » (pieds de porc grillés, andouillettes, quenelles...), et la carte de poissons de première fraîcheur, le menu le plus cher est dédié à la gastronomie du Sud-Ouest, avec un des meilleurs cassoulets de la ville. Superbe carte des vins pour accompagner le tout. Décor brasserie Belle Époque plutôt classe, et terrasse fleurie dès les premiers beaux jours.

Dans le quartier des Carmes et au sud de Saint-Étienne

De bon marché à prix moyens

|●| **La Gouaille** *(plan centre détachable, E4,* ***101****) : 6, rue Joutx-Aigues. ☎ 05-61-25-65-66. Ouv tlj, le soir slt. Soupe au comptoir 5 € ; formule 13,90 € ; repas complet env 18 €. CB refusées.* Décor du style « ma cabane au Canada », avec des planches de récup', des expos, quelques tables accrochées aux murs et le dos du voisin comme dossier ! Pour l'autre salle, il faut traverser la cuisine, signe d'une grande convivialité... Et puis il y a ce petit comptoir animé. Clientèle mélangée, de filles et de garçons, un rien désargentée, mais pas uniquement. Dans la formule, soupe chaude l'hiver, froide l'été, un plat parfois espiègle à l'image du camembert rôti et son maigre de cochon, plus diététique comme l'assiette végétarienne, ou plus classique comme le poulet farci au miel. Petits concerts le dimanche, très orientés chanson française, vers 21h *(sf juil-août ; PAF : 2 €).*

|●| ***Le Peyrolières*** *(plan centre détachable, D4,* ***102****) : 12, rue Peyrolières. ☎ 05-61-23-46-29. • reservation@lepeyrolieres.com • Tlj sf dim-lun. Le midi, formule et menus 15-18 €, le soir à la carte slt, compter 20-25 €.* Un resto simple, dans un cadre actuel, où l'on sent le souci du travail bien fait. Loin des grandes tables gastronomiques, on vous propose ici une cuisine qui a du goût, du caractère et, mine de rien, pas mal d'originalité. On se laisse surprendre avec plaisir... On y travaille en famille, les produits sont frais, tout est fait maison (du cassoulet aux gâteaux), et le chef met un point d'honneur à ne rater aucune cuisson. Si vous voulez du cassoulet à midi, pensez à le commander 1h30 à l'avance, pour éviter ensuite le temps d'attente. Un resto qui mène sa barque tranquillement mais assurément. Pas de terrasse. Juste à côté, le soir, la maison propose une restauration version tapas.

|●| ***Oh Bon Peuple – Chez Navarre*** *(plan centre détachable, E4,* ***103****) : 49, Grande-Rue-Nazareth. ☎ 05-62-26-43-06. Tlj sf dim. Menus-buffet 16 € le midi, 25 € le soir.* Dans cette vénérable demeure du XVIe s aux murs de brique et vieilles poutres, Pantagruel aurait été certainement à son aise. L'originalité du lieu, c'est l'esprit « tables d'hôtes ». On s'assoit autour de grandes tablées, et on se met aussitôt à bavarder avec ses voisins, tout en ripaillant dans des assiettes d'autrefois. À volonté, buffet d'entrées, plat du jour et desserts à piocher dans des plats émaillés. Du simple, de l'efficace, pour une franche cuisine traditionnelle (lapin à la provençale, boudin aux pommes, riz au lait, etc.). Sympa et convivial.

|●| **Chez Vincente** *(plan centre détachable, D-E4,* ***104****) : 3, rue Henri-de-Gorsse. ☎ 05-31-22-64-40. Tlj sf dim, plus lun hors saison 18h-22h30. Compter env 18-25 €. CB refusées. Digestif maison offert sur présentation de ce guide.* C'est face à l'église de la Dalbade, dans un recoin de la rue, que se dissimule cette discrète et minuscule bodega. Vincente, qui a appris la cuisine avec sa grand-mère espagnole, n'est pas à son premier coup d'essai. Tapas, assiettes de fromage et de charcuterie à base de bons produits. Les habitués remplissent le lieu. Un endroit très convivial.

De prix moyens à chic

|●| ***Monsieur Marius*** *(plan centre détachable, E4,* ***106****) : 40, rue des*

Filatiers. ☎ 05-61-25-07-07. Fermé dim-lun. Congés : 2 sem fin août-début sept. Formule déj en sem 20 €, le soir 32-47 €. Résa conseillée. Forts de leur parcours auprès de plusieurs tables étoilées, Nicolas et Margaux se sont lancés avec quelques solides arguments en poche. Ils incarnent une jeunesse audacieuse qui fait souffler un vent de fraîcheur. Sur la carte, les plats sont désignés par 3 mots seulement, comme des indices qui donnent une tonalité, tout en maintenant une part de mystère. Amusant ! Nicolas imagine une cuisine très singulière, avec des mélanges de sucrés-salés. Le baba au rhum nous a bluffés ! Le tout à déguster dans une salle sobre, sur fond de musique jazzy ou électro-lounge. Quelques tables en terrasse.

Les Têtes d'Ail *(plan centre détachable, E4,* ***107****) : 6, rue de la Fonderie. ☎ 05-61-13-40-41. ♿ Fermé dim soir et lun. Formule et menu 15-18 € au déj, 25-28 € le soir. Résa conseillée (l'endroit n'est pas grand).* Il y a des adresses auxquelles on croit instantanément, car on sent une passion, une assurance sereine, une recherche de qualité. Iris et Simon ont monté leur propre affaire après avoir fait leurs armes dans de grandes tables toulousaines. La déco est minimaliste (béton ciré, murs blancs). On se concentrera d'autant plus facilement sur la cuisine joyeuse et gourmande, composée de multiples saveurs, d'associations souvent inattendues. Quelques tables au bord de la rue tranquille.

Solides *(plan centre détachable, E4,* ***108****) : 38, rue des Polinaires. ☎ 05-61-53-34-88. Tlj sf sam-dim. Menus déj 20-35 € ; le soir 35-48 €. Résa conseillée.* Simon Carlier s'est fait remarqué en participant à l'émission *MasterChef* 2012, mais c'est dans la Ville Rose qu'il exerce son talent, avec un petit côté canaille. Pas de carte. On vous demandera juste si vous préférez une viande ou un poisson, si vous avez des allergies, s'il y a des aliments que vous bannissez. La commande est lancée, ce n'est plus qu'une question de confiance. Une façon ludique de goûter une cuisine gastronomique qui n'oublie pas pour autant d'être généreuse. Le menu du midi avec entrée, plat et dessert, est vraiment une bonne affaire ! Cadre sobre et plaisant. Dommage toutefois qu'il n'y ait pas de terrasse pour profiter du soleil toulousain.

Bistro La Belle Équipe *(plan centre détachable, E4,* ***109****) : 22, rue des Polinaires. ☎ 05-61-52-62-98. ♿ Tlj sf dim, le midi des j. fériés, plus lun hors saison. Le midi, formule et menu 15,50-23 € ; le soir, carte slt, à partir de 35 €.* Un resto-bistrot chaleureux style années 1930, avec un vieux parquet et des murs patinés. C'est d'abord un bar à vins avec un patron qui sait parfaitement choisir de bons petits crus. Mais c'est aussi un resto avec des plats très Sud-Ouest (carré d'agneau des Pyrénées, magret de canard...). Viandes locales, fondantes, irréprochables. Ambiance sympathique et clientèle qui s'est embourgeoisée.

Le Mangevins *(plan centre détachable, E4,* ***110****) : 46, rue Pharaon. ☎ 05-61-52-79-16. Tlj sf dim-lun ; dernière commande à 22h. Congés : 1 sem à Pâques, 4 sem en juil-août et 1 sem pour les fêtes de fin d'année. Résa conseillée car ce n'est pas grand. Formule le midi en sem 11 €, menus 21-25 € ; carte env 35-40 €.* Dans un cadre typiquement toulousain, Jean-Charles a fait de ce petit lieu un temple du vin (et il s'y connaît, le bougre !). Il met un point d'honneur à accorder bon pain et excellents plats « bouchon toulousain » au vin qui coule dans les verres... et bientôt dans vos veines ! Foie gras frais, magret, cassoulet, gigot de mouton et autres succulents morceaux de viande, vendus au poids et rôtis au four, tout simplement. Pas de terrasse.

Gaure – La Table du Vigneron *(plan centre détachable, E4,* ***111****) : 41, rue des Filatiers. ☎ 09-73-66-02-82. Tlj sf dim et lun soir. Le midi, formule 13,50 € ; le soir, menu 29,90 € et carte env 40-50 €.* Pierre Fabre est un vigneron de talent, à la tête du Château de Gaure, un domaine viticole situé près de Carcassonne. Dans son resto au cadre moderne, gastronomie régionale et œnologie s'associent en accord parfait pour flatter les sens et éveiller les plaisirs. C'est l'occasion de découvrir les excellents vins du domaine, à des tarifs fort sages. Si le cœur vous en dit, vous pourrez vous installer autour de la grande table vigneronne. Lorsque le temps est clément, quelques tables bordent la rue piétonne.

|●| ***Aux Saveurs des Paradoux*** *(plan centre détachable, E4,* ***112****)* **:** *14, rue des Paradoux.* ☎ *05-61-25-23-23. Ouv le midi lun-sam, plus le soir jeu-sam. Congés : de mi-juil à mi-août et pour les fêtes de fin d'année. Formule 16,50 € le midi ; le soir, assiettes à thème 19-23 € et menu-carte 36 €.* Une adresse discrète, à la déco sobre, presque passe-partout. On vient ici pour profiter d'une cuisine joliment élaborée, servie dans des assiettes généreusement garnies. Des réalisations fines et goûteuses, sans audace excessive mais qui procurent beaucoup de plaisir. À noter également, les belles « assiettes » qui font office de repas.

|●| **Py-r** *(plan centre détachable, D4,* ***113****)* **:** *19, descente de la Halle-aux-Poissons.* ☎ *05-61-25-51-52. • contact@py-r.com • Fermé w-e, lun midi et j. fériés. Congés : 3 sem en août et 1 sem pour les fêtes de fin d'année. Menus déj 28 €, puis 48-68 €. Apéritif maison offert sur présentation de ce guide.* Prononcez Pierre, le prénom du chef ! Ici, l'intitulé des recettes s'énonce comme une poésie, une sorte d'invocation gourmande, et se lit avec le respect que l'on doit aux philtres d'amour et aux potions magiques... Chaque ingrédient est savamment dosé et apporte, c'est selon, croustillant, craquant, fondant, exotisme, douceur, parfum (mais aussi peps et pschitt !). Une symphonie apparemment complexe mais où tout se répond dans une troublante harmonie. Pierre Lambinon (passé, entre autres, chez Ducasse) cuisine comme on conduit un orchestre. C'est exquis, délicat, équilibré, et c'est à regret que l'on brise chacune des superbes compositions. Un sans-faute ! Les menus changent toutes les 3 semaines, une bonne excuse pour revenir ! Atmosphère chic et décontractée, accueil et service à l'unisson. Joli décor « blanc loft » et vieilles briques.

Dans le quartier Saint-Cyprien

De bon marché à prix moyens

|●| ***L'Accessoire*** *(plan d'ensemble détachable, C4,* ***115****)* **:** *34, rue des Teinturiers.* ☎ *05-61-42-79-05.* ♿ Ⓜ *Saint-Cyprien-République. Ouv le midi lun-ven et jeu soir. Résa conseillée. Formule et menu 15-17 € ; chaque 20 du mois, soirée dégustation d'un vin, compter env 25-30 € avec un plat.* La cinquantaine passée, Pascale et Henriette ont changé de vie et se sont lancés dans la restauration. Pari osé, pari gagné ! Rien de plus normal, lorsqu'on y met du cœur et de l'énergie. Chaque jour, le tableau noir propose 2 entrées, 2 plats et 2 desserts. On profite d'une cuisine de marché, fraîche, réjouissante, ici et là relevée de saveurs méditerranéennes. Le resto est situé un peu à l'écart ; malgré tout, il attire foule le midi... Quelques tables en terrasse.

|●| ***La Cantina San Subra*** *(plan d'ensemble détachable, C4,* ***116****)* **:** *1, pl. Intérieure-Saint-Cyprien.* ☎ *05-34-28-95-16. Tlj sf dim. Formules déj en sem 12,50-14,90 € ; carte env 25-32 €. Happy hours 19h-20h.* C'est William Servat (et 2 de ses collègues en ovalie), talonneur de talent du Stade toulousain et de l'équipe de France de rugby, qui a ouvert cette cantine où le sport a évidemment toute sa place. Plusieurs écrans diffusent l'actualité sportive du moment, tandis que l'on déguste des viandes grillées, une copieuse assiette de charcuterie qui sent bon le soleil, quelques tapas (le soir) ou une salade de bon aloi. L'affaire est « ovalement » menée, et l'on vient là entre copains suivre les rencontres et refaire le match plus que pour faire une halte gastronomique, on l'aura compris. L'ambiance est bonne, et c'est l'essentiel !

Un peu plus loin du centre

Bon marché

|●| ***Le Vélo Sentimental*** *(plan d'ensemble détachable, F2,* ***117****)* **:**

12, bd Bonrepos. ☎ 05-34-42-92-51. • levelosentimental@gmail.com • Tlj sf lun soir, mar soir, sam soir, dim et j. fériés. Congés : 1 sem en août et 1 sem en déc. Plat du jour 10,50 € le midi, 13 € le soir ; repas complet env 20-22 €. Apéritif maison offert le soir slt sur présentation de ce guide. Dans une ancienne écluse, face à la gare, un resto monté par une association qui a pour objectif de permettre la réinsertion de gens, jeunes ou moins jeunes, ayant eu un accident de la vie. En salle ou dans la cour ombragée à l'arrière, l'atmosphère est détendue et conviviale. On s'y sent un peu comme chez soi. Bonne cuisine du marché pleine de fraîcheur. Choix limité au menu du jour.

Les Tontons Flingueuses *(plan d'ensemble détachable, D1,* ***118****) : 14, av. des Minimes. ☎ 05-61-32-02-19. Tlj sf dim-lun ; service continu 12h (18h30 sam)-23h. Carte slt ; repas env 20-22 €.* C'est de l'autre côté du canal du midi, presque en face de l'église de Minimes, qu'il faut aller chercher ce resto pas tout à fait comme les autres. Ici, pas de menu ni de carte. Uniquement des bavettes, onglets, hampes et entrecôtes en provenance directe de la boucherie voisine. Le service est assuré tant qu'il y a des morceaux à griller. Après, c'est fini. La viande, accompagnée de frites maison, est fondante, excellente. Au niveau de la déco, pas mal de récup et de nombreux clins d'œil au film de Georges Lautner. Le tout tenu par Polo, tatoué de pied en cap.

De bon marché à prix moyens

La Pelouse Interdite *(hors plan d'ensemble détachable par D1,* ***119****) : 72, av. des États-Unis. ☎ 05-61-47-30-40. Ⓜ Barrière-de-Paris. ♿ Ouv le midi mar-ven, plus le soir jeu-sam ; service jusqu'à 23h. Congés : 2 sem fin déc. Résa conseillée. Formule et déj en sem 13-16 € ; le soir, menu-carte 25 €.* Voici un resto secret, en plein air (l'été), où de nombreuses lumières discrètes éclairent les recoins du jardin extraordinaire, meublé de tables, de fauteuils, de balançoires, entre l'ashram, la guinguette et le rêve pavillonnaire. En hiver, on se retrouve dans la salle de *La Pelouse Intérieure* ou sous la véranda. Cuisine de notre temps aux saveurs méditerranéennes. Une adresse plutôt pour le soir, pour profiter du jardin en été. Même s'il n'y a pas d'enseigne, l'endroit est couru.

Bistrot Le Chevillard *(plan d'ensemble détachable, C2,* ***120****) : 4, bd du Maréchal-Leclerc. ☎ 05-61-21-32-02. Tlj sf sam midi et dim. Formule déj en sem 15 € ; le soir, menu 24 € ; carte 25-30 €.* Un resto aux allures de bistrot où l'on sert des viandes fondantes et goûteuses. Qualité régulière, cuisine de saison sans esbroufe mais le produit parle tout seul. Pied de cochon, pavé de foie de veau, côte de veau... Une adresse franche et loyale comme le tranchoir du boucher. Quelques tables en terrasse.

De prix moyens à chic

Le Colombier *(plan centre détachable, E2,* ***121****) : 14, rue Bayard. ☎ 05-61-62-40-05. • lecolombier-toulouse@outlook.fr • Tlj sf sam midi, dim et lun midi. Congés : 2 ou 3 sem en août et pour les fêtes de fin d'année. Formule déj en sem 19 € ; menus 23 € (midi en sem), puis 32-39 € ; carte 40-45 €.* L'endroit fut d'abord écuries des capitouls au XVIIIe s, puis relais de poste à la Révolution. Resto depuis 1873, il doit son nom à un certain M. Colombier, qui ouvrit après guerre une « pension bourgeoise : Au Véritable Cassoulet de Castelnaudary ». Aujourd'hui, le cadre reste agréable avec ses murs en mosaïque de galet gris et de brique rouge, et sa grande fresque rendant hommage au gourmand Gargantua. On y perpétue la tradition en proposant une bonne cuisine bourgeoise traditionnelle. En vedette, le véritable cassoulet toulousain, régulièrement primé. Excellent. Service courtois, attentif et efficace.

Restaurant de l'Émulation Nautique *(plan d'ensemble détachable, D5,* ***122****) : allée Alfred-Mayssonié, sur l'île du Ramier (fléché sur la droite juste avt le parc des expos). ☎ 05-61-25-34-95. • emulationnautique@yahoo.fr •*

Fermé dim tte l'année, plus lun soir et mar soir 15 sept-15 mai. Congés : des fêtes de fin d'année à mi-janv. Le midi en sem, formule 13,90 € et menu 15,90 € ; le soir, carte slt, 35-40 €. Ce club nautique (l'un des plus anciens de France) possède un resto avec une agréable terrasse qui surplombe la Garonne, sous les platanes. L'environnement est assez exceptionnel lorsqu'il fait beau ! L'intérieur offre un cadre moderne et plutôt élégant. La carte alterne bonnes grillades au feu de bois, honnêtes poissons et salades. Accueil et service décontractés.

Plus chic

|●| *Restaurant Michel Sarran* *(plan centre détachable, D2,* ***123****) : 21, bd Armand-Duportal. ☎ 05-61-12-32-32. • contact@michel-sarran.com • Tlj sf mer midi, w-e et j. fériés. Congés : août et 1 sem à Noël. Menus 55 € (midi sf j. fériés ; vin et café compris), puis 100-190 € et carte.* Dans cette ancienne demeure bourgeoise, les tables sont très joliment installées au rez-de-chaussée ou dans de petites pièces à l'étage. Une déco sobre qui allie à la fois passé et modernité avec des touches design, sans excès. La cuisine éveille les sens ; elle est juste, savoureuse et souvent surprenante : foie gras en soupe tiède à l'huître de Belon, rouget au chou et gingembre fumé aux sarments de Colombard, etc. Pour le vin, pas moins de 300 références... Du raffinement à l'état pur ! L'une des plus grandes tables de la Ville Rose.

Où manger un peu à l'écart du centre ?

De chic à plus chic

|●| *Le Mas de Dardagna* *(hors plan d'ensemble détachable par E6,* ***125****) : 1, chemin de Dardagna, 31400 Toulouse. ☎ 05-61-14-09-80. • masdedardagna@yahoo.fr • ♿ Tt près du centre hospitalier de Rangueil. Tlj sf w-e et j. fériés. Congés : 3 sem en août et 1 sem en fin d'année. Le midi, menu 21,50 € ; le soir, menus 31,50 € (lun-mer), puis 39,50-53 €.* Cela vaut vraiment le coup de s'éloigner du bourdonnement de la ville et de venir se perdre en banlieue... Entre CHU et faculté, une vieille ferme en brique et galets, aux jolis volets pastel. Une belle adresse pour déjeuner ou pour dîner en terrasse, sous la glycine... Quel calme ! Quel silence ! Quel régal aussi ! Le chef, passionné de bons produits (et d'épices), ne cuisine que le meilleur, au meilleur de la saison. Le petit menu du midi est une véritable aubaine. Le soir, la table se fait plus gourmande encore, et pas aussi sage qu'il n'y paraît.

– Ne pas oublier nos adresses dans les proches environs comme *Le Cantou,* à Saint-Martin-du-Touch, *L'Amphitryon,* à Colomiers, *En Marge,* à Aureville, ou encore *L'Art de Vivre,* à Tournefeuille, et *Ô Saveurs,* à Rouffiac-Tolosan.

OÙ PRENDRE UN THÉ OU UN CAFÉ... ET GRIGNOTER ?

☕ *BAPZ* *(Bakery and Tea Room ; plan centre détachable, D-E3,* ***140****) : 13, rue de la Bourse. ☎ 05-61-23-06-63. • jeanyvesrael@free.fr • ♿ Tlj sf dim-lun et j. fériés (ouv dim oct-mars) 12h-19h ; formule brunch ou déj jusqu'à 14h30. Congés : août. Résa conseillée. Formule (avec thé ou café) env 12 € ; brunch w-e 17,50 € ; carte 15-20 €.* Très bons gâteaux qui trônent sur une longue table en bois. Ambiance à dominante crème, avec chaises en osier, toiles et gravures anciennes. L'atmosphère invite à la détente. Une bonne halte, aussi bien pour le petit déj que pour le brunch, pour le déjeuner que pour la pause *tea time.* À midi, le salé (tartes, quiches, plat du jour...) domine, tandis que l'après-midi pâtisseries, scones, petits pains et autres merveilles de bouche réjouissent les gourmands.

☕ ***Le Dip's Tea*** *(plan centre détachable, E4,* ***141****)* **:** *28, rue Pharaon. ☎ 05-61-32-68-16. Tlj sf dim en été 9h30-19h. Formule sucrée-salée autour d'une tarte ou d'un plat env 12,50 € ; brunch dim en hiver (11h-15h) 18 €.* Clair, lumineux, reposant, avec des murs blancs, des banquettes marron, des petites lampes au chevet des clients. Un peu de brique, quelques gravures, du papier kraft sur les tables. Très cosy tout ça. Dans l'assiette, généreuses tartes salées, *apple pies,* crumble aux fruits rouges, gâteau au chocolat... Raffinement et délicatesse, modernité et chaleur. Sans oublier la cinquantaine de thés aux noms incroyables : « Reine de Saba », « Le Jardin de Mogador », « Apprentis Sorciers », « Syracuse », thé blanc...

☕ ***Le Sherpa*** *(plan centre détachable, E2,* ***143****)* **:** *46, rue du Taur. ☎ 05-61-23-89-29. Service continu tlj 11h-minuit. Repas env 10-13 €. CB refusées.* Une crêperie-salon de thé que les étudiants toulousains connaissent bien pour ses fresques philosophiques sur les murs, ses nombreuses variétés de thés, ses prix très démocratiques et ses tables posées sur le trottoir dès que la météo le permet... Le lieu est souvent bondé.

☕ ***Dar Diaf*** *(plan centre détachable, E4,* ***144****)* **:** *10, rue Maletache. ☎ 05-61-53-57-69. • toulouse@dardiaf.fr • ♿ Tlj sf dim-lun et j. fériés 9h30-15h. Congés : août. Formule déj 15 €. Apéritif maison offert sur présentation de ce guide.* Dar Diaf signifie « maison des invités » en arabe. C'est un joli resto-salon de thé logé dans une ancienne boutique du vieux Toulouse, volontairement conservée dans son jus, avec juste une petite touche de déco. Chaleureuse cuisine ouverte sur la salle et clientèle d'habitués. Sid-Ahmed prépare sous nos yeux un délicieux brick au fromage de brebis ou un plat du jour tout aussi familial. En journée, de bonnes et délicates pâtisseries maison, ainsi que le traditionnel thé à la menthe.

☕ ***Le Bol Bu*** *(plan centre détachable, E3,* ***70****)* **:** *voir plus haut la rubrique « Où manger ? Autour du Capitole... ».*

☕ ***Le Petit Magre*** *(plan centre détachable, E3,* ***77****)* **:** *voir plus haut la rubrique « Où manger ? Autour du Capitole... ».*

OÙ MANGER UNE BONNE GLACE ?

🍦 ***Glacier Philippe Faur*** *(plan centre détachable, E3,* ***146****)* **:** *12, pl. du Capitole. ☎ 05-61-23-94-61. Tlj 11h (14h dim)-19h.* Philippe Faur est connu dans toute la région pour ses sorbets et glaces salés (foie gras, roquefort, truffe, balsamique, tomates...) qui font merveille en cuisine. À emporter ou à déguster sur place, on retrouve ici toute la panoplie classique des parfums sucrés, mais aussi des saveurs beaucoup plus improbables et originales (lavande, pêche de vigne, pastis, épices, badiane...). Lait fermier, chocolats grands crus, fruits du verger, il fait appel aux meilleurs fournisseurs... 100 % naturel.

🍦 ***Chez Octave*** *(plan centre détachable, E3,* ***147****)* **:** *9, pl. du Capitole, sous les arcades. ☎ 05-61-12-27-00. • contact@octave.eu • Mai-oct, tlj 12h30-minuit ; hors saison, horaires réduits.* Délicieux sorbets aux fruits, réalisés sans conservateur ni colorant, au rythme des saisons (hmm, l'abricot ! miam, la framboise !). Attention, les prix s'envolent dès que l'on s'assoit en terrasse. Alors, restez debout ! Autre boutique : *place Victor-Hugo (tte l'année, tlj sf lun).*

🍦 ***O'Sorbet d'Amour*** *(plan centre détachable, E3,* ***148****)* **:** *28, rue Montardy. ☎ 05-62-27-13-40. • toulouse@sorbetdamour.fr • Mars-oct, tlj.* Bonnes et naturelles aussi... moins chères surtout. Choix très large, là encore. On a même le droit de goûter avant.

OÙ BOIRE UN VERRE ?

À Toulouse, ville étudiante et jeune dans l'esprit, pas étonnant qu'il y ait des établissements pour tous les goûts, toutes les sensibilités. Vous trouverez donc dans cette rubrique de sympathiques adresses pour boire un verre, proposant parfois quelques concerts ou des soirées avec DJs. Mais c'est dans les rubriques suivantes que vous découvrirez les vrais bars musicaux et les salles plus spécialisées ainsi que les bars-boîtes pour danser « touteu-la-nuit » ! N'oubliez pas de consulter l'indispensable petit mag' culturel *Clutch* (gratuit en version papier ou sur le site ● *clutchmag.fr* ●), qui recense tous les bons plans de la ville tels que concerts, expos, théâtre, festivals.
Pour prendre juste un verre, nombreuses ***terrasses*** sur les places du Capitole, Wilson, Saint-Georges et de la Trinité. À l'heure de l'apéro, on peut se rendre sur la place de la Daurade, au ***Café des Artistes,*** pour profiter des superbes couchers de soleil sur la jolie façade à colombages face à la Garonne, ou un peu plus tard sur la place Saint-Pierre, pour les ambiances de 3e mi-temps...

En journée ou en début de soirée

🍷 ***Au Père Louis*** *(plan centre détachable, E3,* ***160****)* **:** *45, rue des Tourneurs. ☎ 05-61-21-33-45. ♿ Tlj sf dim 10h-15h30, 18h-23h. Congés : 1er janv, août et 25 déc.* Une institution ! Un des bars à vins les plus anciens de Toulouse. Fondé en 1889 et classé Monument historique en 1991. Heureusement ! Le décor a peu changé et il est superbe. Une vitrine lie-de-vin, un zinc antique indéboulonnable et quelques tonneaux autour desquels on déguste la cuvée maison et quelques autres crus régionaux. Ou ces boissons datant pour les plus jeunes de la préhistoire : quinquina, banyuls, muscat, grenache, etc. À consommer à la bouteille, comme tout le monde, ou même à emporter...

🍷 ♪ ***Café de la Concorde*** *(plan d'ensemble détachable, E2,* ***161****)* **:** *17, rue de la Concorde. Tte l'année, tlj, jusqu'à 22h env (20h dim).* Le plus vieux café de Toulouse, avant même *Au Père Louis !* Mais après tout qu'importe, car, comme son nom le suggère, la guerre des bistrots n'aura pas lieu. Bien au contraire. Avec son émouvante façade classée, ses 2 colonnes, sa terrasse et sa belle patine, *La Concorde* est toujours ce café tranquille installé dans cet îlot calme et primesautier. Propose des concerts gratuits le jeudi à partir de 19h.

🍷 ***Bar du Matin*** *(plan centre détachable, E4,* ***162****)* **:** *16, pl. des Carmes. ☎ 05-61-52-72-27. À l'angle de la rue des Filatiers, face au hideux parking des Carmes. Tlj sf dim 8h-22h.* Cadre simple et chaleureux, mais surtout terrasse stratégique. Agréable pour son atmosphère décontractée, joyeuse et communicative le soir. À l'heure de l'apéro, clientèle de musiciens, d'artistes et d'étudiants débordant sur le trottoir. Moralité : le *Bar du Matin* est plus sympa le soir !

🍷 ***Délicatessen*** *(plan d'ensemble détachable, F3,* ***163****)* **:** *11 bis, rue Riquet. ☎ 05-61-62-49-00. Lun-ven 17h-2h, sam-dim 18h-3h. Congés : 2 sem mi-août. Happy hours tlj 18h30-19h30. Carte de tapas à partir de 19h.* Un bar de début de soirée, plein de vie et d'énergie, une adresse phare du quartier Saint-Aubin. Le cadre est chaleureux, le comptoir amusant, les prix assez sages. Résultat : à l'heure de l'apéro, on y joue souvent des coudes et la tireuse ne connaît pas de répit. L'ambiance est joyeuse et vitaminée. Et, quasiment tous les soirs, c'est le même scénario.

🍷 ***La Plage*** *(plan d'ensemble détachable, E6,* ***164****)* **:** *60, Grande-Rue-Saint-Michel. ☎ 05-61-73-83-77. ● barrestaurantlaplage@gmail.com ● Tlj sf dim-lun (dim slt en été) 18h-2h (3h sam). Congés : fin déc-fin janv.* Derrière sa façade qui ne paie pas de mine, ce bar cache un grand jardin super agréable pour prendre un verre en grignotant des tapas, les soirs d'été, à la fraîche, sous le figuier, l'olivier et le cerisier. Pour respecter la tranquillité des voisins, pas de musique. Fait aussi resto *(compter env 30 €)*.

En soirée

🍷 ***La Maison*** *(plan centre détachable, F2, **165**) : 9, rue Gabriel-Péri. ☎ 05-61-62-87-22. Tlj sf dim 17h-2h.* Un bar très *home sweet home,* où l'on vient prendre l'apéro après le boulot, ou passer une soirée dans une atmosphère posée et intimiste. Déco étudiée, lumière tamisée, murs de briques badigeonnées de blanc, chaises et tables dépareillées, fauteuils et canapés au coin de la cheminée qui crépite les soirs d'hiver. L'endroit est connu pour ses cocktails originaux. On peut aussi y grignoter (mais là, on est plus réservé).

🍷 🍽 ***El Abanico*** *(plan centre détachable, E4, **168**) : 6, rue du Canard. ☎ 05-61-55-17-66. • contact@davidherrero.com • ♿ Ouv tlj sf dim-lun 19h-00h30 (2h jeu-sam). Compter env 25 € (tapas).* Dans ce quartier huppé de Toulouse, un bar à vins et à tapas aux murs aussi rouges qu'*el capote del toreador.* Le cadre et l'ambiance sont au rendez-vous, et les tapas raviront les *aficionados* des bons produits ibériques (le chef est espagnol !). Les prix sont peut-être un peu musclés, mais il y a du goût et de la qualité. La sangria est parfaite. Un lieu chaleureux et idéal pour une soirée à l'heure espagnole.

🍷 ♩ ***Breughel L'Ancien*** *(plan d'ensemble détachable, D2, **166**) : 30, rue de la Chaîne. ☎ 05-61-21-66-54. • yanbreughel@gmail.com • Tlj 17h-2h (3h sam).* Un bar aux allures de taverne patinée, dans lequel la bière coule à flots, les ballons de p'tit rouge descendent tout seuls, l'atmosphère est ensoleillée et bon enfant. La musique pop-rock n'est là que pour envelopper le tout. Organise parfois des concerts gratuits en fin de semaine, vers 21h (sauf en juillet-août). La soirée se poursuit à l'extérieur sur la place des Tiercerettes, juste en face. C'est alors la fête au village, jusque tard dans la nuit...

🍷 ***La Cale Sèche*** *(plan centre détachable, E3, **170**) : 41, rue Gambetta. ☎ 05-61-20-04-23. ♿ Tlj sf dim 18h-2h (3h sam). Congés : août.* Derrière une devanture vitrée se cache une authentique rhumerie que les moussaillons en herbe de Toulouse connaissent bien. Comptoir tout en longueur en forme de navire, murs bardés de bois... et, bien sûr, moult rhums aux parfums variés : melon, kiwi, figue, poire, banane, etc. Mais aussi mojito, caïpirinha, etc. Musique à fond et ambiance estudiantine surchauffée.

🍷 ♩ ***La Loupiote*** *(plan d'ensemble détachable, C4, **171**) : 39, rue Réclusane. Tlj sf dim-lun 17h30-2h, sam 19h-3h. Congés : août.* Un café sympa, connu pour sa pêche et sa créativité. Quelques concerts à dominante française (chansons et rock alternatif, plus rarement jazz), expositions, café-théâtre de temps en temps. Étudiants, potes fidèles du quartier et âmes esseulées s'y côtoient dans la bonne humeur. Le tout dans un décor de murs toulousains en brique. Une petite loupiote à suivre, donc, dans la nuit toulousaine.

🍷 ♩ ***L'Autruche*** *(plan d'ensemble détachable, F3, **167**) : 1, rue Mercadier. ☎ 05-81-34-37-62. Tlj sf lun en été 17h-2h (3h sam). Happy hours tlj 17h-19h.* On aime bien ce bar multifacettes monté par 2 potes, et qui brasse ses propres mousses. Une microbrasserie, donc, avec les cuves en arrière-plan (stages de brasserie), mais c'est aussi un vrai lieu de vie avec des expos, parfois des concerts gratuits, des soirées théâtre, des enregistrements d'émissions pour des radios locales, etc.

🍷 ***Les bars de la place Saint-Pierre :*** le **Bar Basque et ses jardins** *(plan centre détachable, D3, **172**)*, au nº 7 *(☎ 05-61-21-55-64 ; ouv tlj, tte la journée).* Ce bar, qui s'ouvre sur une agréable et grande cour fleurie (les jardins du *Bar Basque*), est un incontournable des grands rendez-vous sportifs (retransmissions des matchs de rugby sur grand écran, s'il vous plaît !). Ambiance de 3ᵉ mi-temps assurée ! Dans la pièce du fond, concert ou DJ en fin de semaine. À deux pas, fidèle au poste depuis des lustres, ***Pastis Ô Maître – Chez Tonton*** *(plan centre détachable, D3,*

173), au nº 16 (☎ 05-61-21-89-54 ; ♿ ; ouv tlj). Bar spécialisé dans le pastis, donc, et les beuveries généralisées dans les vapeurs anisées (ça rime !), les jeudi et vendredi surtout – le samedi, les étudiants sont déjà fauchés ! Ou encore juste à côté, **La Couleur de la Culotte** (*plan centre détachable, D3,* **174**), au nº 14 (☎ 05-34-44-97-01 ; ouv tlj). Tout un programme ! Ambiance électro ou musique plus généraliste selon les DJs. Avant de quitter la place, un mot sur **Le Saint des Seins** (*plan centre détachable, D3,* **175** ; ☎ 05-61-22-11-39 ; lun-ven 12h-2h, sam 12h-4h). Un bar qui organise de bons concerts électro-rock.

🍷 ***The Dispensary*** (*plan d'ensemble détachable, C4,* **176**) : 1, rue Marthe-Varsi. ☎ 05-61-42-00-88. • thedispensary@hotmail.fr • Tlj sf lun 18h (12h sam-dim)-00h30 (2h jeu-ven, 3h sam, 18h dim). Happy hours tlj 19h-20h. Dagmar et Charlie, 2 Anglaises au charme teinté de fantaisie, sont comme 2 reines de la nuit dans ce quartier Saint-Cyp'. Elles n'ont pas ménagé leurs efforts pour monter et faire tourner ce bar-resto qui a rapidement trouvé sa place dans les nuits toulousaines. Mur en brique et galet de Garonne qui rappelle qu'on est bien dans la Ville Rose, déco soignée et intimiste sur fond de musique rock venue d'outre-Manche. Plateau de charcuterie, de fromage, *fish & chips*, ou excellents plats plus consistants pour caler une faim.

🍷 ***De Danú*** (*plan d'ensemble détachable, F3,* **177**) : 9, rue du Pont-Guilhemery. ☎ 05-61-62-58-79. Tlj 10h30-2h (3h sam). Le pub irlandais par excellence, ouvert par Trevor Brennan, ancien rugbyman de l'équipe nationale d'Irlande et du Stade toulousain. Notre deuxième ligne s'en est allé, mais l'ambiance est restée ! Pas moins d'une dizaine d'écrans pour suivre les retransmissions de matchs de rugby. Un incontournable dans le genre. On peut y manger.

🍷 **Le J'Go** (*zoom détachable, E2,* **79**) : 16, pl. Victor-Hugo. ☎ 05-61-23-02-03. Voir plus haut la rubrique « Où manger ? Autour du Capitole... ». Au fur et à mesure que la soirée avance, l'endroit se transforme en bar, ambiance bodega pour clientèle la trentaine-quarantaine plutôt confortablement installée dans la vie.

🍷 ***Café Populaire*** (*plan centre détachable, F3,* **178**) : 9, rue de la Colombette. ☎ 05-61-63-07-00. Tlj 13h30-2h (3h sam), dim 16h-02h. Happy hours tlj 19h-21h30. L'adresse très populaire auprès des étudiants pour ses bières pas chères, ses baffles qui crachent un son rock énergique, sa chaude ambiance le week-end (et même en semaine) ! Un incontournable du circuit nocturne étudiant depuis de nombreuses années.

🍷 ***The Petit London*** (plan d'ensemble *détachable, F3,* **179**) : 7 bis, rue Riquet. ☎ 05-61-62-93-29. Tlj 11h-2h, sam 17h-3h. Petit troquet de quartier un poil grunge et plutôt rock. Un endroit gentiment décalé. Clientèle de tout âge qui ne se la raconte vraiment pas. On peut y grignoter un bout.

🍷 ***La Pelouse Interdite*** (*hors plan d'ensemble détachable par D1,* **119**) : voir plus haut la rubrique « Où manger ? Un peu plus loin du centre ». Un endroit vraiment sympa pour prendre un verre dans un super jardin, en été, lorsqu'il fait beau. Atmosphère musique électro-*lounge* aérienne sous la voûte étoilée, pour une soirée tranquille.

🍷 ***Le Télégramme*** (*plan centre détachable, E3,* **180**) : 1, rue Gabriel-Péri. ☎ 05-61-20-42-60. Tlj jusqu'à 2h (3h sam). Il y a 100 ans, le journal *Le Télégramme* s'installait dans ce beau bâtiment d'angle (il y a la date juste sous l'horloge !). On vient dans ce grand lieu revisité pour profiter d'un cadre remarquable, organisé sur 2 niveaux autour d'un bel escalier en métal, à la fois traditionnel et design. Le soir, après le service du resto, l'ambiance bat son plein ; éclairages fluo, caïpirinha et mojito font le boulot...

🍷 ***Cosmopolitain*** (*plan centre détachable, E3,* **181**) : 1, rue des 3-Journées. ☎ 05-61-29-89-33. Tlj jusqu'à 2h (3h sam). Cadre looké, éclairages du meilleur effet, tapas qui ne sont pas mauvaises, musique de qualité... voilà les principales clefs du succès. Le week-end s'y retrouve la jeunesse toulousaine un peu branchée. Mieux vaut être plutôt bien fringué.

OÙ VOIR UN SPECTACLE ? OÙ ASSISTER À UN CONCERT ?

Toulouse ne manque pas d'endroits où il se passe plein de choses, du café-théâtre à la salle de concerts plus spécialisée, où l'on peut en général s'attarder pour prendre un verre après le spectacle, en discutant avec les artistes... On vous invite également à jeter un coup d'œil aux bars de la rubrique « Où boire un verre ? » qui organisent souvent quelques petits concerts ou soirées DJs.
Pour les programmes des concerts, pièces de théâtre et animations, consulter quelques canards : *Flashhebdo, Intra-muros,* le magazine *Ramdam,* ou encore *Clutch* ou *Coca'Zine.*

♩ **Le Bikini** *(hors plan d'ensemble détachable par G6,* ***190****) : parc technologique du Canal, à* ***Ramonville-Saint-Agne*** *(31520). ☎ 05-62-24-09-50. • contact@lebikini.com • lebikini.com • Par la rocade ouest, sortie Ramonville, puis suivre « Parc technologique du Canal », fléché ensuite. Ouverture et prix d'entrée selon programmation.* LA salle rock de Toulouse où des artistes de renom se produisent. Le lieu se compose d'une salle de près de 1 500 places sur 2 niveaux, d'une terrasse, d'une piscine et d'un resto d'été. Super. Longue vie au *Bikini !*

♩ **Metronum** *(hors plan d'ensemble détachable par D1,* ***192****) : 2, rond-point Madame-de-Mondonville. • metronum.toulouse.fr • ♿ Ⓜ Borderouge. Ouverture et prix d'entrée selon programmation.* L'autre salle de concerts à Toulouse. Récente, et déjà une bonne programmation.

♩ 👓 **Le Bijou** *(plan d'ensemble détachable, B6,* ***191****) : 123, av. de Muret. ☎ 05-61-42-95-07. • le.bijou@wanadoo.fr • le-bijou.net • ♿ Fermé lun soir, w-e et j. fériés, ainsi que de mi-juil à fin août. Possibilité de manger : env 25 € à la carte le soir. Entrée spectacle : 8-15 € selon programmation ; réduc.* Dans l'arrière-boutique d'un bistrot de quartier, une vraie salle de spectacle séparée de la partie restauration. Concerts, café-théâtre 3 ou 4 fois par semaine à 20h ou 21h30. Aucune soirée ne ressemble à la précédente et la programmation est vraiment novatrice, voire avant-gardiste... Une institution à Toulouse. En été, *Le Bijou* s'exporte avec la foi qui soulève les montagnes à Sengouagnet, un petit village dans les Pyrénées centrales... Spectacles, randos et pêche à la truite au programme. Il ne tient qu'à vous de les suivre !

♩ 👓 **La Cave Poésie « René Gouzenne »** *(plan centre détachable, D2,* ***193****) : 71, rue du Taur. ☎ 05-61-23-62-00. • contact@cave-poesie.com • cave-poesie.com • ♿ (1 salle). Fermé dim. Spectacle le soir à partir de 19h30, sur résa. Entrée : 12 € (3 € les nuits de pleine lune) ; réduc ; 10 € sur présentation de ce guide.* Programmation de qualité dans une atmosphère authentiquement toulousaine et qui privilégie notamment la découverte de nouveaux talents. Textes, chansons, théâtre, poésie, concerts, danse contemporaine, scène ouverte les soirs de pleine lune (sauf l'été), le tout dans 2 petites salles du XVIe s, pouvant accueillir 50 et 70 spectateurs. Petit bar pour prendre un verre avant ou après le spectacle en compagnie des artistes. Un endroit emblématique de la vie culturelle de la Ville Rose.

♩ 👓 **Chez ta Mère** *(plan d'ensemble détachable, D2,* ***194****) : 1, rue des Trois-Piliers. ☎ 09-54-79-56-31. • contact@cheztamere.org • cheztamere.org • ♿ Mer-dim et j. fériés 18h-1h (2h sam). Congés : 1re quinzaine d'août et 1 sem pour les fêtes de fin d'année. Entrée gratuite ou payante selon programmation. Adhésion à l'association en prix libre. CB refusées. Adhésion annuelle offerte sur présentation de ce guide.* Un café associatif monté par une bande de copains qui ont manifestement réussi leur coup. Cette petite salle intimiste s'est vite imposée comme un lieu culturel actif du quartier Arnaud-Bernard. La programmation variée, souvent de qualité, fait une large place aux talents de la scène toulousaine, mais sans exclusivité. Concerts, théâtre, débats, soirées impro, expos, etc. Il y a un peu de tout. Le genre de petit endroit dont on peut rapidement devenir accro. Une précision : pour consommer une boisson, il faut être adhérent à l'association.

♩ **Le Cri de la Mouette** *(plan d'ensemble détachable, B-C2, **195**) : canal de Brienne, au niveau du sq. de l'Héraclès. ☎ 05-62-30-05-28. • lecridelamouette@gmail.com • lecridelamouette.com • Jeu 21h-2h, ven-sam 23h-5h. Congés : de mi-juil à début sept et pdt les fêtes de fin d'année. Entrée : 5-6 € (parfois un peu plus selon programmation) ; gratuit après le concert, vers 1h-1h30 du mat.* Cette ancienne péniche, amarrée depuis belle lurette sur les bords du canal de Brienne, se languissait sur des flots un peu trop calmes... Erich n'a pas hésité à lui offrir une seconde jeunesse en ouvrant ses cales aux groupes toulousains et d'ailleurs. Nombreux concerts avec à chaque fois un cri différent (rock tranquille ou vitaminé, *afrodream,* ska reggae, hip-hop, fusion latine, électro-pop...) ! Le week-end, après le concert, DJ pour prolonger la soirée.

♩ **Connexion Café** *(plan centre détachable, F3, **196**) : 8, rue Gabriel-Péri. ☎ 09-77-08-59-64. • connexioncafe@gmail.com • connexion-cafe.com • Tlj sf dim (sf en cas de concert) 17h-2h (3h sam). Entrée libre ou payante selon programmation (5-10 €, parfois jusqu'à 15-20 €).* Une grande salle à mi-chemin entre bar et salle de concerts, en lieu et place d'un ancien garage dont l'architecture industrielle a été conservée. Un côté underground dans la déco avec ses matériaux bruts, ses gros bidons métalliques pour poser les verres. Grande terrasse couverte (et chauffée en hiver), à l'accès toujours gratuit. Grosse programmation (concerts et DJs) qui n'hésite pas à faire le grand écart (électro, rock, métal, blues, etc.).

♩ **Le Cactus** *(plan d'ensemble détachable, D2, **199**) : 13, bd Lascrosses. ☎ 05-61-21-68-81. • lecactustoulouse@gmail.com • Tlj 7h30 (11h w-e)-2h. Concerts gratuits dim 19h-22h (même en été !). Forum des langues tte l'année sf juil-août, lun ou mar à partir de 19h.* Un bar-brasserie fréquenté par de nombreux habitués (au déjeuner en semaine). On vous le signale pour ses apéros-concerts dominicaux, programmés quasiment toute l'année à partir de 19h. Place à la scène toulousaine au sens large (là encore, du grand éclectisme). Expos photos (11 mois, 11 photographes).

Les Trois T *(plan d'ensemble détachable, F3, **200**) : 40, rue Gabriel-Péri. ☎ 05-61-63-00-74. Résa possible sur le site • 3tcafetheatre.com • Spectacles tlj. Congés : août. Entrée : 18-22 € en général ; réduc (sf sam, j. fériés et veilles de j. fériés).* On ne présente plus le théâtre des *Trois T,* où découvertes, valeurs montantes et stars reconnues viennent jouer (ou roder) leurs spectacles humoristes, tantôt franchement comiques, tantôt plus poétiques. Une valeur sûre de la scène toulousaine.

Théâtre Le Fil à Plomb *(plan d'ensemble détachable, D2, **166**) : 30, rue de la Chaîne. ☎ 05-62-30-99-77. • lefilaplomb@free.fr • theatrelefilaplomb.fr • ♿ Spectacle tt public tlj sf dim-lun à 21h (ouverture des portes à 20h) ; spectacle enfants mer, sam et certains j. pdt les vac scol à 15h30. Congés : août. Tarifs : 12 € ; réduc ; spectacle jeune public 6 € ; 10 € et 5 € sur présentation de ce guide. CB refusées.* C'est Badrading et son équipe qui ont mis *Le Fil à Plomb...* d'aplomb pour donner une scène aux troupes de théâtre locales. Programmation tournée vers l'humour et la dérision. Petit bar pour apprécier un thé à la menthe ou une assiette à grignoter avant ou après le spectacle, dans la bonne humeur. Parfois aussi de la musique.

Théâtre du Capitole *(plan centre détachable, E3, **201**) : pl. du Capitole. ☎ 05-61-63-13-13. • theatreducapitole.fr • Accueil en sem slt 10h-13h, 14h-17h45. Congés : juil-août.* Cette institution toulousaine située au sein de l'hôtel de ville propose des opéras, des ballets, des concerts, des pièces de théâtre et des conférences.

TNT – Théâtre national de Toulouse *(plan centre détachable, E3, **202**) : 1, rue Pierre-Baudis. ☎ 05-34-45-05-05. • tnt-cite.com • ♿ Accueil mar-sam 13h-19h et soirs de* *représentation. Congés : fin juil-août.* Espace culturel incontournable, TNT abrite, sous son architecture de brique et de verre, 3 salles : la grande salle, le petit théâtre et le studio. Répertoire varié, classique et contemporain ; danse, poésie, arts du cirque, théâtre des enfants. C'est aussi un centre de création et de diffusion théâtrale.

OÙ DANSER ?

Rappelons qu'on est dans la ville des Zebda et autres Fabulous Trobadors, et qu'on n'oublie pas ici de faire régulièrement exploser certaines frontières (et barrières) culturelles... On précise, au cas où, que cette rubrique rassemble quelques bars-boîtes pour s'éclater jusqu'au bout de la nuit le week-end.

♫ ***Puerto Habana*** *(plan d'ensemble détachable, F4,* ***210****)* **:** *12, port Saint-Étienne. ☎ 05-61-54-45-61. • puerto-habana.com • ♿ Tlj sf dim-lun et j. fériés 19h30-2h (3h sam). Formule tapas 17 € ; menus 24-29 €.* Bar-resto-dancing cubain au superbe décor avec mezzanine qui fait le tour de la salle. Dès que les convives ont fini de manger (vers 23h environ), l'ambiance monte d'un cran pour devenir chaude et sensuelle *(caliente !).* C'est toujours « gavé » de monde, comme on dit par ici. Pour ceux qui ne posséderaient pas encore les passes de salsa sur le bout des doigts, cours de rattrapage les mardi et mercredi de 19h30 à 20h30 *(📱 06-08-51-61-79 ; 7 €).*

♫ ***Planète Rock*** *(hors plan d'ensemble détachable par F1,* ***211****)* **:** *chemin de Lanusse (qui part de la route d'Albi, avt la rocade). ☎ 05-61-11-45-00. • planeterock.fr • Jeu-sam et veilles de j. fériés minuit-6h. Entrée gratuite jeu ; 8 € ven-sam et veilles de j. fériés.* Bar-boîte dédié au rock'n'roll et à la pop-rock, « de Bill Haley à Rage Against the Machine », sans oublier les Rita, Noir Désir, Muse, Radiohead... Clientèle mixte et variée. L'une des valeurs sûres de la Ville Rose.

♫ ***Shanghaï Club*** *(plan centre détachable, E3,* ***212****)* **:** *12, rue de la Pomme. ☎ 05-61-23-37-80. Tlj de minuit à l'aube. Entrée (en principe) : 8 € le w-e ; gratuit en sem.* Ce club homo, un lieu quasi mythique de la Ville Rose, s'est fortement « hétérotisé » ces dernières années, même si, mesdemoiselles, il reste encore un espace dans lequel vous ne pourrez pas pénétrer... En sous-sol, dans la salle voûtée, mieux vaut ne pas être trop claustro !

♫ ***Le Bazar*** *(plan centre détachable, E3,* ***213****)* **:** *11, rue des Puits-Clos. ☎ 05-61-12-07-18. Mar-sam de minuit à l'aube. Entrée : 8 € le w-e ; gratuite en sem.* Rien à voir avec les grandes boîtes (et pour cause, les caves toulousaines ne sont pas bien grandes !). Déco métallo pour une boîte à la musique généraliste.

♫ ***Monsieur Carnaval*** *(plan d'ensemble détachable, E2,* ***214****)* **:** *34, rue Bayard. Tlj sf dim-lun de minuit jusqu'à l'aube.* Une adresse à la déco « lookée ». 2 *dance floor,* l'un avec les morceaux du moment, l'autre plus électro-house. Clientèle jeune et étudiante. Mieux vaut montrer patte blanche pour entrer en fin de semaine.

ACHATS

Douceurs toulousaines

🧺 ***Chez Régal's*** *(plan centre détachable, E3,* ***300****)* **:** *25, rue du Taur. ☎ 05-61-21-64-86. • regals.fr • Tlj sf lun hors saison.* Petite halte pour acheter des spécialités toulousaines dont le fameux *fénétra.* Plein de produits à base de violette.

🧺 ***À la Bonbonnière*** *(plan centre détachable, E3,* ***301****)* **:** *41, rue des Tourneurs. ☎ 05-61-21-66-04. Tlj* *sf dim-lun 8h30-19h30.* D'excellents *fénétras* mais également de savoureuses galettes des Rois briochées (sans frangipane mais avec de la fleur d'oranger), que les Toulousains s'arrachent au mois de janvier.

Le Paradis Gourmand *(plan centre détachable, E3, **301**) : 45, rue des Tourneurs. ☎ 05-61-22-05-77. Tlj sf dim 10h (13h lun)-19h.* Toute une gamme de confiseries à l'ancienne, des traditionnels bonbons à la violette aux pétales de roses cristallisés...

La Maison de la Violette *(plan d'ensemble détachable, F2, **302**) : dans la péniche située à l'angle du bd Bonrepos et des allées Jean-Jaurès. ☎ 05-61-99-01-30. Lun-sam 10h-12h30, 14h-19h (en continu lun-ven en été). Congés : 1 sem en janv.* De beaux produits liés à la violette, présentée sous toutes ses formes (bonbons, confitures, thés...).

Violettes et Pastels *(plan centre détachable, E3, **303**) : 10, rue Saint-Pantaléon. ☎ 05-61-22-14-22.* Produits à base de violette et de pastel évidemment (bougies, parfums, encens, épices, cosmétiques...).

Signalons enfin la ***petite boutique de l'office de tourisme*** *(plan centre détachable, E3)*, qui propose quelques produits de bouche à base de violette et que l'on trouve dans les différentes boutiques de la ville.

« Surprises » toulousaines

La Fleurée de Pastel *(plan centre détachable, D-E3, **304**) : 20, rue de la Bourse. ☎ 05-61-12-05-94. Tlj sf dim 10h (14h)-19h.* Une vraie ancienne maison de pastelier qui propose aquarelles, foulards, vêtements et objets de décoration, tous issus de cette industrie du pastel qui fit la richesse de la ville. L'hôtel de Delfau, qui abrite cette élégante boutique, en est d'ailleurs un très beau témoignage. Il est possible d'admirer les fenêtres à croisillons et la tour d'escalier dans la cour du fond, mais demandez la permission avant de vous y rendre.

Graine de Pastel *(plan centre détachable, E4, **305**) : 4, pl. Saint-Étienne. ☎ 05-62-17-00-84. • grainedepastel.com • Lun-sam 10h-13h, 13h30-19h.* Senteurs, cosmétiques, savons, mais aussi espace bien-être, massages...

La Mucca *(plan centre détachable, D2-3, **306**) : 23, rue des Lois. ☎ 05-34-30-93-84. Lun-sam 10h-19h.* Une boutique insolite et étonnante ! Créateur en papeterie, *La Mucca* est une véritable mine d'or. Des carnets originaux, des cahiers personnalisés, des mémos rigolos, des répertoires, des carnets de voyage, des agendas et plein d'autres surprises...

La Ferme Attitude *(plan centre détachable, E3, **307**) : 23, rue d'Astorg. ☎ 05-34-33-51-55. Tlj sf dim et j. fériés 9h-19h30.* Uniquement des produits fermiers, de saison, en vente directe : fruits, légumes, viandes, volailles, produits laitiers, épicerie, etc., produits dans les environs proches. Pas forcément biologiques mais toujours fermiers et de qualité ! À moindre coût...

À VOIR

Toulouse est une ville à découvrir à pied (ou à vélo !). Les distances ne sont jamais énormes. D'ailleurs, entre les sens interdits et les rues minuscules, il est presque impossible de s'y garer, et difficile d'y circuler en voiture.

Quel ravissement d'admirer ces merveilleux hôtels Renaissance qui balisent l'itinéraire. Ils furent construits par des parlementaires et de riches commerçants (ayant fait fortune dans le pastel notamment) afin d'établir leur réussite et de favoriser leur accès au pouvoir politique (capitoul, parlement régional). La tour de ces hôtels particuliers représente le symbole de cette ambition car elle domine les demeures de tous les autres. Il vous faudra pousser des portes, car ces demeures sont souvent situées dans les cours, de plus en plus fermées par des digicodes, surtout à l'approche de la nuit.
Pour mieux découvrir la ville, on vous rappelle qu'il existe un ***pass Tourisme*** (se reporter à la rubrique « Adresses et infos utiles »).

LE CENTRE ANCIEN : CIRCUIT NORD

Autour du Capitole *(plan centre détachable, E3)*

Le Capitole *(plan centre détachable, E3)* **:** siège de la municipalité depuis le XIIe s. Tient son nom de *Capitulum* (le « chapitre »), dont les membres, les capitouls, formèrent le conseil municipal de 1189 à 1789. Son élégante et harmonieuse façade à colonnes et pilastres, longue d'environ 130 m, fut édifiée en 1750 par Guillaume Cammas. L'aile droite abrite le célèbre théâtre du Capitole. Il s'agit en fait d'une façade-écran, masquant sur l'arrière des édifices aux styles disparates. À noter, les éléments de décoration horizontaux jouant en permanence avec la bichromie, particularité que l'on retrouve dans la partie supérieure mais avec un rythme vertical cette fois. Au centre, huit colonnes de marbre symbolisant les huit capitouls qui gouvernaient la ville, provenant de la région de Carcassonne. Sur les balcons, les blasons des capitouls de l'époque. Le style est en fait assez néoclassique (fronton triangulaire et balustrade à l'italienne), avec au sommet son lot de statues allégoriques : Tragédie et Comédie à droite (au-dessus du théâtre), et, à gauche, la Culture antique (Pallas) et Clémence Isaure, symbolisant la culture occitane.
Toutes les façades de brique autour de la place datent de la première moitié du XIXe s. Au centre de la place, fichée dans le pavé, une croix occitane en bronze sur laquelle l'artiste Raymond Moretti a superposé les 12 signes du zodiaque.
– Face au Capitole, sur la place, les arcades appelées ***La Galerue des arcades,*** dont le plafond formé de 29 caissons abrite des sérigraphies, également de Moretti, réalisées en 1997 et narrant toute l'histoire de la ville. Allez, en voici quelques-unes, parmi les plus notables (en partant de la gauche) : on démarre avec *La Vénus de Lespugue,* signe des premiers peuplements préhistoriques, puis saint Sernin martyrisé par son taureau et, en vrac, l'évocation de Simon de Montfort, de Clémence Isaure, du pastel, de Pierre-Paul de Riquet, de Jaurès, de Gardel, du rugby, de Nougaro, de l'espace... Le dernier est un miroir, hommage rendu aux Toulousains de la rue.
– ***La cour intérieure du Capitole*** *(appelée cour Henri-IV)* **:** de manière générale, depuis la place, la grande porte de bois est ouverte (sauf quand elle est fermée, comme aurait dit La Palice). Dans la cour, remarquable portail Renaissance surplombé par une statue d'Henri IV, considérée comme une des seules sculptées de son vivant. Elle se compose de trois marbres différents. En dessous, des sphinges, sorte de sphinx féminins, et au centre les armes de Toulouse. Bel appareillage de pierre et de brique des galeries latérales (XVIIe s), avec fenêtres à meneaux toutes ciselées. Partout sur les murs, de très nombreux blasons des capitouls, lesquels se devaient de laisser une trace de leur passage dans la pierre. Au centre, sur le sol, dalle rappelant l'exécution, en 1632, du duc de Montmorency qui s'était révolté contre Richelieu. Il fut jugé en tant que traître à la Couronne.

L'intérieur de l'hôtel de ville : *☎ 05-61-22-34-12. Entrée libre hors cérémonie. Pâques-Toussaint, tlj 8h30 (10h dim et j. fériés)-19h ; fermé le 25 déc et le 1er janv. Pour les visites guidées, se renseigner auprès de l'office de tourisme.*

Accès par un grand escalier du XIXe s où trône le buste de Jean Jaurès, qui fut prof de philo à la fac et conseiller municipal de Toulouse. Pour bien comprendre le faste des salles qu'on va voir ici, il faut rappeler qu'il y a toujours eu un pouvoir à deux têtes à Toulouse : le parlement d'un côté, dont les prérogatives s'étendaient sur les domaines judiciaire, civil et criminel, et les capitouls de l'autre, qui géraient la ville, d'où une certaine rivalité. Les salles du Capitole ont donc été conçues dans un esprit de démonstration du pouvoir des capitouls. Au XIXe s, on réalisa un ensemble architectural et décoratif sur l'histoire de la ville. Au bas de l'escalier, scène de tournoi. Dans l'escalier, un tableau évoquant la création du « Consistoire du gay savoir » au XIVe s, première société littéraire d'Europe, connue aujourd'hui sous le nom d'Académie des jeux floraux, où l'on récompensait les meilleurs poètes par des fleurs d'orfèvrerie. Ils avaient pour patronne mythique Clémence Isaure.
En haut de l'escalier, la ***salle des mariages,*** décorée de scènes d'amour à tous les âges ! De meilleur goût, la ***salle Henri-Martin,*** du nom de ce peintre impressionniste toulousain : fresque en six panneaux. Représentation des quatre saisons, ainsi qu'une grande toile illustrant des paysans au travail, et juste en face *Les Bords de Garonne et les Rêveurs,* qui évoquent d'une part les intellectuels et les artistes qui se promènent tranquillou, d'autre part les autres en face qui sont en train de trimer comme des malades. Jean Jaurès est l'un d'entre eux, coiffé d'un canotier. Évocation du monde de la pensée (qu'on aimait autrefois – et encore maintenant – opposer de manière singulière à celui du travail physique). Noter à l'arrière-plan les pêcheurs de sable et le bateau-lavoir.
Grande ***salle des Illustres,*** évoquant les Toulousains célèbres et conçue sur le schéma des galeries à l'italienne. Décor très pompeux réalisé à la fin du XIXe s. Incroyable, ce chic n'est que du toc : fausse voûte et colonnes en faux marbre (si vous faites toc-toc sur une colonne, vous vous en rendrez compte tout de suite !). Toiles de qualité inégale mais dont on retiendra un tableau sur la reconstitution des remparts de Toulouse au moment du siège de Simon de Montfort. À l'opposé, très belle toile (peut-être la plus belle) rappelant l'entrée du pape Urbain II en 1096. Superbe facture et jolie lumière où l'on voit le pape venir chercher le comte de Toulouse pour participer à la première croisade. Il profitera de sa visite pour consacrer l'église Saint-Sernin. Nombreuses autres évocations historiques.

Le « Donjon » *(plan centre détachable, E3)* **:** en revenant dans la cour Henri-IV et en passant sous la statue, on aboutit au square Charles-de-Gaulle (communément appelé « le jardin du Capitole », logique !). C'est une ancienne tour de brique de la première partie du XVIe s, fière et massive, avec tout l'appareillage classique d'une tour de défense (mâchicoulis, créneaux, échauguettes, meurtrières...). Elle faisait partie du complexe municipal de l'époque, qui fut rasé au XIXe s pour ouvrir l'arrière du Capitole. On conserva ce donjon qui n'en fut jamais un. Il abritait les archives capitulaires ainsi que la réserve de poudre à canon (c'est malin !). Il fut restauré par Viollet-le-Duc, qui y ajouta une haute toiture et le beffroi de style... flamand.. C'est aujourd'hui l'office de tourisme. Jetez donc un coup d'œil aux voûtes en ogive de la salle. Dans le jardin juste devant, sculpture de Toutain en résine, une *Maternité* très réussie.

➢ On peut poursuivre ce circuit vers l'est en poussant vers la ***place Wilson,*** qui est à deux pas (voir plus loin « Les quartiers Jaurès, Saint-Aubin et Marengo »). Sinon, on file au cœur de la vieille ville.

Par la ***rue du Taur*** *(plan centre détachable, D-E2-3),* on parvient à l'admirable basilique Saint-Sernin. Cette rue fut l'une des rues commerçantes les plus importantes au Moyen Âge. Aujourd'hui semi-piétonne et toujours très animée, elle est bordée de plusieurs édifices intéressants.
– Au no 10, s'élève la remarquable façade de ***Notre-Dame-du-Taur*** *(ouv tlj en principe),* datant du XIVe s, dont le nom rappelle l'animal utilisé pour le martyre de saint Sernin. Imposant clocher-mur émergeant des toits à 40 m de hauteur. Pour l'observer, prendre du recul dans la rue des Pénitents-Gris. On s'aperçoit alors que

À VOIR

cette façade surélevée (caractérisée par ses arcs en mitre – triangulaire comme la mitre de l'évêque) n'est rien d'autre qu'un clocher-mur dont l'étroitesse étonne. À l'intérieur, nef unique, gothique, austère et sombre. Au-dessus de l'autel, une peinture du XIXe s évoquant le martyre de saint Sernin en 250 (voir plus loin « La basilique Saint-Sernin »).

À l'angle de la ***rue du Périgord,*** base d'une grosse tour de brique du XIIe s. Elle montait beaucoup plus haut ; son propriétaire d'alors, accusé d'hérésie cathare, fut condamné à en araser le sommet.

– Au no 69, ***portail monumental*** de Nicolas Bachelier (1556), dont Toulouse possède de nombreuses œuvres. Portail vermiculé (c'est un gros mot, ça ?), dont la pierre est trouée d'orifices pour imiter l'érosion et l'usure du temps. Au-dessus, des blasons de capitouls encadrés de masques. C'est là que se trouve la ***cinémathèque*** (projections, documentation, festival Zoom arrière, etc.). ☎ *05-62-30-30-10.* • *lacinemathequedetoulouse.com* • *Tlj sf lun et j. fériés. Fermé 2 sem en août. Cinéma en plein air (dans la cour) de fin juin à mi-août.*

– Au no 56, entrée de l'***ancien collège universitaire*** fondé en 1360, abattu et remplacé au début du XIXe s par un séminaire. Une curiosité : lorsque le portail est ouvert, entrez dans la cour de l'édifice pour admirer la galerie en encorbellement de bois, unique vestige de l'ancien collège.

APPELLATION CONTRÔLÉE

« Basilique » est un nom donné directement par le pape en hommage à un grand saint ou à une grande sainte. La cathédrale est le lieu où se trouve le siège (la cathèdre) d'un évêque.

La basilique Saint-Sernin *(plan centre détachable, D-E2)* **:** *pl. Saint-Sernin.* ☎ *05-61-21-70-18. Oct-mai, tlj 8h30-18h (19h30 dim) ; juin-sept, tlj 8h30-19h (19h30 dim). Pas de visite pdt les offices. Possibilité de visite guidée ; rens sur place.*

Quelques éléments historiques d'abord. Au IIIe s, Saturnin, alors évêque d'une petite communauté chrétienne, est accusé de perturber les prières des païens se rendant au temple romain (appelé « le Capitole » mais n'ayant rien à voir avec l'actuel Capitole). Un jour où lesdits païens préparaient le sacrifice d'un taureau en l'honneur des divinités romaines, Saturnin a la mauvaise idée de passer par là. On sollicite sa participation à cette fête, ce qui signifiait renier sa foi. Évidemment, il refuse. La foule en colère s'empare de lui, l'attache au taureau qu'on fouette et qui part au galop. Traîné par la bête, Saturnin meurt aux portes de la ville. Son corps est enseveli dans la nécropole nord, au bout de l'actuelle rue du Taur. L'endroit devient lieu de pèlerinage au IVe s, avant qu'on ne construise, au début du Ve s, une première église dédiée au martyr. Au XIe s, le clergé décide d'offrir à saint Sernin (évolution du nom « Saturnin ») un édifice encore plus digne de lui. C'est autour de 1070 que l'on entreprend la construction d'une prestigieuse église. Les architectes avaient vu grand. En effet, de par sa situation sur la route du pèlerinage à Saint-Jacques-de-Compostelle (la *via Tolosa*), les dimensions de Saint-Sernin sont avant tout motivées par le passage des pèlerins qui viennent prier les nombreuses reliques qu'abrite déjà l'église. L'ensemble n'est terminé qu'à la fin du XIIIe s. C'est aujourd'hui le plus grand édifice roman conservé et l'une des plus belles églises de France. Ses proportions parfaites, en forme de croix, en font un modèle du genre : une longueur de 115 m, un transept de 64 m et une hauteur de 21 m sous voûte.

Vendus à la Révolution, le cloître et les bâtiments de l'abbaye furent démolis au début du XIXe s avant que Viollet-le-Duc n'entreprenne, à partir de 1860, de lourds travaux de restauration. La création des toitures à décrochement et le dallage des absides modifièrent considérablement la physionomie de la basilique. À la fin des années 1990, Saint-Sernin se trouva au centre d'une polémique lorsqu'il fut nécessaire d'entreprendre une restauration du monument (des toitures plus exactement). En effet, les matériaux utilisés par Viollet-le-Duc étaient en état de dégradation très avancée, en raison de la faillite du système d'écoulement des eaux (voir encadré).

À l'extérieur

De la rue Saint-Bernard, admirable vue sur le chevet avec ses neuf absidioles et l'imposant clocher octogonal aux étages à retraits successifs, percés dans les derniers étages de baies dites « en mitre ». Ce chevet est particulièrement intéressant pour ses volumes qui s'échelonnent jusqu'au clocher, caractéristique du roman, comme une sorte d'élévation naturelle vers le ciel. Le clocher servit de modèle à de nombreuses églises de la région. Noter le jeu subtil de la pierre blanche et de la brique, qui donne un aspect encore plus élancé à l'ensemble.

APRÈS LA RESTAURATION, VIVE LA « DÉRESTAURATION »

Tout Saint-Sernin était menacé par l'infiltration, et les corniches se désintégraient. Pour la première fois en France, on décida de « dérestaurer » le travail de Viollet-le-Duc pour revenir à l'état antérieur. Bien vu ! La suppression des enduits et des peintures du XIXe s favorisa la mise en valeur du bel appareillage de pierre et de brique. Grâce à ce retour en arrière, Saint-Sernin retrouva la simplicité architecturale qui fut sienne durant des siècles.

Sur la façade latérale sud (face à la rue du Taur) s'élève la porte Miègeville, au tympan roman évoquant l'ascension du Christ. Portail richement ouvragé. De tout temps, ce fut l'entrée principale car elle est en prolongement de la rue du Taur (c'est à ce niveau que devait se trouver la porte de l'édifice primitif). Chapiteaux historiés : Annonciation, massacre des Innocents, Adam et Eve chassés du Paradis...

À l'extrémité du transept droit, beau portail là aussi (la porte des Comtes), dont il faut détailler les sculptures, notamment la *Parabole de Lazare et du mauvais riche* et, surtout, la représentation des supplices infernaux concernant le péché de chair : sur le chapiteau de gauche, un homme se voit arracher les testicules avec des crochets (ouille !). Sur celui de droite, des serpents avalent les seins d'une femme (aïe !)... Pas question de rigoler avec ça à l'époque !

UN MYSTÈRE GRAVÉ DANS LA PIERRE

Sur la façade extérieure de la basilique Saint-Sernin, du côté de la rue du Taur, juste à proximité des sarcophages, on peut observer une curiosité. Il s'agit d'une grosse pierre saillante qui n'a pas été taillée par les bâtisseurs de l'époque, contrairement aux autres pierres. Certains ont émis l'hypothèse que ce bloc aurait été amené de Terre sainte par les croisés. Aujourd'hui, nul n'a la réponse et le mystère reste entier.

À l'intérieur

L'église romane se caractérise par ses cinq nefs (un vaisseau central et deux doubles collatéraux), typiques d'une église de pèlerinage. Car, doit-on le rappeler encore, l'organisation de Saint-Sernin est faite pour les pèlerins. Sur la route de Saint-Jacques, il existait cinq édifices de cette ampleur (Tours, Limoges, Conques, Toulouse et... Saint-Jacques). Les collatéraux constituaient en fait des couloirs d'accès aux reliques, situées dans les chapelles autour du chœur, puisque l'objectif du pèlerin était de « faire le tour des Corps saints ». La pierre et la brique accentuent l'impression de puissance, de sobriété et d'homogénéité architecturales tout à la fois. Admirable rythme de la voûte en berceau, de ses arches en plein cintre, des retombées de doubleaux sur de beaux chapiteaux sculptés, des ouvertures sur les galeries latérales.

Dans la nef centrale, à la croisée du transept, une très rare table d'autel en marbre du XIe s. Inscription en latin qui indique qu'elle fut consacrée à saint Sernin, jolie

bordure en écailles de poissons, frise devant avec des anges portant le Christ (si vous ne voyez pas bien, un moulage de l'autel est situé dans le transept nord). Au-dessus de l'autel principal, haut baldaquin baroque qui abrite la châsse de saint Sernin sur quatre taureaux de bronze. Stalles du XVIIe s. C'est dans ce transept nord que l'on trouve l'entrée de la crypte et du déambulatoire *(lun-sam 10h-18h, dim 11h30-18h ; fermé 12h-14h oct-mai ; entrée : 2,50 €, gratuit moins de 15 ans).* En suspension au-dessus de la voûte, noter l'énorme ex-voto, une maquette de Toulouse offerte par les Toulousains à saint Sernin pour une peste vite éloignée.
Le déambulatoire abrite de nombreuses chapelles, la plupart ornées de reliquaires du XVIIe s en bois doré. Dans la chapelle d'axe, autel signé Viollet-le-Duc et six superbes statues d'apôtres en bois polychrome (XVe s). Au dos de l'abside majeure, sept bas-reliefs romans dont un christ magnifique du XIe s, en marbre patiné. Grande douceur du trait, curieux petit ventre. D'ailleurs, on l'appelle « Dieu obèse ».
Dans la crypte (deux niveaux), quelques pièces d'orfèvrerie religieuse (mitre et gants du XIIIe s, coffret en ivoire), un reliquaire de la Vraie Croix en cuivre émaillé (XIIe s). Ces cryptes furent creusées aux XIIIe et XIVe s pour accueillir de nouvelles reliques. Jetez un œil sur les fresques du chœur, restaurées et datant du XVIe s.
Revenons au niveau supérieur, encore dans le transept nord : exceptionnel christ roman, hiératique, très raide, recouvert de cuivre doré d'origine romane : noter ses yeux ouverts, faisant face à la mort. Sur le mur opposé, ne pas rater la remarquable fresque du XIIe s, découverte lors de la restauration en 1973. C'est l'ange de la Résurrection au bord du tombeau vide où viennent se recueillir les Saintes Femmes. Grande sérénité du visage, traitement très lyrique du plissé du vêtement. Il annonce la bonne nouvelle aux trois femmes (dont Marie Madeleine). On retrouve le Christ en haut, entouré de la Vierge et de saint Jean. Sur la voûte, curieux agneau pascal tout en rondeurs. On rappelle que les fresques se lisent de bas en haut, du terrestre vers le céleste. Dans le transept sud, noter les pieds en relief de saint Christophe sortant d'un pilier complètement patiné par les étreintes des pèlerins, mais dont le corps peint a disparu. À côté, saint Jude, patron des causes perdues (efficace, paraît-il, avant les examens !).

Le musée Saint-Raymond *(musée des Antiques de Toulouse ; plan centre détachable, D2)* **:** *1 ter, pl. Saint-Sernin. ☎ 05-61-22-31-44. • saintraymond.toulouse.fr • ♿ Tlj 10h-18h. Fermé 1er janv, 1er mai et 25 déc. Entrée : 4 € ; gratuit moins de 18 ans, étudiants et pour ts le 1er dim du mois (sf expo temporaire). Audioguide gratuit. Visite commentée (en principe, sam et dim à 16h) : 3 € supplémentaires. Expos temporaires : env 5-8 € (billet donnant accès à la collection permanente ; gratuit moins de 18 ans ; réduc étudiants). Ateliers et activités « jeune public » (dès 3 ans ; 3 €) ; résa conseillée.*
Un superbe musée installé dans un magnifique édifice du XVIe s rénové. Architecture assez austère, mais réchauffée par la belle couleur de la brique toulousaine, avec des tourelles d'angle en encorbellement, exemple typique des collèges du XVIe s. Fenêtres à meneaux, faux mâchicoulis et gargouilles. La visite se fait de haut en bas.

2e étage, Tolosa en Narbonnaise

Présentation de la ville antique de *Tolosa,* qui fut l'une des plus importantes cités de la province romaine de Narbonnaise, une région considérée comme une seconde Italie, tant l'activité y fut prospère. Belles pièces retrouvées dans toute la région tel l'éphèbe – superbe – de Villefranche-de-Rouergue (Aveyron) ou un magnifique Jupiter de bronze. Admirables bijoux, peignes et épingles à cheveux, amphores, chapiteaux romains, etc. Parmi les pièces remarquables, un exceptionnel *manche sculpté au centaure* (une miniature en ivoire du IIe s), un très rare groupe dynastique de portraits impériaux découvert sur l'emplacement du forum de Béziers. Parmi ces derniers, s'attarder sur cette monumentale tête d'Antonin le Pieux, inachevée...

1er étage, Chiragan
Consacré aux fouilles de la villa de Chiragan. Le clou du musée, puisqu'il s'agit, ni plus ni moins, du plus grand ensemble de sculptures romaines en marbre mis au jour en France au même endroit (près de Martres-Tolosane), à l'emplacement de la villa romaine la plus importante d'Europe après la villa d'Hadrien près de Rome. Magnifiques hauts-reliefs des *Travaux d'Hercule,* presque intégralement conservés, jouissifs comme la lecture d'une bande dessinée sculptée dans la pierre ! Des sculptures remarquables, très expressives, aux personnages tout en action, aux muscles saillants. Collection exceptionnelle de portraits d'empereurs romains et de leurs familles (dignitaires, militaires...). Toutes proviennent de la villa. Dire que l'on ne sait pratiquement rien sur les propriétaires de cette villa mirifique... Les recherches actuelles tendent à prouver qu'il s'agissait d'un domaine impérial, géré par les administrateurs de l'État romain. L'empereur Maximien Hercule préparant ses campagnes d'Espagne (en l'honneur duquel les travaux du héros éponyme auraient été sculptés) y logea vraisemblablement, à la fin du IIIe s.

Sous-sol
Descente jusqu'au sous-sol, sans passer par le rez-de-chaussée. Vestiges archéologiques (dont un exceptionnel four à chaux du Ve s, juste sur la droite en descendant les escaliers) retrouvés sur place et nombreux sarcophages sculptés du cimetière paléochrétien qui s'était développé autour du tombeau de Saturnin. Certains sont d'une grande richesse ornementale : volutes de végétaux, frises de personnages, couvercles ornés d'arabesques superbes, d'écailles de poissons, entrelacs de ceps de vigne... Également quelques épitaphes funéraires. Le long mur de brique est un vestige de l'ancien hôpital, édifié au XIe s.

Rez-de-chaussée
Dans le *tinel* datant du XVIe s, expositions temporaires présentant régulièrement les œuvres des réserves du musée ou qui proviennent d'autres musées européens. Également des expos sur les découvertes archéologiques ou sur des thématiques de recherche ayant trait à l'Antiquité.
I●I Devant l'entrée du musée, le *Café des Antiques* *(tlj 10h30-17h30)* est sympa comme tout avec sa terrasse noyée dans la verdure, véritable havre de paix lorsqu'il fait beau. On peut s'y poser sans consommer.
– On pourra compléter la visite par celle de la riche bibliothèque du musée située en face : *11, rue des Trois-Renards (☎ 05-31-22-93-76 ; ouv lun-sam 14h-18h sf 1er janv, 1er mai, 25 déc ; fermé en août ; GRATUIT).* On peut aussi aller voir les vestiges de l'amphithéâtre romain (et des thermes), situés à la sortie de Toulouse : *av. des Arènes-Romaines ; Ⓣ Arènes romaines (T1 ; il s'arrête devant) ; fin mai-fin oct, dim 14h-17h ; entrée : 2 €, réduc ; gratuit pour ts le 1er dim du mois. Visite commentée recommandée 15h-17h ; supplément de 3 €. Rens auprès du musée.*

★★ *La chapelle des Carmélites* *(plan centre détachable, E2)* **:** *1, rue de Périgord. ☎ 05-34-44-92-05. ♿ À deux pas de la rue du Taur. Tlj sf lun et certains j. fériés 10h-12h, 14h-18h.*
Chapelle inspirée du gothique méridional, édifiée aux XVIIe et XVIIIe s. La première pierre fut posée le 1er juillet 1622 par Louis XIII. Elle est dédiée à Notre-Dame du Carmel, dont on retrouve les thèmes : apothéose de sainte Thérèse d'Avila, la grande réformatrice des carmélites, sur la partie haute de la porte ; de part et d'autre des fenêtres, les différentes vertus (théologales, cardinales et carmélites) ; et, partout, des évocations des vies d'Élie, d'Élisée, de Marie et de divers personnages de l'Ancien Testament. On doit l'architecture de la chapelle à Didier Sansonnet, qui fut aussi l'auteur de l'église Saint-Exupère à Toulouse.
Constituée d'une nef unique de 30 m de long et 11 m de haut, pour faciliter la prédication, elle est divisée en quatre travées et une abside à trois pans coupés. Son plafond est remarquable par son lambris d'épaisses planches de chêne marouflé (toile collée sur support et peinte) et ses « clés pendantes » en bois doré. Les peintures à l'huile recouvrent la totalité de la voûte et des murs. Le peintre toulousain

Jean-Pierre Rivalz en amorça la réalisation à la fin du XVIIe s. Jean-Baptiste Despax, élève d'Antoine Rivalz (fils du précédent), lui succéda et accomplit, entre 1747 et 1751, la majeure partie du décor, dans un style baroque, avec un objectif précis : exalter le carmel.

– À côté de la chapelle, la ***bibliothèque d'étude et du patrimoine*** *(bibliothèque du Périgord)* **:** *☎ 05-62-27-66-66. Mar-sam 10h-19h. Fermé sem du 15 août et dernière sem de déc. Présentation d'ouvrages « Les trésors publics », autour de différents thèmes, durant laquelle on peut voir notamment de vieux ouvrages enluminés : 2 ven par mois 12h30-13h30, hors vac scol. Également des visites commentées du bâtiment. Résa indispensable. Expos temporaires consacrées aux livres et à l'histoire régionale. GRATUIT.* Elle date des années 1930 ; on pourra voir la salle de lecture de la même époque, très lumineuse avec une grande rosace colorée et des toiles symboliques sur la culture et le savoir, caractéristiques de la sensibilité artistique de la période à tendance socialisante.

Le musée des Augustins *(musée des Beaux-Arts de Toulouse ; plan centre détachable, E3)* **:** *21, rue de Metz (sq. Édouard-Privat). ☎ 05-61-22-21-82. • augustins.org • ♿ (partiel). Tlj sf mar 10h-18h ; nocturne mer jusqu'à 21h, avec concert d'orgue gratuit à 20h tte l'année. Entrée : 5 € ; gratuit moins de 18 ans, étudiants et pour ts le 1er dim du mois. Livret de visite pour les plus petits. Audioguide : 2 €.*

Installé dans un monastère des XIVe et XVe s. C'était l'ensemble conventuel des augustins, un ensemble gothique méridional majestueux. Le musée, quant à lui, fut créé pendant la Révolution, grâce à Condorcet et à l'abbé Grégoire. C'est l'un des plus anciens musées de France (en grande partie consacré à la sculpture médiévale) et l'un des rares ensembles conventuels qui ne furent pas entièrement détruits. Une aile entière, correspondant à l'ancien réfectoire, fut élevée à la fin du XIXe s (amusante vitrine sur la rue).

DES MENDIANTS CHEZ LES RICHES

L'ordre des Augustins, installé dans un ensemble conventuel somptueux, fut l'un des quatre ordres mendiants représentés à Toulouse (avec les dominicains, les carmes et les franciscains). Mais pourquoi tant de « pauvres » dans une ville aussi riche ? Tout simplement parce que les ordres faisant vœu de pauvreté s'installaient précisément là où les dons étaient généreux. Pas bête ! Leur présence était même révélatrice du niveau de prospérité d'une ville.

– ***Le cloître :*** superbe, à arcs flamboyants sur colonnettes géminées, entourant un jardin inspiré des jardins monastiques médiévaux. Il fut recomposé à partir de documents anciens : fruits, fleurs, légumes et plantes médicinales qui correspondent à ce qu'on trouvait à l'époque. Tout autour du cloître, étonnante exposition de gargouilles provenant de l'église des Cordeliers.

– ***La salle capitulaire*** *(belles voûtes gothiques)* **:** ensemble de sculptures gothiques provenant des églises de Toulouse et des environs. L'œuvre la plus intéressante est sans conteste cette célèbre *Nostre-Dame de Grasse,* une Vierge à l'Enfant du XVe s, restaurée : noter le regard doux et mélancolique de la Vierge, ses cheveux, le plissé de sa robe ; et le regard divergeant entre l'enfant et celui de sa mère. *Pietà* avec Jean et Marie-Madeleine (XVe s), de style très languedocien, ainsi que la prédelle d'un retable (scène de la Passion et beau rythme des personnages serrés les uns contre les autres).

– La salle d'à côté, la ***chapelle Notre-Dame-de-Pitié*** est consacrée à la sculpture gothique provenant de l'église des Cordeliers. Au centre, gisant de l'évêque de Rieux-Volvestre, au visage large, typique du style languedocien de l'époque. Remarquable saint Paul à la barbe fleurie. Dans la dernière salle (la sacristie),

magnifique *Vierge à l'Enfant* en albâtre (XIVe s), gisants, pierres tombales sculptées (XIIIe s). Également quelques sarcophages et, dans une niche, une jolie tête (de religieuse ?) du XIVe s en marbre noir et blanc, etc.
- Dans la **nef de l'église** (style gothique méridional du XVe s), pittoresques statues de terre cuite (début XVIe s), avec d'intéressants détails dans les vêtements. Elles ont été réalisées en trois parties. Elles représentent les sibylles et les prophètes et furent déménagées de Saint-Sernin par Viollet-le-Duc lui-même. Superbes ! Non loin, une statue de *Dame Tolosa,* une allégorie de la ville, une des rares statues en bronze de la Renaissance. Noter *Le Christ entre les deux larrons* de Rubens, une des œuvres majeures du musée. Majeur également, ce très beau tableau du Pérugin, *Saint Jean l'Évangéliste et saint Augustin. San Diego de Alcalá de Henares en extase devant la Croix* de Murillo, beaux reliefs de Nicolas Bachelier. C'est ici qu'ont lieu également les concerts d'orgue sur une copie d'un modèle du XVIIe s.
- ***Le petit cloître :*** construit en 1626, style Renaissance.
- ***La salle de sculpture romane :*** dans un bâtiment du XIXe s inspiré par Viollet-le-Duc. On dit souvent que Toulouse a été la capitale du « vandalisme immobilier » au XIXe s. Mais les chapiteaux de trois cloîtres romans aujourd'hui disparus (cloître de la Daurade, de Saint-Étienne et de Saint-Sernin) ont été récupérés. Ils sont présentés ici, sur des dizaines de colonnes orange et bleue, selon une superbe scénographie conçue par l'artiste contemporain Jorge Pardo. La présentation chronologique permet de deviner l'évolution des styles, avec des sculptures de plus en plus audacieuses et un relief de plus en plus affirmé. Certains sont de véritables bandes dessinées. On pourrait passer des heures à scruter les moindres détails ! Parmi les chapiteaux les plus remarquables, chercher *Le Jugement dernier* (où les morts se lèvent), *L'Incrédulité de saint Thomas* (avec un fond gaufré) et *Le Roi David et ses musiciens*. Dans le bas-relief *Le Signe du Lion et le Signe du Bélier,* on s'aperçoit que les personnages ne portent qu'une seule chaussure : le côté sans pompe, c'est l'état naturel, celui avec, c'est la civilisation.
- ***La salle d'épigraphie médiévale :*** inscriptions gravées sur pierre, datant pour la plupart du Moyen Âge.
- ***Le 1er étage :*** accès par l'escalier Darcy-Viollet-le-Duc au pied duquel sont exposées des sculptures de Falguière (XIXe s). Sensuelle (voire érotique) réalisation de Thivier, *Le Cauchemar* (en bas de l'escalier). Le *salon rouge* et les salles attenantes présentent une exposition de peintures du XVIe au XIXe s. Concernant ce dernier siècle, tous les courants sont déclinés : néoclassique, romantique, orientaliste, impressionniste... Citons quelques toiles (dont certaines monumentales) des écoles italienne, française et nordique : imposant *Sultan du Maroc* de Delacroix, *Entrée de Mehmet II à Constantinople* de Benjamin Constant, *Jeune fille dans le parc* de Berthe Morisot, splendide *Première Communion* de Toulouse-Lautrec. Également quelques œuvres de peintres toulousains : Crozat, Subleyras, Rivalz, Chalette...

La place Saint-Georges *(plan centre détachable, E3)* **:** l'une des places les plus célèbres de Toulouse par son histoire depuis l'époque médiévale et lieu des exécutions capitales. Sur le plan architectural, façade néoclassique du XVIIIe s, et quelques vestiges de maison à pans de bois. Les grands arbres et les terrasses de cafés contribuent à lui donner une atmosphère conviviale. Mais cette place ne fut pas toujours aussi pacifique. Toulouse était même réputée pour être « l'un des parlements les plus

REPORTAGE SUR LE VIF

On conserve des témoignages précis des supplices appliqués aux criminels au XVIIIe s. Ainsi, pour Calas, un protestant accusé de meurtre, sans preuve : « [...] on le plaça sur une roue et on lui rompit les articulations avec une masse, ce qui provoquait à n'en pas douter force œdèmes et souffrances terribles. Calas ne mourant pas, le bourreau finit par l'achever, par pitié. » Voltaire se battit pour sa réhabilitation, 3 ans plus tard, en 1765. Mais Calas avait déjà été torturé et tué.

sanguinaires de France » (voir encadré). Au centre de la place, une petite plaque rappelle le supplice de Calas et affirme qu'il tua son fils qui voulait se convertir au catholicisme, ce qui ne fut jamais prouvé. Ce qu'on sait en revanche, c'est le côté intégriste du jugement des capitouls et des parlementaires.

L'église Saint-Jérôme *(plan centre détachable, E3)* **:** *rue du Lieutenant-Colonel-Pélissier, à côté du nº 2, près de l'angle avec la rue d'Alsace-Lorraine. Lun-sam 8h-19h ; dim 8h-12h, 17h-19h.*
Une église insolite, assez méconnue. Et c'est vrai qu'elle est particulièrement discrète. Pourtant, l'intérieur est étonnant. Il associe le rond et l'ovale. Elle fut la chapelle des Pénitents bleus, une confrérie laïque qui vit le jour ici, au moment du protestantisme, pour tenter de racheter les fautes des protestants. Ses membres étaient des anonymes vêtus d'un « sac », sorte de grande tunique et d'une cagoule pointue (ça rappelle de vilaines choses !). Le bâtiment qui forme le flanc de l'église constituait les vestiaires où se changeaient les Pénitents bleus.
Curieux portail baroque avec une Vierge en majesté.
L'intérieur est essentiellement du XVIIIe s, décoré un peu à la manière d'un théâtre avec beaucoup de bas-reliefs en stuc et de nombreux balcons où la noblesse prenait place. Atmosphère particulière, organisation tout en rondeurs, un peu à la manière d'un sablier (nef ovale et chœur rond avec un étranglement entre les deux). Chaire baroque. Décor de pilastres qui encadrent des trophées et des scènes religieuses en bas-relief. À droite en entrant, petit autel dédié à sainte Rita, la patronne des causes désespérées.

Le couvent des Jacobins *(plan centre détachable, D3)* **:** *pl. des Jacobins. ☎ 05-61-22-23-82 (secrétariat). • jacobins.toulouse.fr • Accès par la rue Lakanal (de laquelle on embrasse une très jolie vue sur le chevet et le clocher). Tlj sf lun 10h-18h.*
Quelques éléments d'histoire tout d'abord, afin de recadrer le couvent et sa construction dans leur contexte. Le chanoine espagnol Dominique de Guzman, de passage à Toulouse, s'y installe et fonde, en 1215, une communauté de religieux : les dominicains. Il s'agit d'un ordre mendiant, mais aussi d'un ordre prêcheur, ce qui explique l'utilisation de la brique (matériau simple et pas cher) et l'édification d'une église au volume unique et vaste (pour le partage de la parole). Ce couvent est donc leur première grande construction. Au début du XIIIe s, c'est la montée de l'« hérésie » cathare. Lorsque le pape demande aux dominicains, pédagogues et bons orateurs, de prendre part à la lutte contre le catharisme et à l'Inquisition, il faut alors symboliser la puissance de l'Église. Le premier édifice, charpenté et bas, est gentiment agrandi. On choisit de doubler sa hauteur pour rappeler la force de ce pouvoir. C'est ainsi que ce bijou vit le jour. Le pouvoir, toujours le pouvoir.
– Voici donc cette admirable ***église*** édifiée aux XIIIe et XIVe s, chef-d'œuvre du gothique languedocien, dominée par un clocher de 45 m.
L'édifice se caractérise par son apparence massive à l'extérieur mais légère et aérienne à l'intérieur du vaisseau. On est d'abord frappé par l'élégant rythme des contreforts à gargouilles et des baies longitudinales et dépouillées.
– À l'intérieur, choc émotionnel et esthétique devant la hardiesse de l'architecture, la couleur, le côté imposant et l'unité de l'espace. Un volume unique, séparé en deux par les hautes colonnes entre lesquelles on installait des cloisons de bois : un espace de prière pour les religieux d'un côté, et de l'autre un espace de rencontre avec les fidèles, de prédication. Ici, on distribuait la parole (la bonne évidemment !), pour développer l'explication théologique. Le Toulouse religieux fonctionnait en stéréo : Saint-Sernin pour les pèlerins, les Jacobins pour la doctrine. Dans la double nef divisée par sept colonnes de 28 m de haut, en se plaçant sous le « palmier » de l'abside, on ne se lasse point de ce jaillissement merveilleux des 22 nervures et de croisées d'ogives se reproduisant comme en échos incessants. Notez la position de la table d'autel, curieusement décalée par rapport au centre. Cette position s'explique par le fait qu'elle est à la même place qu'au XIIIe s lorsque l'église était plus petite. Le décor peint (début du XIVe s)

simule le marbre car en fait tout est en brique, sauf les colonnes centrales. Tout en haut, seules les rosaces ont conservé leurs vitraux d'origine. Côté nord, vers le cloître, des couleurs froides (bleu, vert), et côté sud, vers la ville, des couleurs chaudes (rouge, jaune).

Sous le maître-autel se trouve la châsse contenant les reliques de saint Thomas d'Aquin. Le corps du célèbre dominicain, mort en Italie en 1274, fut confié à la communauté de Toulouse par le pape parce qu'elle était la communauté fondatrice de l'ordre.

Cet ensemble superbe revient de loin. Confisqué à la Révolution, il est transformé en caserne d'artillerie sous Napoléon. Prosper Mérimée, inspecteur général des Monuments historiques, y découvre, lors d'une visite, 500 chevaux et constate qu'on a même cassé deux ailes du cloître pour agrandir les lieux. Lorsque l'armée abandonne les Jacobins, une restauration (dont la première tranche fut achevée en 1974) lui rend sa splendeur. On a retrouvé des colonnes et des chapiteaux du cloître éparpillés dans tout le département, et le déblaiement explique pourquoi l'église est plus basse que la route. Tiens, un petit détail insolite : à côté de l'autel, sur les piédestaux des colonnes (cette partie s'appelle le « tore »), des sculptures minuscules. Lors de la restauration, dans les années 1970, un sculpteur génial prit l'initiative de laisser libre cours à son imagination. Il sculpta une souris, un moine, des feuillages... en miniature. C'était tellement en accord avec l'esprit de l'époque que les Monuments historiques décidèrent de les conserver.

– Petite porte donnant accès au beau ***cloître*** *(entrée : 4 € ; gratuit moins de 18 ans, étudiants et pour ts le 1er dim du mois).* Harmonieux ensemble d'arcades de brique sur colonnettes géminées de marbre gris. C'est autour de ces galeries que s'organisait la vie conventuelle : on trouvait autour le réfectoire, la salle de travail, la salle capitulaire, la sacristie, la cuisine et les dortoirs à l'étage. Sur le sol des galeries, nombreuses dalles funéraires. Un portail à six profondes voussures et deux grandes baies s'ouvrent sur la salle capitulaire. Voûtes reposant uniquement sur deux fines colonnes de marbre. Pendant les mois d'été s'y déroulent des concerts de musique ainsi que le festival Piano aux Jacobins, en septembre. Cadre hors pair pour une telle manifestation et excellente acoustique (ne pas oublier de réserver à l'office de tourisme si l'on veut avoir de la place).

– Du jardin, l'ensemble buis, cyprès, cloître, vaisseau de l'église compose la plus belle vision qui soit. C'est de là que le fin clocher octogonal de l'église, avec ses arcs en mitre et en contre-plongée, se révèle le plus photogénique.

– La petite ***chapelle Saint-Antonin*** présente un beau décor de peintures à la détrempe du XIVe s. Scènes de la vie de saint Antonin, martyr de Pamiers. Au plafond, les 24 vieillards de l'Apocalypse autour du Christ dans une mandorle. Sublime ! Vitraux des années 1970, à fleur de lys rappelant le symbole de la virginité de Marie (à qui les dominicains étaient très dévoués). Pour l'anecdote, pendant l'occupation militaire, ce fut l'infirmerie des chevaux : malheureusement, l'urine des animaux et les vapeurs d'ammoniaque endommagèrent les parties basses des fresques.

– Enfin, le ***réfectoire*** conventuel, immense salle de 60 m de long et 17 m de haut, accueille parfois des expositions temporaires, à caractère historique et patrimonial *(parfois payantes ; le billet donne alors également accès au cloître).*

L'hôtel de Bernuy *(plan centre détachable, D3)* **:** *rue Gambetta, face au nº 20. Accessible slt avec les visites guidées de l'office de tourisme.*

Un des plus beaux hôtels Renaissance de Toulouse (à la façade malheureusement mal mise en valeur). Édifié par Jean de Bernuy, juif espagnol chassé par l'Inquisition. Ayant fait fortune dans le commerce du pastel, il put, entre autres, se porter caution pour l'énorme rançon exigée pour la libération de François Ier, prisonnier de Charles Quint. Bernuy rendit d'ailleurs visite à François Ier en 1533. Aujourd'hui, l'édifice fait partie du lycée Fermat (cour et parties extérieures accessibles au public), un hôtel particulier du XVIe s. Portail entre les styles gothique et Renaissance : arc en cloche, pinacles, fenêtres à meneaux, soleil central et chérubins.

À l'intérieur, on ne visite que les deux cours. Première cour de style Renaissance italienne, avec tout l'attirail classique : loggia ouverte, colonnes à candélabres, voûtes à caissons, fenêtres à meneaux... La pierre domine et efface la brique, signe de richesse du marchand qui a réussi à s'anoblir en devenant capitoul. Galeries et voûtes richement sculptées. Dans la deuxième cour, intéressante tour d'escalier octogonale, agrémentée d'une seconde tourelle d'angle sur trompe, sorte de tour de prestige qui ne servait à rien.

Autour de la rue Saint-Rome *(plan centre détachable, E3)*

Avec les rues des Changes, des Filatiers et du Pharaon qui lui succèdent, c'est le *cardo,* l'ancien axe nord-sud romain qui reliait les anciennes portes romaines du Capitole et de la place du Salin, qui réapparaît. C'est au Moyen Âge qu'il devint ce qu'on appela la Grand-Rue, principale voie commerçante de la ville.
Aujourd'hui, la rue Saint-Rome est toujours une rue piétonne, très commerçante, bordée de nombreuses demeures anciennes remarquables et d'innombrables boutiques. À éviter le samedi après-midi, si la foule vous oppresse... Dans cette rue et les rues perpendiculaires, vous remarquerez que certaines plaques sont jaunes et d'autres blanches. Cette codification chromatique était destinée aux illettrés qui pouvaient ainsi se repérer, car la couleur leur indiquait si la rue était parallèle ou perpendiculaire à la Garonne.
La rue Saint-Rome était la rue la plus large de la ville jusqu'en 1870, date à laquelle on perça la grande artère qui transforma l'urbanisme toulousain. Toutes les rues de ce quartier ont été frappées d'alignement au XIXe s et beaucoup furent transformées. La rue Saint-Rome conserve tout de même de beaux restes. Au n° 39, pénétrer dans le couloir, grimper l'escalier et gagner la terrasse du resto *Les Terrasses de Saint-Rome.* Un mur présente un beau décor Renaissance avec masques à l'antique sous les fenêtres et pilastres. Il appartenait à un médecin astrologue, médecin de Catherine de Médicis, qui trouva un bon remède pour échapper à la peste : « Partir loin, courir vite et revenir bien tard. »
– ***La place Salengro :*** une petite place à fontaine, percée au XIXe s. Façade de brique, lambrequins. Jean Jaurès habitait au n° 20.
– ***La place des Puits-Clos :*** charmante placette avec, dans un angle, les colonnes d'un retable réemployées ici.
– ***L'hôtel de Séguy :*** *4, rue Jules-Chalande.* Maison de capitoul du milieu du XVIe s. Décor gothique avec arc en accolades et sol de galets.
– ***L'hôtel Dumay :*** *7, rue du May.* C'est désormais le musée du Vieux Toulouse (voir plus bas). La cour date du XVIe s : sol de galets, tout dans le style Renaissance, avec sa tour et sa tourelle d'escalier, son décor de marbre sous les fenêtres, sa loggia à colonnettes en pointe de diamant.
– ***La rue Saint-Rome :*** au n° 7, maison superbe à pans de bois, dont la poutre maîtresse ploie sous le poids du temps. Toulouse fut bien évidemment une ville en bois avant d'être de brique. Après le grand incendie de 1463, qui dura 12 jours et au cours duquel la moitié de la ville fut rasée, les capitouls réglementèrent l'utilisation des pans de bois dans la construction et favorisèrent la généralisation de la brique.
– Juste à côté, la rue Bedelières, une des plus étroites de la ville. Au n° 3, à l'angle de la rue Tripière, l'***hôtel de Comère,*** qui date du XVIIe s. Superbe porte ouvragée et larges fenêtres à meneaux ornementées. Arc de boutiques sur pointe de diamant. Cet édifice appartint à Pierre de Comère, un riche marchand du XVIIe s.

Le musée du Vieux Toulouse (plan centre détachable, E3) **:** *dans l'hôtel Dumay, au 7, rue du May (certains y verront un rapprochement... à juste titre !), petite rue donnant dans la rue Saint-Rome.* ☎ *05-62-27-11-50.* • *toulousainsdetoulouse.fr* • *De mi-avr à début nov, tlj sf dim et j. fériés 14h-18h. Entrée : 4 € ; réduc ; gratuit* *moins de 10 ans. Visite guidée mer et ven à 15h (sans supplément).* Dans un bel hôtel particulier des XVIe et XVIIe s, voici un tout petit musée, aussi sympathique que sans prétention. Découvrez les souvenirs émouvants liés au passé de la ville : belles collections de faïences toulousaines des XVIIIe et XIXe s, évocation de la vie populaire autour de 1900, différents costumes dont un uniforme de garde d'honneur spécialement confectionné pour la venue de Napoléon à Toulouse en 1808, céramique populaire et documents divers (estampes, etc.). Également d'intéressantes peintures dont de pittoresques paysages urbains aujourd'hui disparus (comme la Garonnette, bras de la Garonne comblé au XXe s). Noter le tableau de Casimir Destrem, un peintre toulousain, qui représente Jean Calas aux côtés de son fils mort, et accusé du meurtre par le capitoul David de Beaudrigue. Dans un registre plus léger, amusantes peintures naïves de Marius Cazeneuve, un toulousain prestidigitateur et véritable routard avant l'heure, qui se met en scène, prisonnier des indiens d'Amérique, pénétrant dans la cité de Tombouctou... Expo temporaires.

La rue Tripière : au n° 9, on pénètre dans une ravissante cour. Le portail est baroque, avec un fronton interrompu, réalisé entièrement en brique. Cour charmante où la verdure se mêle au rouge de la brique.
Au n° 14, *maison du XVIe s,* à pans de bois, restaurée par les Compagnons du devoir. Sur la façade, le portrait du père Soubise, un des pères fondateurs du compagnonnage. Au-dessus, le sigle UVGT signifie « Union, valeur, gloire et travail ». Tout un programme ! À l'intérieur, *musée des Compagnons (☎ 05-62-47-41-77 ; • compagnons.org • ; slt mer et 1er dim du mois 14h-17h ; fermé en août ; GRATUIT).*
Au n° 12, noter les petits lapins sur la façade, en hommage aux petits compagnons, des gamins qui servaient de coursiers et qui cavalaient dans les rues de la ville, comme de véritables lapereaux.

Le carrefour des rues **Saint-Rome, des Changes, Peyras** et **des Temponières** (fabricants de chausses) était l'épicentre du quartier médiéval ***tour de Sarta*** (capitoul du XVIe s) qu'on peut observer quand on prend du recul dans la rue des Changes. Intéressante maison à pans de bois également.
– ***L'hôtel d'Astorg :*** *16, rue des Changes.* Maison d'un marchand capitoul. Façade avec deux arcs de boutiques en bas et des fenêtres à pilastres dans les étages. Tout en haut, des mirandes (ouvertures à la base des toits qui servaient pour l'aération). À l'intérieur, au fond de la courette (fermée le dimanche en général), vous découvrirez deux beaux escaliers en vis-à-vis, en bois, du XVIe s. Madrier d'angle suspendu et taillé dans un seul arbre. Balcon à balustres de la même époque.
– ***L'hôtel de Boscredon :*** *à l'angle des rues des Changes et Malcousinat.* Intéressante maison à pans de bois de 1504.
– ***L'hôtel de Boysson :*** *11, rue Malcousinat.* Dans la première cour, la classique tour-escalier. Belles fenêtres à meneaux, dont une avec cariatides. Dans la seconde cour, là aussi, haute fenêtre ouvragée de style gothique fleuri. Culots sculptés en feuilles de chou ou personnages fantastiques. Petit puits d'angle. C'est aujourd'hui l'*Ostal d'Occitania* (maison de l'Occitanie) qui abrite, entre autres, les locaux de l'Institut d'études occitanes, d'OC-TV (chaîne de télévision occitane diffusée sur Internet) et de la Fédération régionale des Calandretas (écoles bilingues).

L'hôtel d'Assézat et la Fondation Bemberg *(plan centre détachable, D3-4) : pl. d'Assézat (et rue de l'Écharpe). ☎ 05-61-12-06-89. • fondation-bemberg.fr • ♿ Tlj sf lun 10h-12h30, 13h30-18h (20h30 jeu). Entrée : 8 € ; réduc (notamment sur présentation de ce guide pour 2 pers max) ; gratuit moins de 8 ans. Visite commentée tlj à 15h30 (supplément de 2 €). Sept-juin, conférences sur l'histoire de l'art sam à 10h30 (durée 1h30). Prix de ttes les visites : 10 € (comprenant*

À VOIR

l'entrée du musée). Expo temporaire (juin-sept) : 5 € ; réduc. Billet groupé : 12 € ; réduc. Resto-salon de thé sous la loggia, ouv mai-oct, tlj sf lun 10h-17h.

– ***L'édifice :*** peut-être le plus bel hôtel de l'époque du pastel, daté de 1555-1557, et aujourd'hui un musée fort intéressant. Son propriétaire, Pierre d'Assézat, ne put l'achever à cause, entre autres, de l'effondrement du commerce du pastel. Possibilité de pénétrer dans la cour sans visiter la Fondation Bemberg. De style Renaissance classique, équilibré et harmonieux. Ses trois étages sont rythmés de colonnettes de styles dorique, ionique et corinthien. Tour de capitoul, loggia à l'italienne et superbe coursière sur anse de panier, portée par des consoles richement sculptées. Très beau plafond à caissons à la française.

Bemberg était un héritier argentin dont la famille fit fortune dans le chemin de fer, la banque et l'immobilier. Au fil des ans, il réunit une exceptionnelle collection privée, aujourd'hui exposée dans ce superbe lieu.

– ***Au 1er étage :*** consacré à la peinture, la sculpture et aux objets d'art des XVIe au XVIIIe s. Les œuvres sont présentées selon un ordre chronologique décroissant. À noter que, pour rejoindre la salle n° 2, il faut impérativement passer par la salle n° 5. Dans la ***salle n° 1,*** pièces et mobilier principalement du XVIIIe s vénitien (à noter par exemple une copie d'un lustre de Murano du XVIIIe s) s'accordent remarquablement bien aux œuvres du XVIe au XVIIIe s exposées : évocations de Venise par Canaletto ou Guardi *(Vue de la Punta della Dogana)* ; notez aussi ces amusants angelots en trompe l'œil de l'école de Witt. Dans la salle n° 5, bel ensemble de majoliques (faïences) du XVIe s et peintures flamandes du XVIIe s (œuvres d'Isenbrandt, de Pieter de Hooch, de Breughel le Jeune...). ***Salles nos 2-4 :*** peinture flamande des XVII-XVIIIe s, peinture française du XVIIIe s, reliure française du XVIe s, mobilier XVIIIe s et arts décoratifs. ***Salle n° 6,*** longue galerie de portraits : *Charles IX* par François Clouet, *Jeune Femme à la bague* de Benson, très beaux Cranach, peintre allemand du XVIe s, avec l'admirable *Portrait de Sybille de Clève, Vénus et Cupidon, Hercule à la cour d'Omphale.* Et encore *Vierge à l'Enfant* de Gérard David, superbes bronzes, dont un *Mars* de Jean de Bologne. Dans la salle de la coursière (salle n° 7), signalons quelques toiles de Titien et de Véronèse. Une magnifique *Présentation au Temple* du Tintoret. Sans oublier *Le Portrait du jeune homme* de Véronèse, une des toiles phares de la fondation. Excusez du peu.

– ***Au 2e étage :*** peinture française de la fin du XIXe s jusqu'en 1930 (impressionnisme, pointillisme, fauvisme...). La visite commence ***salle n° 8,*** avec les pointillistes. Vuillard y tient une belle place, avec de très belles toiles : *Le Couple, Nu aux bras levés...* De Le Sidaner, *La Table de la mer,* et de Paul Signac, un remarquable *Clocher de Saint-Tropez.* ***Salle n° 9,*** des Fantin Latour, *Portrait de l'artiste, La Chaise à la fenêtre* ; sans oublier *L'Enlèvement de Ganymède,* d'Odilon Redon et le *Théâtre en plein air,* d'Albert Marquet. La ***salle n° 10*** est consacrée aux fauves : *Vue d'Antibes,* de Matisse, et quelques toiles de Vlaminck *(Nature morte aux poissons)* ; émouvant autoportrait de Sarah Bernhardt. Plusieurs Dufy *(Chevaux de cirque). Sur le boulevard,* de Louis Valtat. La ***salle n° 11*** est consacrée aux impressionnistes. De Boudin, *Les Crinolines à la plage,* sûrement l'une de ses plus belles marines. Monet présente *Bateaux sur la plage d'Étretat,* tandis qu'Alfred Sisley répond avec *Le Canal du Loing.* Degas est là avec un superbe *Arlequin jaune,* Renoir avec *Portrait de jeune fille.* La ***salle n° 12*** est transformée en cabinet de dessins signés Toulouse-Lautrec, Rouault ou Cézanne, mais aussi Gauguin avec *La Tahitienne* ou Modigliani avec le *Portrait de Paul Guillaume.* Sans oublier *Femme à la coiffeuse,* de Degas, et sa belle *Danseuse rajustant son*

MANIAQUERIE

Pierre Bonnard était ultra perfectionniste. Il se baladait dans les musées, observant ses œuvres accrochées aux murs. À la moindre imperfection, il sortait ses pinceaux pour quelques retouches. On imagine assez bien les foudres des gardiens !

épaulette. La ***salle n° 13*** est entièrement dédiée à Bonnard, peintre de prédilection de Georges Bemberg. Une concentration étonnante de plus de 30 toiles : beaucoup de scènes de la vie urbaine, dont *L'Omnibus, Concert Lamoureux, Femme au peignoir rouge, Le Moulin Rouge, Les Pêcheurs,* ainsi qu'un très beau nu et quelques chefs-d'œuvre comme *Iris et Lilas* ; et puis ces admirables autoportraits, dont le dernier qu'il a peint en 1945 après la mort de sa femme, où il fait le constat d'une fin de vie (regard creux, visage triste...). La pièce est rythmée par quelques remarquables bronzes de Rodin et de Roger de La Fresnaye.
– Le musée propose des cours d'histoire de l'art, ainsi que de remarquables expos temporaires dans les anciennes cuisines situées au sous-sol.

LE CENTRE ANCIEN : CIRCUIT SUD

On va pouvoir explorer ici tout le secteur au sud de la trouée haussmannienne de la rue de Metz. Trois itinéraires, en fait, s'offrent aux promeneurs.

Au sud de la place Esquirol
(plan centre détachable, E3-4)

Ce premier itinéraire suit grosso modo l'axe de l'ancien *cardo* (rues Saint-Rome, des Changes, des Filatiers et du Pharaon) pour nous conduire jusqu'à la place du Salin. Après la place Esquirol, on pénètre dans ce qui était au Moyen Âge le quartier populaire de Toulouse. La plupart des noms de rues rendent d'ailleurs hommage aux différents corps d'artisans qui travaillaient là : rue des Couteliers, rue des Polinaires (polisseurs de métaux), rue des Filatiers, etc. De nombreuses habitations conservent encore l'organisation des maisons marchandes de l'époque ; une façade étroite avec arcade de boutique et une petite porte sur le côté qui donne accès à un long couloir menant à une cour intérieure.

Au bord de la ***place de la Trinité*** *(plan centre détachable, E3-4),* on remarquera la maison Lamothe de 1830 (au n° 57) avec sa belle façade de style néo-Renaissance, à l'arrière de la spectaculaire fontaine aux belles sirènes ailées portant une grande vasque de marbre. Entre les n°s 8 et 10, la demeure au bow-window du début du XXe s, réalisé par le maître verrier Gesta, qui a laissé de nombreuses signatures à Toulouse (à voir de préférence la nuit, car les motifs floraux caractéristiques de l'Art nouveau sont joliment mis en lumière). Quelques terrasses de cafés où l'on peut se poser, à l'abri de la circulation.

À VOIR

Rue très commerçante, la ***rue des Filatiers*** mène à la place des Carmes. Comme son nom l'indique, c'était au Moyen Âge la rue des artisans spécialisés dans la fabrication et la vente des textiles.
Au n° 50 se dresse la maison familiale de Jean Calas où fut retrouvé le cadavre de son fils le 13 octobre 1761 (en principe, ouverte pour les Journées du patrimoine). Jean Calas fut accusé d'avoir assassiné son fils pour l'empêcher de se convertir à la religion catholique. Une odieuse campagne de calomnies et d'intolérance au parlement de Toulouse provoqua sa condamnation. Voltaire fit pression contre l'exécution de Jean Calas. Trois ans plus tard, ce dernier fut réhabilité...
Au hasard de la rue, on ne manquera pas d'admirer les façades à colombages (en grille ou en croix de Saint-André) datant de la fin du XVe s et du début du XVIe s.

Arrivé sur la ***place des Carmes*** *(plan centre détachable, E4),* pourquoi ne pas grimper au 7e et dernier niveau de l'inesthétique parking des Carmes pour avoir une vue panoramique sur les toits de la Ville Rose ?

La rue de la Dalbade *(plan centre détachable, D-E4)* **:** elle devint à partir du XVe s le quartier de la noblesse de robe. Petite explication : en 1442, le quartier fut

ravagé par un grand incendie. Après la création du parlement sur la place du Salin 2 ans plus tard, les parlementaires y achetèrent de nombreuses parcelles ; la rue vit fleurir alors moult hôtels particuliers au cours du XVIe s.
– Au nº 32, l'***hôtel des Chevaliers de Saint-Jean-de-Jérusalem*** (ou chevaliers de l'ordre de Malte, qui se devaient d'accueillir les pèlerins sur la route de Saint-Jacques-de-Compostelle) avec sa façade du XVIIe s et ses jolies merlettes.
– Au nº 22, l'***hôtel Molinier*** avec son portail sculpté de style très exubérant.
– Au nº 25, l'***hôtel de Clary*** (l'« hôtel de pierre ») est l'édifice le plus prestigieux de la rue, encore habité par des veinards. Il connut trois périodes de construction. Au XVIIe s, Clary, président du parlement de Toulouse, fit édifier la monumentale façade sur la rue. C'est la première fois qu'on utilisa ainsi la pierre en ville, qui demeure rare. On remarquera surtout ses personnages aux jambes engainées (motifs décoratifs en vogue à l'époque). Comme Clary supervisait aussi les travaux du Pont-Neuf et que ceux-ci s'éternisaient, une rumeur éclata, l'accusant de voler les matériaux destinés au pont. Un dicton fit d'ailleurs fureur à l'époque : « Il y a plus de pierres du pont à l'hôtel de pierre que de pierres au pont ! » Enfin, Calvet-Besson, un pharmacien parvenu, acheva au XIXe s le décor très abondant de la façade sur rue.

L'église Notre-Dame-de-la-Dalbade *(plan centre détachable, D-E4)* **:** *à l'intersection des rues de la Dalbade et des Couteliers.* Elle doit son nom à *Sancta Maria de Albata* (sainte Marie la Blanche), tout simplement, car au Moyen Âge ses murs étaient badigeonnés à la chaux. Détruite par l'incendie de 1442, elle fut reconstruite aux XVe et XVIe s. Caractéristique du gothique méridional avec sa nef unique, sans transept, ses murs imposants, sa voûte de style gothique flamboyant. Flèche abattue à la Révolution sous prétexte d'« égalité des hauteurs », reconstruite un siècle plus tard, à 84 m, avec des matériaux de faible qualité. Résultat : tout s'effondra sur la nef en 1926. Nouvelle reconstruction. Dans la cinquième chapelle sur la gauche, iconographie assez rare de saint Pierre marchant sur les eaux (on le connaît effectivement plus à l'aise sur le mont des Oliviers...). Dans la première chapelle sur la droite, remarquer le Christ miraculeux du Salin (XVe s) qui se trouvait à l'origine sur la place du Salin, face au parlement. Les attroupements répétés des Toulousains, venus vénérer leur sauveur avant chaque procès, finirent par agacer plus d'un parlementaire. On donna alors l'ordre de le déplacer dans la petite chapelle extérieure située à droite de l'entrée de l'église. Ce n'est qu'après la Révolution qu'il trouva refuge au sein de l'église. Sous le grand orgue, superbes caissons avec clés pendantes de style mudéjar (style musulman espagnol). À l'extérieur, intéressant portail Renaissance, avec céramique ajoutée au XIXe s dans le tympan, reproduisant un tableau de Fra Angelico *(Le Couronnement de la Vierge).*

À VOIR

L'Institut catholique *(plan centre détachable, D-E4)* **:** *31, rue de la Fonderie.* Ancien couvent du XIVe s désaffecté à la Révolution et utilisé comme fonderie de canons à partir de 1793 ; il fallait bien armer les troupes françaises pour mener combat contre les Espagnols.
– Au milieu de la cour intérieure, le passage des Trinqueballes mène à l'***espace muséographique Georges-Baccrabère*** *(visite guidée slt organisée par l'office de tourisme).* Petit musée archéologique organisé autour de quatre thèmes : Antiquité et Moyen Âge, fonderie, traditions et arts populaires.

La place du Salin *(plan centre détachable, E4)* **:** sur cette petite place ombragée se dressait le château Narbonnais, la résidence des comtes de Toulouse. Il n'en reste rien. En 1444, on y construisit le parlement. Aujourd'hui, c'est le tribunal de grande instance, fortement transformé au XVIIe s, puis tout récemment pour la partie arrière *(possibilité de visite guidée de la crypte archéologique ; rens à l'office de tourisme).* Face au tribunal, l'ancienne trésorerie royale, créée en 1271. C'est sur la place du Parlement que se tient également le célèbre marché au gras.

À proximité de la place du Salin, deux petites haltes intéressantes.

– ***La maison Seilhan*** *(plan d'ensemble détachable, E5)* **:** *7, pl. du Parlement. ☎ 05-61-32-83-27. • seilhan.org • Mar-mer et sam 14h-18h. GRATUIT.* C'est ici que fut fondé l'ordre des Dominicains, avant que ces derniers n'installent leurs pénates dans le couvent des Jacobins. Oratoire de Saint-Dominique avec plafond du XVIIe s et mobilier de Henri-Dominique Lacordaire (il restaura l'ordre des Dominicains en France au XIXe s). Dans l'ancienne chapelle de l'Inquisition transformée en auditorium, 15 caissons du XVIIe s peints par Balthazar-Thomas Moncornet évoquent la vie de saint Dominique. À l'entrée de la maison, sur la gauche, vestige de l'ancien rempart gallo-romain.

– Au no 16 de la ***Grande-Rue-Nazareth*** *(plan centre détachable, E4)*, la demeure où habitait la Belle Paule (Paule de Viguier de son vrai nom), surnommée ainsi par François Ier, qui fut littéralement subjugué par sa beauté. Fini alors l'anonymat et la tranquillité, puisqu'elle devait se présenter deux fois par semaine à son balcon (ordre des capitouls !) pour le plus grand enchantement des Toulousains. Sa beauté légendaire (à vous de voir...) est immortalisée sur l'une des peintures de la salle des Illustres au Capitole.

BACH MET LA GOMME !

Depuis la place du Salin, on peut rejoindre la rue des Fleurs. Aussitôt, l'église Saint-Jésus pointe le bout de son clocher. Elle est l'œuvre de l'architecte Bach. Un drôle de monsieur qui ne demandait aucune rémunération pour ses travaux, ou alors seulement le prix d'une gomme !

Au sud de la cathédrale Saint-Étienne *(plan centre détachable, E-F4)*

Au sud de la cathédrale s'étend un quartier très agréable où l'architecture présente une harmonieuse homogénéité. C'est un treillis de ruelles étroites et calmes, jalonnées de ravissantes demeures aux hautes façades, de nombreuses boutiques d'antiquaires qui donnent un côté « chicos » au quartier. On y découvre de nombreux hôtels particuliers « entre cours et jardins » construits entre le XVIe et le XVIIIe s par des parlementaires qui avaient établi ici leur quartier de prédilection. N'hésitez pas à vous perdre au hasard des rues, y compris la nuit. Les rues se chargent alors d'un parfum mystérieux, pour peu qu'un chat noir vous emboîte le pas... Les hôtels particuliers sont encore habités et on peut pénétrer à l'intérieur des cours, mais en toute discrétion, bien sûr. On vous conseille plutôt de faire la balade en semaine. Le dimanche, de nombreuses portes restent closes. À noter que l'office de tourisme propose une visite de ce quartier intégrant la découverte d'hôtels particuliers.

Sur la ***place Saint-Étienne*** *(plan centre détachable, E4)*, l'une des plus anciennes de Toulouse, trône le *Griffoul*, fontaine publique datant de 1546. Au no 8, l'*hôtel de Froidour* (du XVIIe s). Au no 4, l'*hôtel Cambon*, où habitait la famille Castelbajac avec leur fille Léontine, que Chateaubriand appelle l'Occitanienne dans ses *Mémoires d'outre-tombe*. La préfecture, à

UNE SOURCE DE DIFFÉRENDS

À l'origine, les gentils marmousets en bronze qui entourent la fontaine de la place Saint-Étienne étaient dotés d'un modeste appendice anatomique par lequel s'écoulait l'eau. Il s'agissait en fait de véritables petits Manneken-Pis. Seulement voilà, au XVIIe s, les mœurs se raidirent, et cette miction publique n'était plus du goût de tout le monde. On dut alors ajouter des petits dauphins, qu'ils tiennent dans la main, et par lesquels s'écoule désormais l'eau. Bien plus consensuel !

À VOIR

droite de l'entrée principale de la cathédrale, occupe quant à elle un ancien hôtel particulier construit en 1693 par l'archevêque Colbert (cousin du ministre).

La cathédrale Saint-Étienne (*plan centre détachable, E-F4*) : *pl. Saint-Étienne. On vous conseille de la visiter le mat, la lumière filtrée par les vitraux est beaucoup plus belle.*

Elle connut trois phases de construction, ce qui lui donne aujourd'hui une architecture singulière. Au XIIe s, édification d'une première église romane (quelques vestiges à la base du clocher) et d'un cloître, aujourd'hui disparu (très beaux chapiteaux au musée des Augustins). Au XIIIe s, extension de l'édifice avec la réalisation d'une nef unique dans un style gothique méridional. Mais le traité de Paris signé en 1229 stipulait que si Jeanne de Toulouse (fille de Raymond VII, comte de Toulouse), mariée à Alphonse de Poitiers (frère de Saint Louis), n'avait pas d'enfant, le comté de Toulouse serait rattaché au domaine de France. Le couple décède en 1271. Point de progéniture ! C'est alors qu'à partir de la fin du XIIIe s le style gothique français du Nord va s'imposer (il était effectivement de bon ton de témoigner de sa fidélité aux nouvelles instances de tutelle). Mais l'accouchement fut on ne peut plus laborieux ; la réduction en surface du diocèse, le manque d'argent, quelques incendies réduisirent considérablement les ambitions des constructeurs. Résultat : les travaux durèrent jusqu'au début du XVIIe s, et c'est aujourd'hui l'une des églises les plus hybrides qu'on connaisse, ce qui contribue aussi certainement à son charme.

D'abord, deux nefs complètement décalées : celle de l'église primitive (qui devait être démolie) et, décrochée sur la gauche, celle de la cathédrale proprement dite. À la jonction des deux nefs, une énorme colonne (le *pilier d'Orléans*), une des quatre qui devaient porter le futur transept. C'est là que repose Pierre-Paul de Riquet, le père du canal du Midi, né à Béziers mais Toulousain d'adoption. La réduction des moyens financiers limita la hauteur de la nouvelle nef à 28 m (au lieu des 40 m projetés). Cependant, tout autour du chœur et de la nef, beau triforium gothique flamboyant. Splendides vitraux du XIVe au XIXe s ; au niveau des plus anciens (3e et 4e chapelles sur la droite), les personnages sont constitués de petits tessons très colorés (bleus et rouges). Au XVIe s, les personnages sont plus grands, l'artiste joue sur les effets de perspective (5e chapelle, déambulatoire nord), alors qu'au XIXe s (5e chapelle, déambulatoire sud) de véritables portraits apparaissent. Dans le déambulatoire nord, remarquer la poignée de porte de la sacristie finement ouvragée et, au-dessus, une curieuse devise encadrée. Autour de l'imposant autel baroque en marbre, retable du XVIIe s représentant la lapidation de saint Étienne et stalles en noyer ornées d'une étrange galerie de personnages sculptés (sirène pulpeuse, sphinx et même un satyre sur la dernière stalle à droite, celle de l'évêque !). Une curiosité : au fond, monumental ***orgue*** du XVIIe s, spectaculairement suspendu au mur et ne reposant que sur une console. Remarquable buffet en noyer et chêne sculpté.

Après la visite de la cathédrale débute, au sud, la balade à la découverte des ***hôtels particuliers*** (*plan centre détachable, E4*). Voici les plus prestigieux.

– ***Place Sainte-Scarbes :*** au n° 6, l'***hôtel Dubourg*** du XVIIe s. Très sobre, bien dans l'esprit de son temps. Du haut du balcon posé sur console, le parlementaire Dubourg aimait à regarder passer ses confrères qui se rendaient en procession du parlement à la place Saint-Étienne.

– ***Rue Ninau :*** nombreux hôtels particuliers dont, au n° 15, celui de ***Jean d'Ulmo.*** Édifié au XVIe s par un haut magistrat, avocat général puis président du parlement de Toulouse qui fut pendu pour corruption. C'est l'un des tout premiers hôtels particuliers de la Renaissance à Toulouse. À l'entrée, élégant escalier à baldaquin de pierre avec éteignoirs pour chandelle. On peut grimper les quelques marches de l'escalier intérieur à l'italienne, éclairé par une fenêtre sur cour et une autre sur jardin. Au sommet, belle voûte sur croisée d'ogives qui permettait de soutenir le bureau de travail de sieur d'Ulmo. Au n° 19, l'***hôtel Castane d'Auriac*** du XVIIIe s avec sa grande cour d'honneur pavée. De part et d'autre, les anciennes écuries.

– ***Rue Neuve :*** vieille ruelle campagnarde. En l'arpentant entre les hauts murs cachant de luxuriants jardins, on est transporté à cent lieues de Toulouse.
– ***Rue Espinasse :*** au n° 1, l'***hôtel de Mansencal*** (XVIe s) aux jolies fenêtres à meneaux. Surprend par l'étroitesse de la parcelle. Tour carrée avec tourelle et base en forme de conque.
– ***Rue Mage*** *(carrièra Màger Dels Afachadors)* **:** adorable, ravissante, présentant une grande variété de styles, portes, fenêtres, balcons en fer forgé, etc. Au n° 16, une demeure avec hautes fenêtres à mascarons (du XVIIIe s), mais qui mériterait un sérieux lifting. Au n° 32, une curiosité assez unique, à ne pas rater ! Ne pas hésiter à pousser la porte. En ce XIXe s frimeur, l'argent est avant tout investi en façade. Pour le reste, on ruse. La preuve ? Admirez au passage le somptueux édifice au fond de la cour. Bon, maintenant allez voir de près. Oh, déception ! Ce n'est qu'une façade banale avec un tout petit décor au milieu (niche et statue). Par un simple effet d'optique de la rue à 30 m, il suffit de ces quelques mètres carrés (s'encadrant bien dans le porche) pour faire croire à la présence d'un bel immeuble sur cour... Les cinéphiles apprendront avec délice que ces deux derniers édifices « jouèrent » un petit rôle dans *Ma saison préférée,* fort joli film d'André Téchiné avec Catherine Deneuve et Daniel Auteuil.

Le musée Paul-Dupuy *(plan centre détachable, E4)* **:** *13, rue de la Pleau. ☎ 05-31-22-95-40. Tlj sf lun et j. fériés 10h-18h. Entrée : 4 € ; visites guidées : 3 € en sus (se renseigner pour les horaires) ; gratuit moins de 18 ans, étudiants et pour ts le 1er dim du mois.*
Comment deviner que se cache dans cette petite rue un si riche musée ? Dans cet hôtel particulier du XVIIe s, vous découvrirez une impressionnante collection de beaux objets d'art décoratif rassemblée en partie par Paul Dupuy, fils de négociant en cornichons du début du XXe s. D'autres proviennent de saisies après la Révolution, de dons et d'acquisitions.
– ***Au rez-de-chaussée :*** superbe « apothicairerie » (en noyer sculpté) des jésuites (XVIIe s). À droite, vase à thériaque en étain de la même époque. Différents objets de mesure.
– ***Au sous-sol :*** nombreuses œuvres et objets d'art religieux et profanes, orfèvrerie, émaux, sculptures, parements d'autel, etc. Remarquer l'olifant avec lequel, selon la légende, Roland aurait appelé Charlemagne depuis le col de Roncevaux. Émaux limousins (avec la châsse de saint Exupère qui contenait les reliques du saint homme), cuve baptismale en plomb du XIIIe s, etc. Belle collection de faïences du XVIIe au XIXe s.
– ***Au 1er étage :*** remarquable collection d'horlogerie ; pendules, montres émaillées, curieuse horloge à huile (le liquide qui brûlait indiquait le temps qui passe), cadrans solaires « de poche », astrolabes, automates (*La Leçon de chant,* conçu par Robert Houdin lui-même, que l'on fait fonctionner, en principe, le premier mercredi de chaque mois à 15h tapantes). Superbe pendule planétaire d'Antide Janvier qui représente le système solaire.
– ***Au 2e étage :*** expositions temporaires autour de collections d'arts décoratifs et d'arts graphiques (dessins, estampes et photographies) liées à l'histoire et à l'art du Languedoc.
– Les passionnés pourront consulter (sur rendez-vous) des dessins et des esquisses (plus de 6 500 !) d'artistes toulousains, languedociens et italiens, soigneusement conservés au ***cabinet des Dessins*** *(☎ 05-61-14-65-57 ; sur rdv).* Environ 100 000 œuvres (estampes du XVe au XXe s, photos, cartes postales, affiches, etc.) également consultables au ***cabinet des Estampes*** *(☎ 05-61-14-65-52 ; sur rdv).*

La rue Ozenne *(plan centre détachable, E4)* **:** son percement, typiquement haussmannien, coupa en deux l'ancien quartier parlementaire et nécessita la liquidation de près d'une dizaine d'hôtels particuliers. Heureusement, il en reste sur les bords quelques morceaux de choix, comme la ***tour pentagonale*** à l'angle de la rue de Nazareth (de 1503). Au n° 9, l'***hôtel Dahus*** (du XVe s). Tour avec splendide porte Renaissance. Linteau richement sculpté de deux lions et une urne funéraire qui rappelle le décès prématuré du fils du propriétaire. Au nº 3, pittoresque vieille pharmacie avec casiers en bois et médaillons peints. Avis aux gourmands, la *Chocolaterie Pillon* se trouve en face.

L'hôtel du Vieux Raisin *(plan centre détachable, E4)* **:** *36, rue du Languedoc.* L'un des plus beaux hôtels particuliers de Toulouse. Construit par un capitoul pétri d'art italien, en 1516. Son jardin fut détruit lors du percement de la rue Ozenne. Tour caractéristique de la Renaissance avec sa superposition de pilastres et de médaillons figurant des personnages mythologiques. À l'intérieur, remarquable escalier à vis. Baies à cariatides, atlantes et termes (statues dont le corps se termine en gaine) sur les façades de la cour.

La rue Croix-Baragnon *(plan centre détachable, E4)* **:** supposée être le *decumanus maximus* (le grand axe est-ouest de la ville romaine), c'était une rue très marchande au Moyen Âge. À l'angle de la rue du Languedoc, l'ancien ***hôtel de Fumel,*** devenu la résidence officielle du président du parlement à partir de 1770. Entièrement réaménagée au XVIIIe s, cette jolie bâtisse héberge aujourd'hui la chambre de commerce et d'industrie de Toulouse. Ne se visite pas. Au nº 15, belle maison dite « romane » qui présente en fait une architecture gothique avec des fenêtres géminées (c'est la seule de ce type à Toulouse !). À l'angle de la rue des Arts, ravissante demeure à colombages du XVIe s. Aux nos 10 et 41, beaux hôtels du XVIIIe s. Détail amusant, ce dernier fut édifié pour la famille Bonfontan. Mais comme les ouvriers ne savaient pas lire (ou faisaient-ils semblant ?), ils ont posé les pierres gravées au nom du propriétaire à l'envers. On imagine que ça en a fait rigoler plus d'un à l'époque.

Vers le canal du Midi et les jardins

La rue Croix-Baragnon nous conduit à nouveau à la place Saint-Étienne. Commence alors le troisième itinéraire qui flirte quelques instants avec les berges du canal du Midi.

La Halle aux Grains *(plan d'ensemble détachable, F4)* **:** *pl. Dupuy.* Aujourd'hui transformée en salle de spectacle. De style que l'on qualifiera de néoclassique tardif (faute de mieux !), elle se caractérise par une jolie forme octogonale, une charpente métallique habillée de brique et de galet de Garonne. Construite au XIXe s, on y vendait les céréales en provenance du Lauragais (au sud de Toulouse) transportées par péniches entières. Sur la place, mémorial dédié à Dupuy, le copain de Bonaparte lors des campagnes d'Italie et d'Égypte.

Le monument aux morts *(plan centre détachable, F4)* **:** *au début des allées François-Verdier.* En forme d'arc de triomphe, ce monument de l'entre-deux-guerres est sculpté sur toutes ses faces. L'une d'elles est une Victoire particulièrement kitsch. Ce haut-relief représente une femme nue, poitrine tombante, qui semble bien fatiguée. Tout le contraire de l'image du fier soldat sculpté d'habitude.

Les allées François-Verdier *(plan centre détachable, F4)* **:** plantées de platanes, elles sont bordées de jolies maisons bourgeoises du XIXe s avec balcons et lambrequins en fonte. Curieusement, les briques crème ou jaune pâle n'ont rien de la couleur traditionnelle toulousaine. Normal ! Il s'agissait d'imiter au mieux l'architecture haussmannienne et les pierres (qui font cruellement défaut à Toulouse), bien plus chic...

Le musée Georges-Labit *(plan d'ensemble détachable, G5)* **:** *17, rue du Japon. ☎ 05-61-53-48-25. À env 300 m de la capitainerie du port, en empruntant la piste cyclable qui longe le canal du Midi. Tlj sf lun et j. fériés 10h-18h. Bibliothèque du musée (☎ 05-61-53-53-43) ouv lun 14h-17h et mar-mer 9h-12h, 14h-17h. Entrée : 4 € ; gratuit moins de 18 ans, étudiants et pour ts le 1er dim du mois. Visite guidée avec un supplément de 3 € ; se renseigner pour les horaires.*

On ne peut qu'avoir un vrai coup de cœur pour cette superbe et curieuse villa de style néomauresque de la fin du XIXe s. De plus, il y règne une atmosphère très zen. Quoi de plus normal pour un musée qui présente de remarquables collections d'art asiatique et égyptien ? Les pièces du Japon et de Chine proviennent de la collection privée de Georges Labit (oui, oui, n'hésitez pas, il faut prononcer le « t » !), qui eut la chance de naître riche dans cette seconde moitié du XIXe s et de passer sa jeunesse à voyager. Les autres sont des dons ou des dépôts du musée Guimet de Paris.
– ***Au rez-de-chaussée :*** importante collection égyptienne (livre des morts en papyrus, barque funéraire, stèles gravées, momie du VIIIe ou VIIe s av. J.-C. et âgée d'une trentaine d'années, sarcophages, amulettes...) et objets religieux tibétains et népalais (ne pas rater l'impressionnant chapelet à têtes de mort !), superbes garnitures d'autels lamaïques, bronzes bouddhiques, jolie conque marine et argent repoussé du XIXe s, etc.
– ***Au 1er étage :*** un panorama des plus complet, sur trois millénaires, de l'art de l'Inde, du Gandhara (Afghanistan et Pakistan), du Cambodge, du Vietnam, de la Thaïlande, et bien entendu du Japon et de la Chine (terres cuites Tang, Song et Yuan, jades, porcelaines)... et on en passe. Ne pas manquer d'admirer les superbes estampes japonaises soigneusement rangées dans des tiroirs (qu'il ne faut donc pas hésiter à ouvrir). Un vrai trésor pour tous les routards, ce musée !

Le musée départemental de la Résistance et de la Déportation *(plan d'ensemble détachable, F5-6)* ***:*** *52, allée des Demoiselles. ☎ 05-61-14-80-40. • musee-resistance.haute-garonne.fr • ♿ Tlj sf w-e et j. fériés 9h-12h, 13h30-17h30. GRATUIT.* À l'entrée, la première salle évoque la lutte clandestine de la Résistance : postes émetteurs, anciennes presses et quelques exemplaires de journaux clandestins. Remarquer la presse de l'imprimerie toulousaine des frères Lion, qui furent dénoncés et dont toute l'équipe fut déportée en camp de concentration. Au 1er étage, expo temporaire. Le 2e étage est consacré à l'histoire de la Seconde Guerre mondiale : de l'avènement du fascisme dans les années 1920 à la Libération, sans oublier l'afflux massif des Espagnols dans la région : près de 350 000 personnes à partir de 1939, parquées par les autorités de l'époque dans des camps d'internement administratifs.
– Pour compléter la visite, on peut faire une halte au ***monument à la gloire de la Résistance,*** situé au bout des allées Frédéric-Mistral *(plan d'ensemble détachable, F5 ; lun-ven 8h30-12h30, 14h-17h ; GRATUIT).* Un genre de bunker souterrain avec diaporama projeté sur les murs de béton.

Le Jardin des plantes *(plan d'ensemble détachable, F5),* ***le Jardin royal*** *(plan centre détachable, F4)* ***et le jardin du Boulingrin*** *(plan centre détachable, F4)* ***:*** c'est le secteur des jardins de Toulouse que les amoureux de la chlorophylle ne manqueront pas. Aménagé au milieu du XVIIIe s par l'urbaniste Louis de Mondran sur la base d'une idée simple : créer un espace agréable pour donner envie aux familles fortunées (qui avaient quelque peu déserté la ville) de s'installer de nouveau à Toulouse, afin de relancer l'activité.
Autour du ***jardin du Boulingrin*** (les boulingrins sont des espaces gazonnés, bordés d'arbustes), appelé aussi « le Grand-Rond », rayonnent d'importantes artères permettant un accès facile au centre-ville. Pour la réalisation de ce grand projet, on dut démolir une partie des anciens remparts qui ceinturaient la ville.
En déambulant dans le ***Jardin des plantes,*** ayez une pensée pour Simon de Montfort, le massacreur des cathares, qui trouva la mort aux alentours en recevant un méchant caillou sur le crâne. On y trouve aussi quelques vestiges archéologiques (entre autres, les anciens portails du Capitole).
Le ***Jardin royal,*** de l'autre côté des allées Jules-Guesde, est bien reposant. Au centre, une statue de Saint-Exupéry avec son Petit Prince. Toulouse se devait bien d'honorer la mémoire de ce grand aviateur et écrivain.
Les allées Frédéric-Mistral accueillent une brocante très courue, le premier week-end de chaque mois.

Le Quai des Savoirs *(plan d'ensemble détachable, E5) : 39, allées Jules-Guesde. ☎ 05-67-73-84-84. • quaidessavoirs.fr • Ⓜ Palais-de-Justice ou Carmes. Bus nos 1, 2, 10 ou 12. Expo : tlj sf lun et certains j. fériés 10h-18h ; Quai des Petits : tlj sf lun pdt les vac scol, plus mer et w-e tte l'année 10h-17h30. Entrée expo : 7 € ; réduc ; gratuit moins de 6 ans) ; entrée Quai des Petits : 3 € (5-7 € avec contes ou spectacle pour enfants certains j.) ; gratuit moins de 3 ans. L'accès au Quai des Petits se fait par séance d'une durée de 1h30, à horaires précis.*
Un lieu destiné à diffuser la culture scientifique au plus grand nombre, avec une expo temporaire sur un thème précis. Le Quai des Petits, ouvert aux enfants de 2 à 7 ans accompagnés, est un espace ludique proposant de nombreux jeux de manipulation libre, de découverte et de curiosité ; projections de courts-métrages à 16h. Parfois des spectacles, des contes, des rencontres, etc. *Le Centre de Loisirs* organise également des stages de 3-4 jours pour les 7-12 ans.

Le Muséum d'histoire naturelle *(plan d'ensemble détachable, E5) : 35, allées Jules-Guesde. ☎ 05-67-73-84-84. • museum.toulouse.fr • Ⓜ Palais-de-Justice ou Carmes. Bus no 1, 2, 10 ou 12. Tlj sf lun et certains j. fériés 10h-18h ; nocturnes de temps en temps. Entrée : 7 € (9 € avec l'expo temporaire sept-juin) ; 6-17 ans 5 € (7 € avec l'expo temporaire) ; gratuit moins de 6 ans et pour ts le 1er dim du mois. Billet valable la journée. Possibilité de visite guidée. Espace d'animation et nombreux ateliers pour les enfants, w-e et vac scol.*
Voici l'un des établissements de culture scientifique le plus visité et le plus important d'Europe (2,5 millions de pièces). Situé au bord du Jardin des plantes et réalisé par l'architecte Jean-Paul Viguier (concepteur notamment du pavillon de la France à l'Expo universelle de Séville), il s'étend sur 6 000 m².
Le musée s'inscrit dans une recherche muséographique moderne, qui n'a plus pour seule vocation d'exposer de vieilles reliques et des os de dinosaures, mais de transmettre un savoir, de faire comprendre les liens qui unissent l'homme, la nature et l'environnement. La présentation donne une dimension féerique, poétique et onirique aux collections de fossiles, de minéraux, de végétaux, etc. La visite s'articule autour d'un parcours scientifique sur les relations « homme-nature-environnement », parcours que l'on suit librement, comme une histoire, celle de la Terre et du vivant, avec ses évolutions et ses catastrophes naturelles.
Dans le hall d'accueil, un éléphant et, suspendu, un squelette de quetzalcoaltus rapporté des Andes, le plus gros reptile volant connu à ce jour !
– La visite commence par une présentation de notre planète dans tous ses mouvements (amusante reconstitution d'un tremblement de terre).
– Dans la deuxième section, place au vivant. L'ensemble est abordé avec poésie, voire même avec une dose d'humour, à l'image du mur de squelettes présenté en situation dynamique : un hippopotame qui nage, dont le côté aérien peut faire sourire, un crocodile sur le point de dévorer une tortue, un homme sur son cheval, etc. On est impressionné devant ce calamar géant de 16 m, sculpture à échelle réelle d'un authentique spécimen pêché (il en existerait même de plus gros !), ou encore devant ce rorqual échoué sur la plage d'Alger en 1865 et suspendu au plafond.
Très poétique également la façon dont est présentée la classification des espèces et les relations de parenté entre chacune d'elles : saviez-vous que, d'après l'étude du génome, hérissons, tigres, vaches et baleines ont des

L'ÉTONNANT CŒLACANTHE

Contemporain des dinosaures, on croyait ce gros poisson disparu depuis des millions d'années. Et puis, en 1938, on en pêche un vivant, par hasard. Nicolas Hulot en aperçoit même un autre. La bestiole a la particularité de posséder un poumon atrophié. De plus, ses nageoires pectorales (celles à l'avant du corps) fonctionnent comme des pattes. Le cœlacanthe était donc destiné à sortir de la mer pour devenir un reptile, mais l'évolution s'est arrêtée pour une raison inconnue.

ancêtres communs ? En admirant les différentes vitrines d'animaux naturalisés, on ne peut s'empêcher de penser à la beauté et à l'extrême diversité du vivant.
– Il faut ensuite grimper l'escalier pour rejoindre la troisième séquence. On remonte aux origines de la vie et on suit son évolution jusqu'à nos jours en fonction des événements majeurs qu'a connus la Terre. « Continuum et rupture », quand une espèce chasse l'autre...
– La quatrième et dernière partie s'intéresse, de façon originale, aux « Grandes fonctions du vivant ». Il s'agit ici du volet ethnologique où sont développés des thèmes universels tels que « se nourrir », « se déplacer », « se protéger », « se reproduire » et « transmettre », à travers une riche collection d'objets du monde entier.
– D'intéressantes expos temporaires complètent la visite.
Au cours de la visite, faire un petit détour par le ***jardin botanique Henri-Gaussen*** attenant *(tlj sf lun 10h-18h).* Ne pas manquer les *grandes serres* (tropicale sèche et tropicale humide avec mur végétal et cascade). En tout, 2 500 espèces du monde entier (plantes médicinales, industrielles, toxiques, aquatiques, carnivores...).

Possibilité de manger au restaurant self-service du muséum, ***Le Moaï*** *(☎ 05-34-31-67-85 ; tlj sf lun 10h-18h ; carte slt, env 20-25 €),* avec sa très agréable terrasse donnant sur les jardins. Enfin un resto de musée de qualité ! Dans l'après-midi, le resto se transforme en salon de thé.

– Les ***jardins du Muséum*** *(au nord de Toulouse ; Ⓜ Borderouge – terminus ; bus nº 36 ; ouv mai-oct tlj sf lun, 10h-12h30, 14h-18h ; entrée 3 € ; réduc)* complètent le muséum. D'une superficie de 3 ha, ils proposent l'Ombrière, l'étang naturel préservé et les « Potagers du Monde », soit huit carrés de cultures différentes selon les régions du monde. *La Noria* est un sympathique restaurant qui sert une cuisine goûteuse accompagnée par le chant des grenouilles.

BALADE LE LONG DE LA GARONNE

Il serait dommage de s'arrêter dans cette Ville Rose sans venir flâner le long de sa rive droite. Faire tout simplement comme de nombreux Toulousains, qui, dès les premiers rayons de soleil un peu chauds, lézardent sur les berges enherbées du fleuve, ou s'installent à la terrasse d'un café des places de la Daurade ou Saint-Pierre. À l'heure où le soleil décline, l'instant est magique : les façades des maisons bourgeoises et les briques s'enflamment de couleurs ocre et orangées, teintées de rose, bien sûr. On vous propose donc une balade depuis le pont Saint-Michel jusqu'aux Ponts-Jumeaux, à la découverte de Toulouse au fil de l'eau. Chaussez-vous bien, il y a près de 5 km à parcourir. Mais avant d'entamer notre escapade, un brin d'histoire.
La Garonne est indissociable de l'âme de la ville. C'est d'ailleurs elle qui a dicté l'emplacement, le développement de Toulouse, ainsi que son activité économique jusqu'à l'arrivée du chemin de fer en 1856. Quelques kilomètres à peine après sa confluence avec l'Ariège, son lit se courbe, ses eaux ralentissent. La rive droite, surélevée de 8 à 10 m par rapport à la rive gauche, était idéale pour l'implantation de l'activité humaine. On pouvait même traverser le fleuve à pied ou à cheval au Bazacle, grâce à un dallage de pierre, avant même la construction de tout pont.
La configuration de la Garonne a bien changé depuis l'implantation de la cité gallo-romaine... Jusqu'à la fin du XIXe s et au début du XXe s, on comptait de nombreuses îles inondables (appelées « ramiers »), où les familles louaient un lopin de terre et plantaient des peupliers pour la naissance de leurs filles. Il fallait bien assurer la dot de la future mariée ! Sous ses airs paisibles, la Garonne est capricieuse. Le quartier Saint-Cyprien se rappelle encore la terrible inondation du 23 juin 1875 qui fit plus de 200 victimes et près de 20 000 sans-abri, et la célèbre phrase du président Mac-Mahon, qui, venu constater les dégâts et visiblement très inspiré, s'exclama : « Que d'eau ! Que d'eau ! » Très tôt, il a donc fallu se protéger du

fleuve. En 1777, les états du Languedoc (l'instance administrative de la province royale du Languedoc) décidèrent un vaste projet de construction de quais pour écarter la rive droite urbanisée des risques d'inondations. Un siècle plus tard, c'est au tour de la berge en amont du Pont-Neuf de connaître les aménagements. La Garonne devait prendre alors la dimension qu'on lui connaît aujourd'hui ; un fleuve que l'on admire depuis les balcons ou en se baladant à l'ombre des platanes qui jalonnent ses rives. Pourtant, dans les années 1960, coup de tonnerre ! Un projet de construction de voie rapide sur berge tente de sortir des cartons. L'opposition fut forte et le projet tomba à l'eau ! Finalement, à la fin des années 1980 et après mûre réflexion, on préféra l'aménagement paysager des berges... ouf !

Le pont Saint-Michel *(plan d'ensemble détachable, D5)* **:** construit au XIXe s, grosso modo dans l'alignement de l'ancien rempart médiéval, il offre la vue la plus vaste et la plus belle sur le fleuve et la ville : prairie des Filtres, galerie du Château d'Eau, dôme de l'hôpital Saint-Joseph-de-la-Grave, Pont-Neuf, église Notre-Dame-de-la-Daurade, clochers des Jacobins et de Saint-Sernin, etc. Tout Toulouse en un seul coup d'œil !

L'écluse Saint-Michel *(plan d'ensemble détachable, D5)* **:** cette ravissante écluse qui avance comme une proue de navire sur la Garonne date de 1850. Elle a été construite pour faciliter la navigation sur le fleuve. Avec ses majestueux platanes, elle invite à une petite halte bien sympathique. Sur la maison de l'éclusier, une plaque rappelle la terrible inondation de 1875.

Le Pont-Neuf *(plan centre détachable, D4)* **:** c'est François Ier qui, pour des raisons essentiellement stratégiques, ordonna en 1541 la construction d'un pont sur la Garonne. Rappelons que la frontière franco-espagnole n'était qu'à 50 km et que les démêlés avec Charles Quint étaient nombreux. Mais les travaux, menés à leurs débuts par Nicolas Bachelier, connurent de nombreuses interruptions : problème de portance du sol, déclin de l'activité du pastel, guerres de Religion. Si bien qu'il ne fut inauguré qu'en 1632, soit près de 1 siècle après le début de sa construction. Il reste d'ailleurs inachevé (des motifs décoratifs manquent encore...). Il s'étire sur 250 m et épouse la forme d'un dos-d'âne pour rattraper la dénivellation entre les deux rives. À son extrémité ouest (côté quartier Saint-Cyprien), une ancienne porte, aujourd'hui disparue, marquait la frontière entre le Languedoc et la Gascogne. Le Pont-Neuf se distingue par le rythme de ses arches inégales de pierre et de brique (l'emplacement des piles a tout simplement été dicté par la portance du sol), ses oculus (ou dégueuloirs), l'impression de robustesse et d'élégance qu'il dégage tout à la fois. C'est grâce à ses dégueuloirs qu'il résista victorieusement aux différentes inondations. C'est un lieu terriblement romantique au soleil couchant.

La basilique Notre-Dame-de-la-Daurade *(plan centre détachable, D3)* **:** édifiée à partir de 1773, inspirée de Saint-Pierre de Rome et à l'architecture grandiloquente. Jamais achevée, cette curieuse basilique très sombre, à laquelle on accède en traversant une rangée d'habitations, doit son nom à la première église du Ve s qui était couverte de mosaïques dorées (donc

NOTRE-DAME DES SEPT DOULEURS

On prête à la Vierge noire de Notre-Dame-de-la-Daurade un pouvoir sur les femmes lors de l'accouchement. Il suffisait de poser l'une des robes de la Vierge sur la couche de la jeune femme pour que tout se passe bien. Mais la Révolution fut sans pitié pour notre protectrice, qui finit dans les flammes. Très vite, une nouvelle Vierge noire reprit ses fonctions. Les futures mères vont désormais chercher un ruban rouge, censé assurer un accouchement sans douleur. Si l'on en juge par la quantité d'ex-voto, ça doit marcher ! La Notre-Dame en question porte une robe que l'on change selon la liturgie (elle en possède 34 !).

rien à voir avec le poisson !). Dans le chœur, tableaux du peintre Roques, élève d'Ingres. Au fond de la nef, sur le côté droit, voir la chapelle du Purgatoire et les touchants petits anges qui pleurent. À l'extérieur, façade néoclassique du XIXe s, avec son fronton jamais sculpté et ses deux énormes clochers... jamais réalisés.

En poursuivant, on débouche sur l'adorable ***place de la Daurade*** *(plan centre détachable, D3).* Une place pour faire craquer les amoureux, avec son ancien port, ses petites maisons pimpantes et sa dernière demeure à colombages sous laquelle s'est installé le très joli *Café des Artistes,* auquel les superbes couchers de soleil donnent la coupe... rose. Mais peut-être préférerez-vous *Les Pêcheurs de Sable (ouv slt en saison lorsqu'il fait beau),* un petit café qui fit longtemps office de morgue pour les pêcheurs de sable justement... ; un endroit très frais, nous a-t-on dit. Idéal pour une petite bière ou une glace, non ? Sur le quai, de début mai à mi-juin et de début septembre à mi-octobre (selon conditions météo), tous les dimanches, expos d'art contemporain en présence des artistes (peintures, sculptures, mosaïques et photos ; • *la-garonne-expose.com* •).

Le ***quai Lucien-Lombard*** *(plan centre détachable, D3)* rejoint la place Saint-Pierre. Ne manquez pas d'admirer les belles façades dont la construction fut planifiée par le projet d'aménagement des quais et qui présentent une structure de base identique (rez-de-chaussée et entresol réservés au stockage des biens alimentaires). À la disparition des états du Languedoc après la Révolution, le grand projet fut interrompu (à l'image de ce pan de mur au niveau de la rue Étroite, situé entre les nos 1 et 2 !). Chaque propriétaire y alla alors de sa propre créativité et de sa propre fantaisie. Le résultat est charmant, levez le nez ! Quelques scènes du film *Ma saison préférée* d'André Téchiné furent tournées ici.

– Sur la rive gauche, accrochée à l'austère façade de l'hôtel-Dieu Saint-Jacques, une arche de l'ancien pont de la Daurade dont les premières traces remontent au Moyen Âge, ainsi que le port de Viguerie avec ses portes d'écluse qui se ferment dès la montée des eaux.

La place Saint-Pierre *(plan centre détachable, D3)* **:** très connue des étudiants et des amateurs de bière et de rugby. Enjambant la Garonne, le *pont Saint-Pierre,* copié sur le pont Alexandre-III de Paris, a été remplacé cinq fois entre 1850 et 1988 !

À deux pas, deux monuments pour les amateurs de vieilles pierres.

– ***L'auditorium de Saint-Pierre-des-Cuisines*** *(plan centre détachable, D3)* **:** *rens au ☎ 05-61-22-31-44 (musée Saint-Raymond). Août, tlj 10h-12h, 14h-18h ; le reste de l'année, lun 10h-13h et quelques ouvertures supplémentaires durant l'année, se renseigner. Entrée : 3 € ; gratuit moins de 18 ans et étudiants. Visite commentée de la crypte et de l'église (août, lun à 16h ; le reste de l'année, lun à 11h ; tarif : 3 €).* Construit sur une ancienne nécropole romaine devenue cimetière chrétien. Portail de style roman et enfeu en hauteur. C'est l'actuel auditorium du conservatoire régional. Les vestiges de l'église primitive sont conservés dans une crypte.

– ***L'église Saint-Pierre-des-Chartreux*** *(plan centre détachable, D3)* **:** *au début de la rue Valade qui part de la pl. Saint-Pierre. Tlj 9h-20h sf office religieux.* Elle date du XVIIe s. Belles peintures, orgue du XVIe s et superbe portail sculpté par le frère de Nicolas Bachelier, sieur Antoine. Derrière l'église (accès par la place Saint-Pierre en contournant l'auditorium de Saint-Pierre-des-Cuisines), les restes de l'ancien cloître fondé par une petite communauté de chartreux, réfugiée à Toulouse lors des guerres de Religion. Les chartreuses entourant le cloître ont été démolies après la Révolution pour construire l'arsenal de Toulouse, en ces mêmes lieux. Aujourd'hui, ce dernier a été remplacé par une cité et un resto universitaires.

L'espace EDF-Bazacle *(plan d'ensemble détachable, C3)* **:** *11, quai Saint-Pierre. ☎ 05-62-30-16-00. • bazacle.edf.com • Tlj sf lun 11h-19h (18h*

À VOIR

nov-avr). GRATUIT. Cet ensemble d'anciens moulins à blé, transformé en centrale hydroélectrique au XIXe s, est désormais un espace culturel géré par Électricité de France. On peut voir, à travers une vitre (ou lors des visites guidées gratuites les mer et w-e à 16h), la salle des machines encore utilisées, ainsi que les anciens souterrains et une passe à poissons au sous-sol, aménagée pour faciliter leur migration. De mai à août, avec un peu de chance, il est possible d'observer ce phénomène par un hublot donnant sur un des bassins de la passe. Expositions temporaires. Terrasse offrant un beau point de vue sur la Garonne.

DES GRAINS ET DU GAIN

Selon une thèse tout à fait sérieuse, au XIVe s, les meuniers de la Garonne créèrent des sociétés par actions pour gérer les moulins du Bazacle. Ces structures innovantes permettaient un apport d'argent pour financer le lieu. Le capitalisme aurait-il fait ses premiers pas au bord de la Garonne ? Certains chercheurs le pensent. Si l'espace Bazacle ne moud plus de grains depuis belle lurette, il continue aujourd'hui à produire de l'électricité.

Le canal de Brienne *(plan d'ensemble détachable, B2)* **:** creusé au XVIIIe s pour contourner l'obstacle du Bazacle. Sur 1,6 km (on ne dirait pas !), ses berges constituent un lieu de promenade sous la majestueuse voûte que dessinent des platanes bicentenaires. N'oublions pas qu'il est classé au Patrimoine mondial de l'Unesco, au même titre que le canal du Midi. Malheureusement, on a un peu de mal à en profiter sereinement car la circulation est dense, de part et d'autre. Le dimanche, c'est plus calme.

– ***L'écluse Saint-Pierre*** *(plan d'ensemble détachable, C3)* **:** mignonnette petite écluse construite en forme d'olive pour mieux résister à la pression latérale du sol. Riquet avait déjà utilisé l'astuce pour les écluses du canal du Midi.

– En bordure de l'allée de Brienne, ne pas rater l'ancienne ***Manufacture nationale des tabacs*** *(plan d'ensemble détachable, C3)* à l'architecture industrielle, construite en 1888 et fermée en 1976. Rénovée, elle accueille aujourd'hui l'université des sciences sociales. À quelques pas (no 29), la *crèche* et la *garderie de la Manufacture des tabacs,* ouvertes en 1920 ; l'une des grandes victoires de ces femmes réputées « fortes en gueule ». C'est d'ailleurs toujours une crèche. Jolies fleurs et feuilles de tabac en céramique sur la façade.

– ***Le square de l'Héraclès*** *(plan d'ensemble détachable, C2)* **:** c'est là que se trouve l'*Héraclès,* la belle sculpture de Bourdelle (1861-1929) datant de 1909, offerte à la Ville par le sculpteur lui-même et dédiée à la mémoire des 575 rugbymen de Toulouse morts à la guerre.

– ***Les Ponts-Jumeaux*** *(plan d'ensemble détachable, A2)* **:** tout au bout du canal. Ce petit coin de Toulouse, adossé au périphérique et peu connu, mérite pourtant le détour ! C'est là que débouchent le canal de Brienne, le canal du Midi (au centre) et le canal de la Garonne (au nord – c'est l'équivalent du canal du Midi, entre Toulouse et Bordeaux). Posez-vous sur le banc, oubliez le bruit de la circulation et admirez le bas-relief en marbre de Carrare, réalisé par François Lucas (grand sculpteur toulousain de l'époque) et considéré comme l'une des plus belles sculptures du XVIIIe s (pour sa dimension et son esthétique) ! Au centre, la jeune femme bien en chair, mise en scène sur fond de draperie élégante, représente les états du Languedoc ! À sa gauche, la plantureuse Garonne avec sa corne d'abondance irrigue les plaines fertiles toulousaines en prenant sa source dans les Pyrénées. À sa droite, deux petits génies s'affairent pour creuser le canal de Brienne, et il faut faire vite car un bateau arrive ! Le bon vieux monsieur symbolise le canal du Midi.

De là, il est possible de continuer la balade en bordure du canal de la Garonne (piste cyclable qui se poursuit jusqu'au département de Tarn-et-Garonne), mais hélas... on longe, du moins au début, le périphérique.

SUR LA RIVE GAUCHE DE LA GARONNE : LE QUARTIER SAINT-CYPRIEN *(plan d'ensemble détachable et plan centre détachable, C-D3-4)*

Sitôt franchi le Pont-Neuf (voir plus haut « Balade le long de la Garonne »), on découvre une autre ville, moins grandiose sans doute, plus authentique peut-être : le quartier Saint-Cyprien. On est sur la rive basse de la Garonne, la plus pauvre car la plus exposée aux inondations. Le quartier se développe à partir du Moyen Âge, grâce aux établissements religieux et aux lieux d'hospitalité (gérés par des confréries de laïcs qui faisaient ici la charité aux pauvres). Le fleuve servait autrefois de frontière entre le Languedoc (rive droite) et la Gascogne (rive gauche). Il faut toutefois attendre le XVIe s pour que ces lieux d'hospitalité deviennent des hôpitaux au sens moderne du terme.
Des deux établissements qui se constituent alors, l'*hôtel-Dieu Saint-Jacques* et l'*hôpital Saint-Joseph-de-la-Grave,* le premier a cessé d'accueillir des malades en 1987, le second est toujours en activité. En s'installant de ce côté du fleuve, on évitait aux maladies, pensait-on, de le traverser. À cette période, les habitations sont éparpillées autour du fleuve, le long de la rive qui accueille essentiellement mariniers, pêcheurs et petites gens (saint Cyprien est le patron de ceux qui vivent des eaux). L'urbanisation est modeste, les maisons peu résistantes. Ainsi, chaque inondation fait des ravages. C'est pourquoi, mis à part l'hôtel-Dieu et l'église Saint-Nicolas, il ne reste que peu de traces de l'architecture du XVIIIe s. C'est surtout le siècle suivant qui marque le secteur, époque où la ville l'englobe en totalité et le dépasse largement. C'est le début de l'exode rural : les paysans, Gascons miséreux, fuient leur terre et viennent prendre pied dans ce quartier. Terre d'accueil par nature, ce n'est pas un hasard si plus tard des réfugiés catalans de la guerre d'Espagne viennent s'installer ici. Dernièrement, c'est la percée du métro qui favorisa une nouvelle mixité de la population. Le quartier, autrefois regardé de travers par les familles riches du centre, est désormais très convoité.
N'hésitez pas à dépasser la galerie du Château d'Eau, et à vous promener jusqu'aux Abattoirs. On découvre Toulouse sous un autre angle, plus populaire et plus quotidien.

À VOIR

✭✭ *Le Château d'Eau – Pôle photographique* *(plan centre détachable, D4)* **:** *1, pl. Laganne. ☎ 05-61-77-09-40. • galeriechateaudeau.org • ♿ (accès partiel). Au bout du Pont-Neuf, en bord de Garonne. Tlj sf lun et certains j. fériés 13h-19h. Entrée : 3,50 € (2 € sur présentation de ce guide) ; gratuit moins de 18 ans.*
Impensable de rater ce « phare de la photo », galerie unique en France et de réputation internationale. Au XVIIIe s, un capitoul éclairé légua 50 000 pièces d'or à la Ville pour que les Toulousains puissent consommer « une eau pure, claire et agréable à boire en toute saison ». Il faudra cependant attendre 50 ans pour qu'un projet de château d'eau voie le jour, en 1821 : l'eau prélevée sur la Garonne faisait tourner deux roues à aubes, qui actionnaient des pompes, propulsant l'eau filtrée au sommet d'une tour. Cette eau redescendait par gravité et était ensuite répartie dans 15 fontaines et 75 points d'eau dans toute la ville. Coïncidence étonnante : le château d'eau fut donc construit en 1823, l'année même où Nicéphore Niépce inventa la photographie ! En 1870, devant les besoins de la ville, le château d'eau devint inévitablement insuffisant et prit sa « retraite ».
Un siècle plus tard, Jean Dieuzaide, futur directeur de la galerie, photographe réputé, tomba amoureux du « phare » et n'eut de cesse d'obtenir des autorités de le transformer en galerie photographique. Inauguré en 1974, le Château d'Eau a acquis une réputation internationale. Environ huit expos par an offrant aux visiteurs aussi bien des œuvres d'artistes émergents que des réalisations plus classiques, mais toujours d'un grand intérêt.
– Dans la ***Grande Galerie,*** au rez-de-chaussée de la tour (dans laquelle on ne grimpe pas) et au sous-sol, l'architecture circulaire se révèle idéale pour observer

les œuvres. Les éclairages judicieux et la chaleureuse présence de la brique apportent leur contribution à l'atmosphère douce et raffinée du lieu, à la distillation du plaisir et de l'émotion. Dans la **Galerie 2,** située sous une arche sèche du Pont-Neuf et à laquelle on accède par le jardin, seconde expo et centre de documentation sur la photographie à toutes les époques de son histoire.

La prairie des Filtres *(plan centre détachable, D4)* **:** le nom de cet espace verdoyant mérite quelques explications. Le bord de la Garonne se compose de terres alluviales qui servent depuis le XVIIIe s à filtrer l'eau du fleuve pour la rendre propre à la consommation. Autrefois, des bateaux-filtres utilisaient cette terre pour nettoyer l'eau et des porteurs la distribuaient chez les bourgeois de la ville ; d'où le nom de cet espace et le choix de l'implantation du château d'eau voisin qui utilisait les vertus de cette terre. Avec ses grandes pelouses et ses zones arborées, c'est le plus grand poumon vert de la ville à proximité du centre. Le cours Dillon qui borde la prairie des Filtres fut la première digue construite à la fin du XVIIIe s pour empêcher les inondations. Accueille en juin le festival *¡ Rio Loco !* (voir plus loin « Fêtes, manifestations et festivals »).

L'hôtel-Dieu Saint-Jacques – Musée d'Histoire de la médecine de Toulouse *(plan centre détachable, D4)* **:** *au pied du Pont-Neuf, juste en face de la galerie du Château d'Eau ; entrée par le 2, rue Viguerie. ☎ 05-61-77-84-25. • museemedecine.free.fr • Jeu-ven, dim et j. fériés 11h-17h. GRATUIT.*
Ancien relais du pèlerinage de Saint-Jacques-de-Compostelle, puis hôpital de la ville jusqu'en 1987, accueillant aujourd'hui l'administration des Hôpitaux. Les bâtiments du Moyen Âge furent modifiés au XVIIe s, puis au XIXe s. Le jardin est orné d'une gigantesque coquille Saint-Jacques. Tiens, savez-vous pourquoi ces délicieux petits mollusques bivalves de l'Atlantique sont associés au nom de saint Jacques ? Parce que ce dernier aurait sauvé un homme de la noyade grâce à ces coquilles aussi légères que des bouées minuscules... À la suite de ce miracle, les pèlerins qui se rendaient à Compostelle, en Espagne, portèrent fidèlement les coquilles sur leurs vêtements. Leur consommation s'en trouva accélérée, pour le plus grand plaisir des gastronomes !
En haut du double escalier (en grimpant par la volée de droite), au niveau de la plus haute marche, noter le trou dans le mur, qui permettait de récupérer les enfants abandonnés tout en respectant l'anonymat de la mère. Il fut mis en place en 1540.
– ***Le musée d'Histoire de la médecine :*** dans l'ancienne pharmacie. D'ailleurs, il reste une superbe pharmacie du début du XIXe s. Anciennes gravures, tableaux terrifiants de maladies insoupçonnées et nombreux instruments d'autrefois. Parmi les plus remarquables, noter la collection ophtalmologique complète du XIXe s et le cabinet dentaire datant de Napoléon III doté d'une réjouissante fraise à pédale ! Maquette d'un lit médiéval dans lequel on pouvait faire dormir jusqu'à cinq malades à la fois. On mettait les fiévreux au milieu, ils tenaient chaud aux autres ! Noter le « soi-même », instrument qui permettait de s'administrer un lavement (charmant !).
– Également sur place, le **musée des Instruments de médecine des hôpitaux de Toulouse** *(☎ 05-61-77-82-72 ; • chu-toulouse.fr • ; jeu-ven 13h-17h, le 1er dim du mois 10h-18h ; GRATUIT).* Il présente une collection d'instruments de la seconde moitié du XIXe s à nos jours. À voir : les cires anatomiques, des pièces rares...

Les Abattoirs *(musée d'Art moderne et contemporain ; plan d'ensemble détachable, C3-4)* **:** *76, allées Charles-de-Fitte. ☎ 05-34-51-10-60. • lesabattoirs.org • Ⓜ Saint-Cyprien-République. Bus nos 1 ou 45 depuis le centre. Tte l'année, mer-dim 12h-18h (20h jeu hors vac scol). Entrée : 7 € ; réduc ; gratuit moins de 12 ans et pour ts le 1er dim du mois. Médiathèque tte l'année mer-sam, sf j. fériés, 13h (11h sam)-18h ; entrée libre. Librairie et auditorium.*
Ça, c'est Toulouse : créer un nouveau lieu de culture tout en conciliant passé et modernité ! Toujours à la recherche d'une reconnaissance du grand public et parce que celui-ci a souvent l'impression d'aller à l'abattoir quand on lui parle d'art

À VOIR

moderne, ses défenseurs ont fait le pari audacieux d'attirer les plus récalcitrants dans un espace s'intégrant intelligemment dans le patrimoine de Toulouse. Car les Abattoirs, c'est un vrai lieu. Pour cet harmonieux bâtiment principal, Urbain Vitry, architecte en chef en 1831, s'est certainement inspiré des formes et des proportions de la nef de la basilique Saint-Sernin en les adaptant, bien sûr, au style néoclassique industriel du XIXe s. Derrière l'édifice s'ouvre un bel hémicycle, succession d'arcades donnant accès à un belvédère dominant la Garonne. En 1988, on décida la fermeture des abattoirs, sans doute les derniers en France encore situés au cœur d'une grande ville. En 1995, on creuse sous le niveau du fleuve une salle d'un très grand volume, afin d'accueillir un « sacré morceau ». En effet, en 1965, Pablo Picasso offre à la Ville le rideau de scène de la représentation théâtrale d'une pièce de Romain Rolland, *Le 14 Juillet,* réalisé en 1936 à partir d'une gouache intitulée *La Dépouille du Minotaure en costume d'Arlequin.* Désormais, cette œuvre de 8,30 m sur 13,25 m, pastel lumineux inspiré de sa période bleue, est visible dans ce beau volume éclairé par un puits de lumière naturelle (6 mois de l'année uniquement, afin de la protéger).
La collection, qui tourne régulièrement, est constituée d'environ 2 500 œuvres : peintures, dessins, gravures et photographies de la seconde moitié du XXe s, traversant des courants nés de la Seconde Guerre mondiale aux États-Unis, en Europe ou en Extrême-Orient, avec une inclination pour des artistes hispaniques et italiens. Les deux grandes collections (Denney et Cordier) sont situées de part et d'autre du niveau 1. L'occasion de découvrir ou de redécouvrir ce que sont l'expressionnisme abstrait, l'abstraction lyrique, l'art brut, l'art informel ou encore l'Arte Povera... Le fonds provient pour une part de la collection Anthony Denney, photographe et esthète anglais (Burri, Dubuffet, artistes japonais du groupe Gutaï...), mais, surtout, et c'est là son principal « fonds de commerce », de la donation Daniel-Cordier, cédée par le Centre Georges-Pompidou. Cordier fut ni plus ni moins le secrétaire de Jean Moulin. Initié par son patron, qui possédait une galerie d'art contemporain à Nice, il devint lui-même un amateur d'art éclairé. Près de 400 œuvres, parmi lesquelles celles d'Arman, de Brassaï, de Combas, de Duchamp, de Dubuffet ou encore de César, très médiatisées, mais aussi celles d'artistes moins grand public comme Bellmer, Chaissac, Dado, Matta, Dewasne, Le Gac ou Mapplethorpe.
Les Abattoirs ouvrent aussi leurs portes aux nouvelles formes de création contemporaine, avec une politique d'acquisition, de commande et de dépôt d'œuvres nouvelles. Mieux vaut d'ailleurs suivre une visite guidée pour pénétrer vraiment dans ces univers artistiques si différents. Il existe même de judicieuses visites-animations réservées aux sourds et malentendants. Également des expos temporaires.
À l'arrière du musée, un café-restaurant aménagé au sein de bâtiments en brique en hémicycle qui tournent le dos à la Garonne. Ce sont les anciens échaudoirs à cochons, situés à l'extérieur du bâtiment principal à cause du vacarme que faisaient les animaux avant d'être égorgés.

Le jardin Raymond-VI et les remparts *(plan d'ensemble détachable, C3)* **:** ce jardin situé autour des Abattoirs s'étire jusqu'à la Garonne. Sur le côté, quelques fragments de remparts de brique, élevés au XVIe s. Un des rares endroits en ville où ils sont encore debout. La quasi-totalité des remparts fut en effet rasée au début du XIXe s afin d'étendre la ville. À l'extrémité, un belvédère donne accès à une passerelle métallique qui domine la Garonne et la chaussée du Bazacle.

Le musée de l'Affiche de Toulouse *(le Matou ; plan d'ensemble détachable, C4)* **:** *58, allées Charles-de-Fitte. ☎ 05-81-91-79-17. • centreaffiche.toulouse.fr • Ⓜ Saint-Cyprien-République. Bus no 1, arrêt Saint-Cyprien ou Les Abattoirs. Tlj sf w-e et j. fériés 9h-12h, 14h-18h. Petite entrée payante.* Créé en 1978, ce musée présente chaque année trois expos différentes autour d'un même thème illustrées par des affiches ou des cartes postales.

L'ÎLE DU RAMIER (plan d'ensemble détachable, C-D5-6)

L'île du Ramier est bordée à l'ouest par le bras supérieur de la Garonne et à l'est par le bras inférieur (très logique jusque-là !). C'est le dernier vestige des nombreux ramiers qui ponctuaient le cours du fleuve. Inondable, elle fut longtemps (et raisonnablement) ignorée par les activités humaines. À partir du XVIIe s, les choses changent avec une première installation de moulins à poudre dans son extrémité nord. Mais après une explosion en 1840 qui causa la mort de neuf personnes, on décida de construire une nouvelle poudrerie un peu plus au sud afin d'éloigner le danger des habitations. La Première Guerre mondiale aidant, l'activité croît. Elle est alors déplacée une seconde fois pour être installée encore plus au sud, là où elle se trouve aujourd'hui, c'est-à-dire à deux pas de là où se trouvait l'usine AZF. Déjà à l'époque, *La Dépêche du Midi* surnommait Toulouse la « Poudreville » !
Au début du XXe s, changement radical d'optique : l'île du Ramier doit être consacrée aux loisirs et à la détente. Toulouse veut son bois de Boulogne ! Guinguettes et dames à ombrelle fleurissent alors. Dans les années 1930, Étienne Billières, le maire de la ville, engage une politique ambitieuse d'équipements sportifs avec l'aménagement d'un parc municipal des sports (piscine, vélodrome, stadium). Deux objectifs simples : démocratiser au maximum la pratique et l'hygiène du sport tout en créant un lieu unique en Europe ! L'île du Ramier devient alors une île consacrée aux sports, vocation qu'elle conserve toujours aujourd'hui. D'ailleurs, elle fait actuellement l'objet d'un grand projet avec des aménagements qui visent à renforcer sa vocation de poumon vert, de lieu de loisirs et de promenade.

Le parc de l'île du Ramier *(plan d'ensemble détachable, C-D6)* **:** on y accède en poursuivant la route principale qui traverse l'île. Ce joli parc très ombragé est une relique de l'ancien espace vert et boisé avec une succession de moulins à poudre construits entre 1850 et 1864. En revanche, soyons clairs, ce secteur a bien quelques airs de petit bois de Boulogne (à Paris)... pour messieurs exclusivement. Si vous êtes un garçon, vous n'échapperez pas aux regards aguicheurs... C'est à proximité que le casino de Toulouse a ouvert ses portes.

L'ancienne poudrerie *(hors plan d'ensemble par D6)* **:** *chemin de la Loge, juste en face de la passerelle de la Poudrerie.* Remarquez l'entrée monumentale surmontée de boulets de canon (tout un symbole !). Les bâtiments du XIXe s, aujourd'hui transformés en logements, ne se visitent pas et ne se laissent admirer que de l'extérieur. La passerelle qui enjambe le bras supérieur de la Garonne permettait aux employés qui habitaient majoritairement le quartier d'Empalot de se rendre à leur travail. L'emplacement de l'horloge, dans l'axe même de la passerelle, n'est évidemment pas le fruit du hasard. Pas question d'arriver en retard au boulot !

À deux pas de là, en remontant vers le centre-ville, la ***cité universitaire Daniel-Faucher*** *(hors plan d'ensemble par D6),* construite sur pilotis et inspirée de l'architecte Le Corbusier, rappelle que l'île est inondable. Il y a pire comme cadre pour étudier, non ?

Le Stadium *(plan d'ensemble détachable, C6)* **:** *allée Gabriel-Biénès.* C'est là que le TFC (Toulouse Football Club) connut ses heures de gloire dans les années 1980. Son éclairage lui donne immanquablement un petit air de Stade de France.

La piscine Alfred-Nakache *(plan d'ensemble détachable, C-D6)* **:** *allée Gabriel-Biénès, juste à côté du Stadium.* Ce vaste complexe aquatique, construit au début des années 1930, regroupe un bassin olympique d'été, un bassin d'hygiène (pour s'ébattre dans l'eau tout en se lavant !), une pataugeoire et une piscine couverte d'hiver (rien que ça !), chauffée à l'origine par la combustion des déchets de la ville. Sachez que le bassin d'hygiène est encore très prisé l'été ! L'agencement du site s'admire depuis son minaret (entrée principale). La piscine couverte respecte fidèlement l'architecture paquebot avec son alternance de lignes rigoristes et de courbes. Sur sa façade, des figures allégoriques en terre cuite (dessinées par Riolet) vantent les mérites et les bienfaits de l'activité sportive.

Sur le parking de la piscine, ***Parc des expositions*** datant des années 1950 (et qui devrait déménager à l'horizon 2017-2018 pour laisser place à des espaces verts). En face, l'IMFT (Institut de mécanique des fluides de Toulouse ; *hors plan d'ensemble détachable par D6*) se visite lors des Journées du patrimoine. Dans les années 1920, grâce à ses canaux, de nombreuses expérimentations sur les hydravions y furent menées. Avec la création de son bâtiment à ailettes et de sa soufflerie dans les années 1930, les sociétés d'aviation y réalisèrent leurs essais aéro et hydrodynamiques.

– En quittant l'île du Ramier, sur la gauche, la ***centrale hydroélectrique municipale*** *(plan d'ensemble détachable, D5),* construite au début du XXe s pour assurer, en son temps, l'éclairage public de la ville. Ne se visite pas. Sur le pont Saint-Michel débute l'itinéraire « Balade le long de la Garonne » (voir plus haut).

LE QUARTIER ARNAUD-BERNARD
(plan d'ensemble détachable, D2)

Le quartier Arnaud-Bernard n'est pas un quartier tout à fait comme les autres. Ici, point de grand monument ni de carte postale qui font la fierté de la ville. Non, rien de tout ça. À l'ombre de la basilique Saint-Sernin, Arnaud-Bernard est tout simplement le dernier quartier populaire du centre de Toulouse ! Le long de la rue des Trois-Piliers fleurissent les échoppes aux accents d'Afrique du Nord. Sur la place Arnaud-Bernard, loukoum, *makroud,* etc. sont à l'honneur aux terrasses des nombreux petits cafés. Il règne une atmosphère de village cosmopolite, fraternel et festif, avec le militantisme civique et la concitoyenneté comme pôle de réflexion.
Arnaud-Bernard fut longtemps l'un des quartiers les plus populaires de la ville. Jusque dans les années 1960 s'y tenait le marché de gros de Toulouse. C'est ici qu'est né Carlos Gardel, le pape du tango argentin (il émigra là-bas à l'âge de 2 ans). Eh oui ! Tout comme, 35 ans plus tard, le petit Claude Nougaro, qui revint régulièrement traîner ses baskets par ici.
À partir de 1936, Toulouse s'impose comme la capitale d'une Espagne républicaine en exil. De nombreux immigrés y trouvent alors refuge. Une trentaine d'années plus tard, c'est au tour d'immigrés maghrébins de s'installer dans ce quartier un brin vétuste. Un peu plus tard, artistes et intellos y établissent leurs pénates. De cette nouvelle vague va émerger une véritable dynamique associative de quartier, conduite entre autres par un militant de longue date, Claude Sicre, fondateur du duo rap occitan des Fabulous Trobadors. L'ambition est grande, l'objectif est simple : faire naître une *convivencia,* une citoyenneté active, un pouvoir civique et culturel pour construire un petit paradis, ici même, tout de suite et avec tous ! Un comité de quartier, représentant tous les habitants au-delà des penchants politiques, se met en place dès 1975 et s'affirme, dans une optique résolument démocratique, comme contre-pouvoir civique par rapport à la politique municipale. En 1989 est organisée, sur la place des Tiercerettes, la première conversation socratique – en plein air, pour que tout le monde puisse prendre la parole au vu et au su de tous (telle l'Agora de Socrate). En 1991, le premier repas de quartier voit le jour : l'idée se propagera dans toute la France et au-delà.
En 1992, c'est le début de la popularité pour les Fabulous Trobadors. Le premier Forom des langues du monde se tient en 1993. Le groupe Zebda vient en voisin pour participer à l'aventure. Les initiatives ne manquent pas et les projets de quartier se succèdent. Et puis c'est la reconnaissance. Les idées d'ici font des petits ailleurs : que ceux qui n'ont jamais entendu parler de repas de quartier où « chacun amène son manger » lèvent le doigt !
À Arnaud-Bernard, l'esprit de quartier est bien enraciné et l'identité culturelle bien en place. Des concerts animent parfois la place.

– Pour se tenir informé de tout ce qui se passe à Arnaud-Bernard, visite impérative du site internet • *arnaud-bernard.net* • Sur place, vous pouvez prendre contact avec ***La Maison des associations*** *(3, rue Escoussières-Arnaud-Bernard).* Au même endroit, ***Le Carrefour culturel Arnaud-Bernard*** *(☎ 05-61-12-11-16),* une association qui organise (entre autres) chaque année en mai le Forom des langues du monde (voir plus loin la rubrique « Fêtes, manifestations et festivals »). C'est également le Carrefour culturel qui a conçu nombre d'événements organisés avec le comité de quartier : les repas de quartier, les concerts, les conversations socratiques, etc.
– Par ailleurs, on y trouve un café-concert-débat, ***La Maison Blanche*** *(10, rue Arnaud-Bernard ; ☎ 09-52-92-57-22 ; • cafe-maison-blanche.fr • ; tlj sf dim-lun 14h30 (18h mar et sam)-minuit (1h sam) ; fermé fin juil-fin août).*

Le jardin Compans-Caffarelli *(plan d'ensemble détachable, C1-2)* **:** *ce jardin public n'est pas à proprement parler dans le quartier Arnaud-Bernard. Longer sur 200 m env le bd Lascrosses en direction de la cité administrative. Ⓜ Compans-Caffarelli.* Sur une dizaine d'hectares, calme et bouffée de verdure assurés ! Au centre, un joli jardin japonais très zen (classé « Jardin remarquable »), comme l'avait souhaité Pierre Baudis, ancien maire de Toulouse et grand amateur de culture orientale. Minuscules collines engazonnées qui symbolisent la géographie du Japon, canards qui s'ébrouent dans l'eau, etc. Il y a même une petite passerelle qui mène au Paradis ! Non loin, monstrueux dragon digne des plus grands récits de Jules Verne.

LES QUARTIERS JAURÈS, SAINT-AUBIN ET MARENGO

La place Wilson *(plan centre détachable, E3)* **:** La place fut l'élément architectural originel du développement de la ville vers l'est au XIXe s. On détruisit la porte de ville qui s'élevait là et l'on demanda à Jacques-Pascal Virebent de concevoir ce qu'on appelle une « place à programme ». Il s'agit d'un espace à l'architecture définie, s'appuyant sur un cahier des charges précis : on y trouve donc des boutiques au rez-de-chaussée, un entresol dans l'arcade de la voûte, deux étages et une balustrade masquant les toits. C'est sur cette place ovale que se trouvaient certains des plus grands et des plus prestigieux cafés de la ville. On l'appela le coin des Américains, d'où le nom du président Wilson qui lui fut donné. Dans le jardin central, sculpture de Falguière évoquant Pierre Goudoulin, poète occitan du début du XVIIe s, avec sa muse à ses pieds, de très belle facture.

Ceux que les détails architecturaux intéressent pourront emprunter la ***rue Lafayette*** *(plan centre détachable, E3).* Au n° 20, façade de brique enduite qui tente d'imiter la pierre. On retrouve ici le vieux complexe toulousain du XIXe s de ne pas avoir de pierre à tailler. Les statues sont en terre moulée, cuite et enduite. Cette technique, mise au point par les Virebent, grande famille d'architectes et d'artistes, fit même l'objet d'un brevet d'invention. Fronton, pilastres et agrafes. Tout est en terre cuite.

De là, petite incursion dans la grande ***rue d'Alsace-Lorraine*** *(plan centre détachable, E2-3),* une des plus grandes percées de type haussmannien de la ville.

La Maison de la Violette *(plan d'ensemble détachable, F2)* **:** *BP 15005. Sur le canal, à l'angle du bd de Bonrepos et des allées Jean-Jaurès. ☎ 05-61-99-01-30. • lamaisondelaviolette.com • Tlj sf dim et j. fériés 10h-12h30, 14h-19h (en continu lun-ven en été). Fermé 1 sem en janv.* Sur cette jolie péniche couleur lilas et violet, on revit de manière sympathique toute la longue histoire d'amour entre Toulouse et la fameuse violette. Évidemment, c'est une boutique plus qu'un musée, mais on ne vous pousse jamais à la consommation. Plein de produits sympas : confitures, thés aromatisés, pots-pourris, bougies, bonbons, crème glacée à la violette (en été), liqueur, parfum… Sur le ponton de la péniche, serre aux violettes en période de floraison (de novembre à mars) et, en été, salon de thé *(tlj sf dim et j. fériés, l'ap-m slt)* où l'on peut déguster glaces, macarons, sirops à la violette, etc.

Les allées Jean-Jaurès *(plan centre détachable, E3-F2).* On n'est plus dans le cœur de la zone historique, délimitée par le boulevard Lazare-Carnot, située à l'emplacement des anciens remparts de la ville, en grande partie détruits au début du XIXe s. C'est aujourd'hui un grand axe de circulation, mais ce fut autrefois un lieu de promenade, de foires et de nombreuses distractions mondaines (grands cafés, terrasses, théâtres...). Au bout des allées, la ***médiathèque José-Cabanis,*** une arche moderne.

L'église Saint-Aubin *(plan d'ensemble détachable, F3)* ***et le quartier alentour :*** voici un secteur qui s'est développé au XIXe s avec des couches de population modeste. Massive et gigantesque, l'église fut érigée à la demande de la population, sur l'emplacement d'un ancien cimetière où l'on enterrait les exécutés. Son ampleur montre le dynamisme démographique de l'époque. Devant la place et en face, on peut voir les seules demeures bourgeoises du quartier (l'une d'elles possède un bel épi de faîtage). Autour de l'église se tient l'un des marchés les plus pittoresques de la ville, le dimanche matin.

Le quartier Marengo *(plan d'ensemble détachable, G1-2)* **:** à l'est du canal et de la voie ferrée, ce quartier possède encore l'âme d'un village. Espace tranquille et verdoyant. Contrairement au reste de la ville, on est sur une colline.

– ***Le cimetière de Terre-Cabade*** (« terre creusée ») doit son nom au fait que l'on creusait ici la terre destinée aux tuileries. Il peut faire l'objet d'une agréable balade : allées sinueuses, végétation de buis, de cyprès. Y sont enterrées de grandes figures de Toulouse : Aristide Bergès, Louis Deffes (compositeur de *La Toulousaine*), santa Helena, qui ne fut jamais canonisée bien qu'elle fît l'objet de dévotions pour sa bonté (tombe fleurie presque en permanence). On retrouve aussi le carré des Inondés, où l'on enterra les victimes de l'inondation de 1875 (plus de 200 morts) du quartier Saint-Cyprien. S'il ne fallait en voir qu'une, allez donc jeter un œil dans l'allée qui borde le flanc le plus haut du cimetière, sur la sépulture d'Aristide Bergès. Édifice à l'antique représentant de fausses ruines grecques avec colonnades ioniques en hémicycle et, sur le devant, un bas-relief romantique où une femme ailée semble en lévitation.

EN RETARD D'UNE BATAILLE

Non loin du cimetière de Terre-Cabade, un obélisque de brique commémore la bataille de 1814 qui vit s'opposer inutilement l'armée française de Soult à la coalition des Anglais menée par Wellington. Ce fut l'une des plus vaines batailles des armées de l'Empereur. En effet, Napoléon avait abdiqué quelques jours auparavant, mais la nouvelle ne leur était pas encore parvenue. La bataille fit quand même 2 000 morts !

Emprunter l'***avenue de la Colonne,*** qui longe le mur nord du cimetière. Au no 27, on découvre une étonnante demeure bourgeoise qui appartenait à un fabricant de terre cuite (la maison est devenue en fait la vitrine d'un savoir-faire). Pour mieux l'observer, se placer face au no 25, où l'on découvre ainsi un fronton d'une rare exubérance allégorique avec volutes végétales, agrafes, balcons... le tout évidemment en terre cuite. À l'angle du toit, un singe malin portant gibus semble guetter le chaland... Comme quoi, la famille avait de l'humour !

Le Lieu Commun – Espace d'art contemporain *(plan d'ensemble détachable, F1)* **:** *25, rue d'Armagnac.* ☎ *05-61-23-80-57.* • *lieu-commun.fr* • *Mer-sam 12h-19h (quand il y a des expos).* Un vaste espace dédié aux arts contemporains sous toutes leurs formes, proposant expos, concerts et happenings. Un lieu en mutation permanente, offrant éclectisme artistique et une vraie dynamique.

LES QUARTIERS DU MIRAIL, DE BELLEFONTAINE ET DE LA REYNERIE

Info utile

– ***Visites des quartiers du Mirail, de Bellefontaine et de la Reynerie :*** *association La Gargouille.* ☎ *05-34-60-12-75.* ● *la-gargouille.org* ● Cette association propose des visites inédites et des randonnées urbaines dans ces quartiers, afin d'en comprendre les réalités sociales, culturelles et architecturales. Une approche intéressante et décalée pour découvrir les richesses urbaines de la ville d'une autre manière.

Le quartier du Mirail : situé au sud-ouest de Toulouse, le Mirail est l'un de ces quartiers dont tout le monde a entendu parler, un jour ou l'autre, la plupart du temps en mal, et qui évoque des images d'une cité de béton, édifiée en d'autres temps par des concepteurs qui ne devaient pas vraiment réaliser que des gens allaient véritablement habiter là. Le Mirail concentre aujourd'hui près de 30 000 personnes. Pas moins de 85 nationalités y sont représentées. Après la mort d'un jeune du quartier en décembre 1998, celui-ci connut de sérieux troubles largement relayés par les médias. Le Mirail fut également très touché lors de l'explosion de l'usine AZF toute proche, avec plusieurs centaines de logements endommagés. Bref, un quartier où, à priori, on n'a pas envie d'aller flâner.
Et pourtant, le Mirail a connu ses heures de gloire, si l'on ose dire. Oui, le Mirail correspond à un véritable rêve, à une grande utopie d'hier. Il s'agissait de créer une ville nouvelle, conviviale, dont la mixité sociale et la rencontre entre les habitants auraient été les deux fleurons. On voulait en finir avec la politique des grands ensembles de l'après-guerre et des cités-dortoirs concentrant un nombre élevé de logements sur un espace réduit.
Tout commence en 1959, avec le changement de municipalité. Pour répondre à l'augmentation de la population et dans un souci de rééquilibrage de la croissance de la ville sur les deux rives de la Garonne, le nouveau maire, Louis Bazergue, caresse l'idée (un rien mégalo) de créer de toutes pièces un pôle urbain qui aurait pour objectif de dédoubler le vieux centre de Toulouse et d'accueillir les instances administratives régionales. Un nouveau Capitole était même prévu ! En 1960, une ZUP est délimitée (avec cinq « sous-quartiers » : Bellefontaine, la Reynerie, le Mirail, les Pradettes, la Mounède). L'équipe menée par le grand architecte Candilis remporte le concours sur la base d'un projet éminemment novateur : il prévoit l'aménagement d'un espace urbain avec trois types d'habitat (les grands collectifs, les petits collectifs et les maisons individuelles), des commerces, des équipements sociaux, culturels et de loisirs, sans oublier une zone industrielle fournissant du travail aux habitants (zone d'activité de Basso Cambo). Le tout respectant la configuration du site et même les vieux arbres centenaires (le Mirail est aujourd'hui la zone de Toulouse qui compte le plus d'espaces verts !). Une véritable révolution ! Le projet est alors considéré comme pilote et on en parle dans les écoles d'architecture du monde entier ! Les travaux débutent en 1964. Mais voilà, rapidement les moyens viennent à manquer, les procédures administratives sont contraignantes, les opérations prennent du retard. Une opposition grandissante se développe, certains promoteurs se retirent (peut-être pas assez de dorure dans les maisons individuelles construites sur le même standing que les grands collectifs ?). Les petits propriétaires désertent les lieux. C'est alors que commence à arriver une nouvelle population plus métissée et que finit la mixité sociale si chère à Candilis. Peu de temps après l'élection de Pierre Baudis à la mairie de Toulouse en 1971, le projet est réorienté et on intensifie la construction de grands immeubles locatifs. Au fur et à mesure, le rêve s'est donc étiolé, l'utopie s'est confrontée à la dure réalité.

Et maintenant ? Le GPV (mais quézako ?) ! Le Grand Projet de ville, qui prévoit la réhabilitation de toute la zone. Les travaux sont en cours...

➢ Pour s'y rendre, par le périphérique, prendre la sortie « Le Mirail ». Le secteur est également desservi par le métro (Ⓜ Mirail-Université, La Reynerie ou Bellefontaine).

Le quartier de Bellefontaine : c'est LE quartier pilote où débutèrent les travaux. Le seul secteur où l'on retrouve les trois types de logements locatifs prévus par l'architecte Candilis, avec notamment de grandes barres d'habitations parcourues par des coursives ; des « rues aériennes » conçues comme de véritables lieux de rencontre. À leurs pieds, une grande dalle de béton (censée être la colonne vertébrale du projet !) permettant aux habitants de circuler d'un quartier à l'autre, à l'écart de la circulation.

Le quartier de la Reynerie : ce devait être le nœud névralgique avec les administrations régionales et une grande esplanade aboutissant sur un lac : la classe, quoi ! Ce dernier a été bien creusé, mais le centre régional ne vit jamais le jour. Au beau milieu, comme parachuté d'on ne sait où, le *château de la Reynerie* (XVIIIe s), qui fut la propriété des époux du Barry (vous savez, la célèbre comtesse et maîtresse de Louis XV). En fait, par le passé, ces terres étaient très prisées de la noblesse toulousaine. Ne se visite pas. Mais une petite balade dans son ravissant jardin ombragé ne se refuse pas !

L'université Toulouse – Jean-Jaurès** (ex-université Le Mirail) **: le projet initial de création de logements fut fortement modifié par la construction de la nouvelle faculté de sciences humaines et de l'école d'architecture, peu de temps après les événements de Mai 68. Son organisation très géométrique autour de « rues couvertes » respecte néanmoins l'esprit de Candilis. Prévue pour accueillir 10 000 étudiants, elle compte aujourd'hui près de 28 000 inscrits. Devenue trop petite, de nouveaux locaux ont été construits à partir des années 1990 : ironie du sort, ce sont ces derniers qui ont le plus souffert de l'explosion de l'usine AZF ! Si vous franchissez les portes de l'université, jetez un petit coup d'œil au château du Mirail du XVIe s, remanié aux XVIIe et XVIIIe s, et qui sert notamment aux soutenances de thèse. L'université a officiellement changé de nom en 2014.

À VOIR. À FAIRE HORS DU CENTRE

La Cité de l'espace** (hors plan d'ensemble détachable par G4) **: *av. Jean-Gonord. ☎ 05-67-22-23-24. • cite-espace.com • ♿ À l'est de la ville. Pour y aller : en voiture, à 7 km du centre de Toulouse par la route de Castres (D 826) ; sortie n° 17 depuis le périphérique en direction de Montpellier, sortie n° 18 en direction de Bordeaux. En bus et métro, prendre le métro ligne A jusqu'à la station Jolimont ou le métro ligne B jusqu'à la station Ramonville, puis le bus n° 37, arrêt Cité-de-l'espace ; également le bus n° 16, arrêt Gymnase-de-l'Hers, à env 500 m de la Cité de l'espace. Tlj (sf lun sept-mars, hors vac scol) 10h-17h, 18h ou 19h selon période (et même jusqu'à 23h certains j. d'été). Fermé en janv. Entrée : 21-24 € selon saison (ticket valable tte la journée ; possibilité de l'acheter sur Internet) ; enfant 5-15 ans, 15,50-17,50 € ; gratuit moins de 5 ans ; forfait famille ; réduc. Possibilité d'un billet « spécial 2e jour » : 5 € supplémentaires (peut être intéressant pour ceux qui débutent la visite en milieu d'ap-m). Nocturnes certains jeu en été (½ tarif à partir de 19h). Également des visites guidées (supplément 4,90 € ; enfant 3,90 €) et des animations à la carte (prix variables, se renseigner). Compter une bonne journée pour la visite. Pour tt public, dès 3 ans. Propose également un riche programme événementiel, en rapport avec l'actualité spatiale du moment.*

Il était assez évident, dans la ville de l'aérospatiale, de créer ce parc de découverte de l'espace et de l'astronomie, qui fait d'ailleurs souvent parler de lui lors de grands événements spatiaux et astronomiques comme la nuit des étoiles, le suivi du robot Curiosity sur Mars, l'atterrissage de Philae de la mission Rosetta, etc. (conférences, animations, lancements spatiaux commentés en direct). Des attractions interactives basées sur une réalité scientifique, des animations amusantes, des salles de spectacle, des lieux d'observation et une exposition temporaire bien conçue font de la Cité un site vivant, ludique et intelligemment didactique. Tout cela servi par une remarquable muséographie, misant sur les sensations et l'immersion. Pas d'axe de visite particulier, le visiteur vogue au gré de son intuition.

- ***Le pavillon d'expositions*** donne des points de repère pour comprendre l'espace et l'astronomie. Il permet de vivre des expériences surprenantes comme reproduire le vide spatial, jouer à l'astronome dans son observatoire, regarder des comètes en mouvement, réaliser son propre bulletin météo à la TV, etc. On y découvre comment envoyer des objets dans l'espace (on peut assister à un lancement de fusée comme si on était à Kourou en Guyane, en Chine ou aux États-Unis). On teste les applications spatiales utilisées aujourd'hui en télémédecine, dans l'agriculture, pour la surveillance des animaux ou la pêche en mer. En présence d'un météorologue, on s'amuse à réaliser en direct des prévisions météorologiques. D'autres thèmes tels la vie et le travail dans l'espace ou l'observation de la Terre y sont développés. Le message est clair, l'homme part à la découverte de l'espace pour l'explorer et saisir ses origines, mais aussi et surtout pour observer la Terre, surveiller son état, son climat, son évolution et celle des glaciers, et enfin prévoir certaines catastrophes. Ne vous privez pas du plaisir « extra-ordinaire » de marcher (ou plutôt de sautiller) sur la Lune (vous êtes six fois plus léger que sur Terre !) grâce au *Moon-Runner* ou encore de vous installer sur le siège rotatif pour tester votre oreille interne. Admirez aussi une véritable pierre de lune rapportée par les astronautes de la mission *Apollo 15* et une véritable météorite martienne.

En 2017 et 2018, la Cité de l'espace accueille l'expo Astronautes qui a pour objectif de faire partager le quotidien des astronautes en mission dans la station spatiale internationale (ISS). Tiens, comment fait-on pour se couper les cheveux, tout là-haut ? Comment fait-on pour se brosser les dents ? Pourquoi le chocolat n'a pas le même goût dans l'espace ? Essayez donc, vous comprendrez ! Passionnant !

- ***Les jardins*** accueillent un ensemble d'activités et de lieux d'observation. On s'y balade en butinant selon ses propres centres d'intérêt. L'accès se fait par l'*allée de l'Infini* qui permet un voyage à la verticale, à l'aide de 27 panneaux, depuis la Terre jusqu'aux confins de l'univers. Chaque panneau nous élève du point initial en multipliant la distance par 10. Au dernier panneau, on atteint la limite de l'univers après avoir parcouru l'équivalent de 13,7 milliards d'années lumière... Plus loin, reconstitution de la fusée *Ariane 5* grandeur réelle (55 m) et authentiques objets spatiaux : capsule russe *Soyouz* dans laquelle on peut prendre place comme un vrai cosmonaute (!), véritable modèle d'essai de la station *Mir* qui servit à la réalisation de tests au sol. Ce dernier n'a jamais été mis sur orbite, mais il est équipé à l'identique. À l'intérieur, on notera la différence entre la nourriture spatiale des Russes, des Américains et des Français. Dans la *coupole de l'Astronome,* on peut observer le Soleil, la Lune et des planètes à l'aide d'un télescope, lorsque le temps le permet. Sous la fusée *Ariane 5,* la *Base des enfants,* un espace interactif pour les bambins de 6 à 12 ans, pour jouer à l'apprenti ingénieur, à l'astronome ou à l'astronaute. À proximité de *L'Astralia,* le *square des Petits Astronautes* est une aire de jeux pour les enfants dès 3 ans. Et plein d'autres choses encore...

- ***L'Astralia :*** regroupe le grand écran Imax et le planétarium. La salle de cinéma grand format Imax, avec un écran de 350 m², projette un film saisissant en 3D : une immersion totale garantie dans l'espace ! En complément, un planétarium avec un écran hémisphérique de 360° et un simulateur astronomique pour un véritable voyage d'exploration dans l'univers.

Sur place, deux espaces restauration, ***L'Astronaut Café*** *(formules à partir de 12,90 €)* et ***L'Espace 149*** *(sandwicherie).* Mais on peut aussi pique-niquer sur place ou à proximité : agréable espace vert à disposition.

Terre de Pastel *(hors plan d'ensemble détachable par G6)* **:** *629, rue Max-Planck, 31670* ***Labège.*** *☎ 0800-940-167 (appel gratuit).* • *terredepastel.com* • *À env 10 km du centre-ville. Prendre le métro ligne B jusqu'à la station Rangueil, puis le bus nº 80 direction Belberaud-La Balme, arrêt Grande-Borde. En voiture, prendre l'A 620 direction Montpellier, puis sortie 19 direction Labège-Innopole. Tlj sf dim 10h-13h, 14h-19h (17h lun).* Un espace consacré au pastel qui comprend une partie musée *(expos permanente et temporaire ; accès libre)* et un spa (soins du visage et du corps ; balnéothérapie : piscine, hammam et sauna ; *tlj 10h-19h30*). Également une boutique et un resto.

Aeroscopia et les circuits de visite Airbus (Let's Visit Airbus) : à deux pas de Toulouse, à ***Blagnac,*** il ne faut évidemment pas louper la visite d'Airbus ! Voir plus loin les textes dans la partie « Dans les environs de Toulouse ».

OÙ ASSISTER À UN MATCH DE RUGBY ?

Il serait impardonnable de ne pas vous inviter à voir jouer le Stade toulousain, l'une des toutes premières équipes de rugby françaises (voire du monde) ! Tiens, savez-vous pourquoi le Stade toulousain joue en rouge et noir ? Parce que c'était la couleur des capitouls. Les matchs ont lieu au stade des Sept-Deniers ou Ernest-Wallon, et parfois au Stadium (pour les grandes affiches). Pour connaître les dates des matchs, renseignements à l'office de tourisme, sur le site internet • *stadetoulousain.fr* • ou dans le quotidien *Midi Olympique* ; de toute façon, vous le saurez en vous promenant en ville...

LES ENVIRONS DE TOULOUSE

• Carte *p. 116-117*

AUX PORTES DE TOULOUSE

Si Toulouse possède d'incroyables atouts esthétiques, culturels et gastronomiques, certaines des municipalités qui l'entourent sont aussi dignes d'intérêt. Toulouse Métropole, bien loin des cités-dortoirs, possède son lot de richesses, pourtant parfois assez méconnues des Toulousains eux-mêmes. Voici une sélection qui propose des sites étonnants, de belles églises, quelques points de vue, une base de loisirs et une remarquable forêt qui donne envie de traverser la rocade le temps d'une escapade.

BLAGNAC

(31700)

Cette commune aux portes de Toulouse est, pour beaucoup, simplement le nom d'un aéroport (Toulouse-Blagnac). Pour d'autres, elle est synonyme de l'industrie aéronautique au sens large, avec les célèbres usines Airbus. C'est vrai. Mais peu de gens savent que derrière son rôle industriel marquant, il existe un joli petit village, bien agréable, avec un vrai petit cœur qui bat, où il fait bon vivre.

Où manger dans les environs ?

De chic à plus chic

|●| ***Le Cantou :*** *98, rue Vélasquez, 31300* ***Saint-Martin-du-Touch.*** *☎ 05-61-49-20-21. • contact@cantou.fr • À la sortie de Toulouse ; prendre la rocade en direction de Colomiers et sortir à « Saint-Martin-du-Touch Airbus ». Tlj sf w-e et j. fériés. Congés : 3 sem en août et 2 sem fin déc-début janv. Résa impérative. Menus 35-65 € ; carte env 55-60 €.* Un lieu étonnant que cette belle maison de village, carrément en bout de piste. Beau parc, jardin magnifique et spectacle garanti, l'été, quand la terrasse affiche complet. Mais, une fois l'avion passé, tout le monde replonge le nez dans son assiette, car c'est là que l'essentiel se passe. Une des plus belles tables

toulousaines, qui joue tout à la fois le respect des traditions et l'envol des saveurs, situation oblige. Très cosy également aux jours gris. Service pro et décontracté tout à la fois. Un grand moment.

L'Amphitryon : *chemin de Gramont, 31770* ***Colomiers.*** *☎ 05-61-15-55-55. • contact@lamphitryon.com • ♿ À 8 km de Toulouse. Par le périphérique, direction Auch, sortie n° 3. Suivre Cornebarrieu. Après le 2e rond-point, prendre la 2e à droite : c'est à 800 m. Tlj sf sam midi. Formule déj en sem (sf j. fériés) 38 € (53 € accord vins et café) ; menus 79-165 €.* Dans cette bâtisse aux airs de villa bourgeoise récente se dissimule l'une des grandes tables de la région ! Beaucoup de classe et d'élégance avec un cadre qui joue dans un registre chic contemporain. Dès que le temps le permet, les tables sont dressées sur la terrasse qui surplombe un petit parc arboré. Avec un esprit créatif et attaché à ses racines du Sud-Ouest, Yannick Delpech invente au quotidien une cuisine de haute volée, délicate et raffinée. Une adresse dont on profitera à midi pour sa formule d'un bon rapport qualité-prix.

À voir

L'église : *au cœur de la ville, pl. de l'Église.* Érigée au XIVe s, c'est un volume massif en gothique méridional, surmonté d'un intéressant clocher-tour, tout en brique, qui fut décapité par un avion durant la Seconde Guerre mondiale.

Le parc des Ramiers : *derrière l'église, en contrebas.* Sur plusieurs hectares, un grand parc organisé tout en longueur, joliment aménagé. Sentier de jogging tout au long du fleuve. Au cœur du parc, une jolie sculpture de Toutain (artiste régional).

Aeroscopia : *rue Roger-Béteille, à Blagnac (31700). • aeroscopia-blagnac.fr • ♿ En voiture, par le périphérique, prendre la direction de Blagnac-Aéroport, puis sortie n° 4 « Secteur Aéroportuaire Nord » ; suivre la D 902 Beauzelle-Seilh, puis prendre la sortie n° 902.3 « ZAC Aéroconstellation » ; au 1er rond-point à gauche, puis 1re à droite ; l'entrée se trouve au bout de l'allée André-Turcat. En transports en commun : Ⓜ Arènes, puis Ⓣ Beauzelle (ligne 1). De là, compter env 15 mn de marche jusqu'au site. Tlj 9h30-18h (19h vac scol) ; fermeture des guichets 1h avt. Entrée : 11,50 € ; réduc ; gratuit moins de 6 ans ; supplément de 3,50 € pour une visite commentée. Audioguide : 3 €. Billet Aeroscopia et visite Airbus : 23 € (19 € en tarif réduit).*

Sous une vaste nef d'acier, Aeroscopia est un espace muséographique dédié à l'histoire aéronautique. Il rend hommage à la fabuleuse aventure humaine qui a conduit, pas à pas (ou saut après saut...), à la conquête des airs. Il y a eu du boulot pour aboutir à l'A380 ! En début de visite, on embarque dans le *Super Guppy,* un avion cargo impressionnant qui a été utilisé pour transporter les pièces d'Airbus à travers l'Europe. Il s'agit en fait d'un ancien Boeing 377 sacrément remanié (au niveau du cockpit, noter la carlingue initiale du Boeing !). C'est l'ancêtre du Beluga. À l'intérieur, projection d'un film sur l'histoire de l'aviation.

Ensuite, on déambule sur une passerelle qui permet d'avoir une vue en hauteur sur les avions exposés. Belle maquette grandeur nature du *Berliot XI,* l'avion mythique qui réussit la 1re traversée de la Manche le 25 juillet 1909. On a un petit faible pour le beau *Gringo,* un avion privé construit en 1986 par José Verger, un passionné d'aéronautique. Le long de la passerelle, une fresque d'une cinquantaine

AVIS AUX AVIONS !

Que signifie donc le mot « avion » ? Selon l'Académie, c'est l'union des mots latins avis (oiseau) et actio (animé). Pour d'autres, c'est un acronyme inventé par Clément Ader : Appareil Volant Imitant l'Oiseau Naturel. Choisissez votre version. Nous, on n'en sait rien !

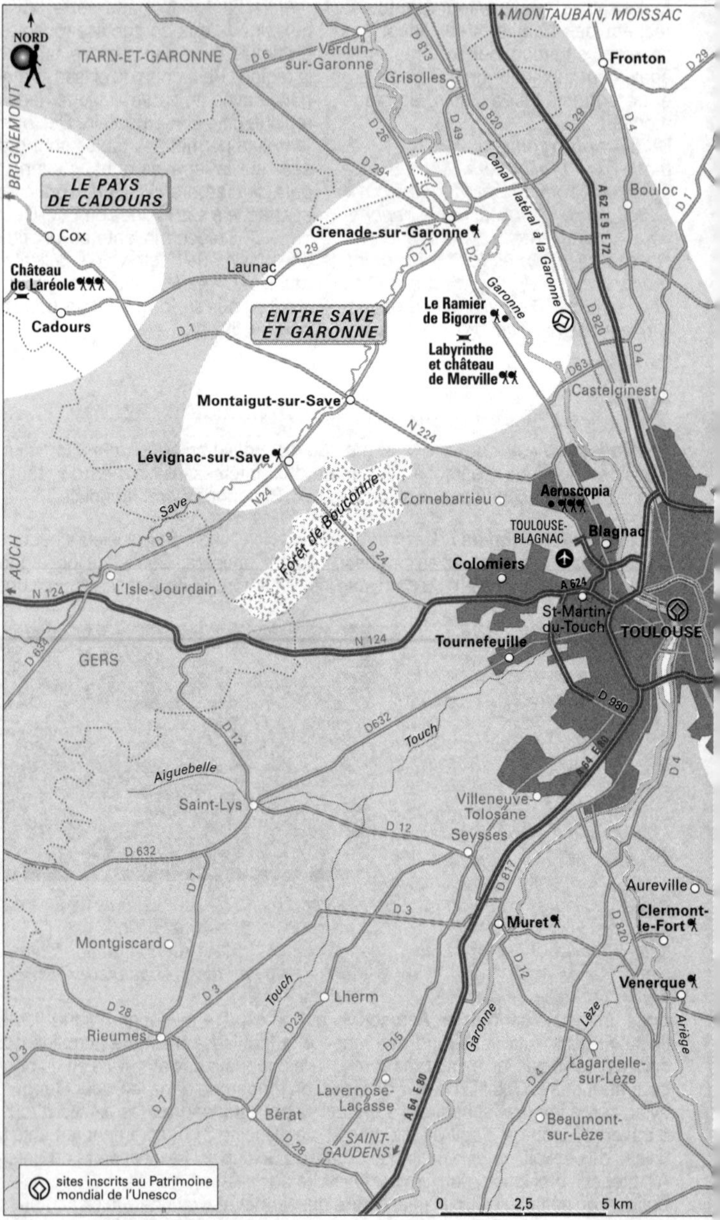

LES ENVIRONS DE TOULOUSE

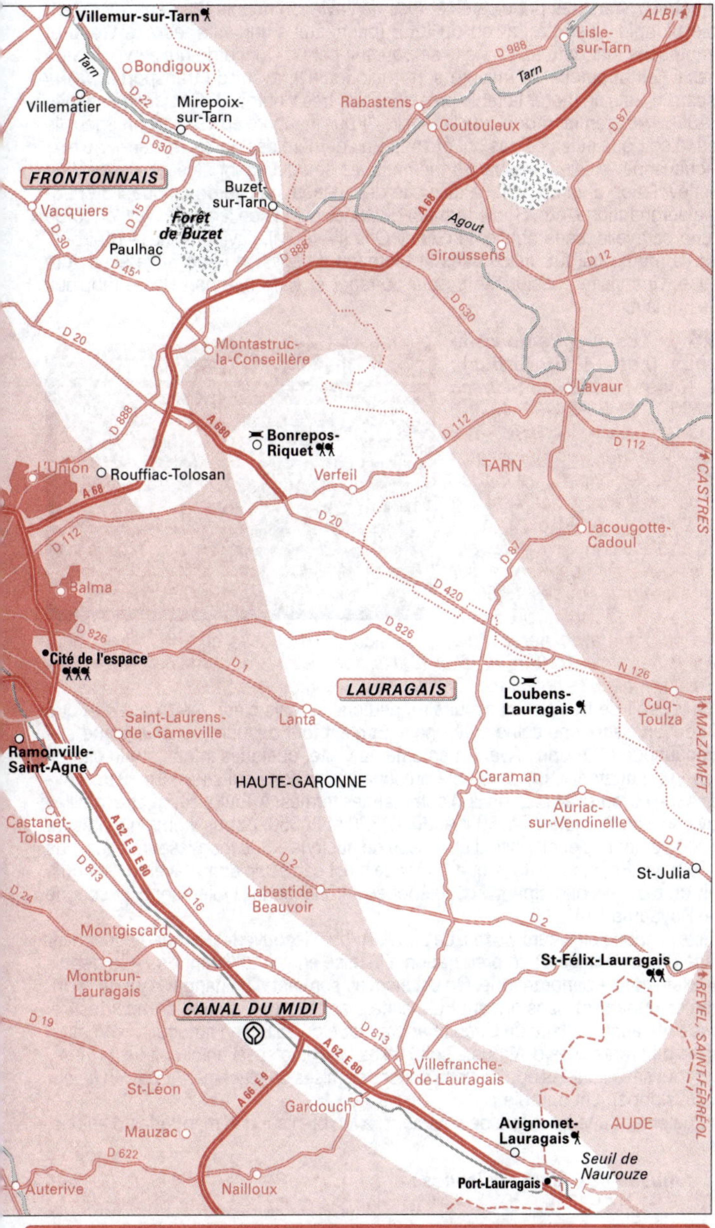

LES ENVIRONS DE TOULOUSE

de mètres retrace les principales étapes de l'aviation depuis Clément Ader, véritable pionnier, jusqu'à l'avion du futur (panneaux explicatifs, écrans vidéo et nombreuses maquettes). La visite se poursuit par un Concorde qui servit d'avion d'essai (les appareils de mesure sont toujours là !), avant de transporter Valéry Giscard d'Estaing (noter la table présidentielle, très vintage...). On accède ensuite à l'A300B, le premier modèle de la famille Airbus inauguré en 1972. À l'intérieur, le cœur électrique et les câbles ont été mis à nu derrière des parois de verre. Au rez-de-chaussée, plusieurs espaces thématiques se succèdent : les coulisses d'un vol, l'évolution d'un cockpit, la diversité des métiers de l'aéronautique, l'archéologie aéronautique, etc. Sur le tarmac, quelques avions de légende : le Concorde et une caravelle, sans oublier le *Grizzly One* (l'A400M), l'avion militaire d'Airbus, celui-là même qui fut utilisé dans le tournage de *Mission impossible* avec Tom Cruise. Une visite passionnante pour partager et vivre une part de ce fabuleux rêve humain.

Les circuits de visite Airbus (Let's Visit Airbus) : *rue Roger-Béteille, à Blagnac (31700). ☎ 05-34-39-42-00. • manatour.fr • (sur rdv). Pour s'y rendre, voir Aeroscopia ci-dessus (les départs se font en bus depuis Aeroscopia). Tlj sf dim 8h-19h ; résa préalable obligatoire et pièce d'identité indispensable ; possibilité de réserver sur le site internet. Entrée : 15,50 € ; réduc ; gratuit moins de 6 ans. Billet combiné avec Aeroscopia 23 € ; réduc. Les circuits durent 1h30. Visites guidées tte l'année, pdt les vac scol, tlj sf dim et j. fériés. Possibilité de visite guidée spéciale enfants, se renseigner. Dernier détail : photos interdites.*

On a le droit de trouver les circuits un peu chers, mais c'est une exclusivité que de pouvoir visiter une usine d'aéronefs. Et c'est tout de même le plus grand site aéronautique d'Europe ! Avant d'entamer la visite, quelques infos : sur le site de Jean-Luc Lagardère, on assemble presque trois avions par mois. En 2015, l'Airbus A380 enregistrait plus de 300 commandes fermes. À Toulouse, quatre familles d'avions voient le jour : l'A380, l'A330, l'A320 et l'A350. Airbus y emploie près de 20 000 personnes et dispose d'un réseau de quelque 1 500 fournisseurs dans plus de 20 pays. Enfin, rappelons que la France n'est pas seule dans l'aventure Airbus. Trois autres pays participent à cette épopée aéronautique : l'Allemagne, l'Espagne et le Royaume-Uni.

Le site propose plusieurs visites. Le *circuit Airbus* découverte permet de découvrir le site d'assemblage et de préparation à la mise en vol du Géant des Airs depuis une plate-forme panoramique. On est alors au sommet d'un hangar haut de 46 m. Impressionnant et passionnant ! La visite s'achève par la salle de télémesure. Possibilité aussi de faire un *Circuit panoramique* de 25 km en autocar, commenté, sur les différents sites d'Airbus... soit 700 ha ! Il existe aussi un circuit *Visite verte,* pour tout savoir sur les applications concrètes mises en place par Airbus en faveur du développement durable.

Également une boutique de souvenirs, avec bien sûr des maquettes d'avions, etc.

LES AVIONS PAR LA QUEUE

Durant la visite chez Airbus, on s'aperçoit que, sur les chaînes d'assemblage, seules les queues des avions sont déjà peintes aux couleurs des compagnies. Pourquoi ? Tout simplement parce que celles-ci sont tellement hautes qu'on les peint avant l'assemblage, afin de réduire les frais d'échafaudage. Une vraie économie d'échelle !

Le musée des Ailes anciennes : *4, rue Roger-Béteille, à Blagnac (31700). ☎ 05-61-21-70-01. • aatlse.org • En face d'Aeroscopia. Visites guidées sam à 9h30 et 10h30 ; durée : 1-2h. Visites non guidées tlj sf dim-lun 14h (9h sam)-18h. Entrée : 6 € ; gratuit moins de 8 ans. Billet combiné avec Aeroscopia : 16,50 € ; réduc.* Cette association de bénévoles récupère d'anciens avions pour les retaper et enrichir la collection d'Aeroscopia. Visite de l'atelier où on leur fait subir un petit

LES ENVIRONS DE TOULOUSE

(ou grand !) lifting. À l'extérieur, une quarantaine d'engins, dont la Caravelle qui fut, un temps, le joujou privé de l'empereur Bokassa !

MURET

(31600)

Cette commune de la banlieue toulousaine fut le théâtre d'un important fait historique : la bataille de Muret (1213), qui a vu les troupes alliées au comte de Toulouse s'opposer aux armées de Simon de Montfort (croisade contre les Albigeois) et qui vit la mort de Pierre d'Aragon. Le village possède encore un petit centre historique, où l'on jettera un œil à l'église Saint-Jacques (entrée par la rue Saint-Jacques), qui abrite une pierre gravée narrant l'histoire de la bataille de Muret. Derrière l'église, les fans d'architecture d'après-guerre observeront d'un œil amusé la halle moderniste de 1955. Un sympathique petit musée rend hommage aux illustres personnages originaires de la ville.

Où manger dans les environs ?

I●I *En Marge :* *1204, route de Lacroix-Falgarde, Birol, 31320* ***Aureville.*** *☎ 05-61-53-07-24. • enmarge@orange.fr • À 17 km de Toulouse. Tlj sf dim soir. Congés : 1 sem à Noël. Menus 34 € (midi en sem), puis 66-140 €.* Après les cuisines du fameux étoilé toulousain *Les Jardins de l'Opéra,* le chef Franck Renimel a roulé sa bosse jusqu'aux Antilles, avant de se retrouver à Toulouse. Le cadre, un univers d'inspiration néobaroque, est décalé et anticonformiste, tout comme la cuisine. Le chef s'amuse en préparant une cuisine de l'instant, selon le marché du jour et son inspiration. Il faut lui faire confiance et se laisser guider par le menu « Bouche à oreille » à midi, ou les menus certes plus chers mais sacrément créatifs.

À voir

🜲 *Le musée Clément-Ader et des Grands Hommes :* *6, bd Aristide-Briand. ☎ 05-61-51-91-40. • mairie-muret.fr • Le long d'un parc. Juil-août, tlj sf lun 14h30 (15h dim)-18h (19h mar) ; le reste de l'année, tlj sf lun 14h-17h30. Entrée : 2,50 €.* Sur la propriété de Vincent Auriol (une maison du début du XXe s), on a réuni les souvenirs de quatre personnages locaux : *Clément Ader,* premier homme à avoir fait voler un objet plus lourd que l'air (objets personnels liés à ses inventions) ; *Vincent Auriol,* qui fut maire de Muret avant de devenir président de la République entre 1947 et 1954 (souvenirs liés à sa présidence) ; le *maréchal Niel,* qui servit sous Napoléon (costumes, vaisselle, mobilier...) ; et enfin *Nicolas Dalayrac,* compositeur de la fin du XVIIIe s dont malheureusement la notoriété ne semble pas avoir dépassé la région (son violon, son bureau...).

TOURNEFEUILLE

(31170)

Tournefeuille n'a pas la notoriété de Blagnac. Pourtant, les Toulousains s'y rendent régulièrement, car on y cultive plusieurs plaisirs : ceux de l'estomac avec une excellente table, ceux de l'esprit avec un super cinéma, et ceux du

farniente avec une très belle base de loisirs. Allez, petit tour d'horizon. Sur la place de la République, une maison à pans de bois.

Où manger ?

L'Art de Vivre : *279, chemin Ramelet-Moundi. ☎ 05-61-07-52-52. • contact@lartdevivre.fr • Tlj sf dim soir et lun-mar. Congés : 3 sem en août et 2 sem à Noël. Formule et menu déj en sem 19,50-25,50 € ; autres menus 40-62 € ; carte 50-60 €.* Au bord de l'Ossau, un lieu assez enchanteur et verdoyant pour découvrir une cuisine créative basée sur des produits de première qualité. Après s'être formé chez les plus grands, de Girardet, en Suisse, à Bruneau, en Belgique, Pierre Sepulchre a posé son piano à 7 km de Toulouse, dans cette maison tranquille. Au programme des réjouissances, une cuisine créative et raffinée, qui suit les saisons et respecte toute la saveur des produits frais. Idéal l'été, avec la terrasse.

Resto du Cinéma Utopia : *impasse du Château. ☎ 05-34-51-48-38. Plats 10-16 €.* Ce beau cinéma installé dans les anciennes écuries du château de Tournefeuille est également un lieu où l'on fait d'agréables repas tant dans la belle salle de bois que sur la belle terrasse ombragée, avant de s'en mettre plein les mirettes. Cuisine française classique et de bon aloi. Petit déj du dimanche vraiment sympa.

À voir

Le Cinéma Utopia (art et essai) : *impasse du Château. ☎ 05-34-51-48-38.* Un incroyable cinéma installé dans les anciennes écuries du château de Tournefeuille. Quatre salles qui appartiennent au réseau Utopia, ensemble de cinémas indépendants, où l'on mange et l'on boit dans une atmosphère bistrot (il y a même une cheminée pour les soirées d'hiver) avant de s'installer dans de belles salles à la déco originale et chaleureuse. Programmation intelligente et toujours en marge. Pas étonnant que les Toulousains fassent l'effort de venir jusqu'ici pour se payer une toile. Également débats, conférences et ciné-concert.

La base de loisirs de la Ramée : *chemin de Larramet. ☎ 05-61-86-96-79. Bien fléché à Tournefeuille.* Pour s'aérer, c'est ici que viennent les Toulousains. La base offre des kilomètres de balades et de circuits en tout genre. Plusieurs étangs (mais baignade interdite), des stades pour jouer au ballon, une belle piscine, des pistes cyclables ou pour rollers, des zones équipées de barbecue, un lac pour faire de la voile... Un endroit vraiment agréable à deux pas du centre de la Ville Rose.

– Cette commune est également un haut lieu culturel avec le Phare et l'Escale (salles de spectacle), et l'Usine, un important centre de création.

VENERQUE (31810)

Village typique des coteaux d'Ariège où l'on fera halte pour visiter son église médiévale, fortifiée et bénédictine, seul vestige d'une ancienne abbaye en gothique tardif.

À voir

L'église : *au centre du village.* Restaurée au XIXe s, elle a fière allure. Son pourtour a été orné de créneaux et mâchicoulis, rajoutés pendant la restauration, afin d'accuser son caractère fortifié (à une époque où on n'y allait pas avec le dos de la cuillère). Sur l'arrière, les deux absidioles en pierre sont les parties les plus anciennes. À l'intérieur, noter le chœur couvert de peintures de style néo-Renaissance fleuri. Voir encore le chemin de croix réalisé en terre cuite de Virebent (grand fabricant de terre cuite de Toulouse).

CLERMONT-LE-FORT (31810)

Surplombant merveilleusement l'Ariège, voici un minuscule castrum du Moyen Âge, qui offre une vue extraordinaire sur les Pyrénées. Une table d'orientation permet de visualiser les différents pics (comme le pic du Midi de Bigorre, 2 872 m). On passe sous une porte fortifiée pour accéder au cœur du minuscule fort et à son église au clocher-mur. Ensemble en brique et galet de toute beauté mais vraiment petit-petit, avec son puits central.

À faire

➢ ***Le Ramier de Clermont :*** *en contrebas de Clermont-le-Fort, au bord de l'Ariège. Distance : 2 km. Durée : 35 mn A/R. Bien balisé.* Une gentille promenade adorable au bord de la rivière et sous les frondaisons, où l'Ariège traverse d'anciens verrous calcaires en formant de petites chutes sympathiques et rafraîchissantes. Interdiction de se baigner, courants importants et dangereux.

LA FORÊT DE BOUCONNE

Poumon vert des Toulousains en mal d'oxygène, superbe et vaste forêt traversée de nombreux sentiers de balades. Sur plus de 2 300 ha, cette forêt domaniale est cultivée (plantation d'essences diverses, travail de régénération...) et abrite chênes, robiniers, merisiers, charmes, frênes et de nombreux types d'épineux. Superbe et à deux pas de la ville.

À faire

– ***La base de loisirs :*** *au cœur de la forêt.* ☎ *05-61-85-40-10. De Toulouse, accès par les N 124 et D 24.* La base offre des kilomètres de promenades à pied (GR 653), à cheval et à VTT. On y trouve également une piscine extérieure, des aires de jeux, des terrains de tennis, de belles aires de pique-nique avec barbecue, etc.

➢ ***Circuits VTT :*** la base propose six circuits de VTT dans la forêt, bien balisés et numérotés, de 11 à 32 km. Ils constituent de superbes invitations à découvrir ce domaine exceptionnel. Brochure complète et très bien faite disponible à l'accueil de la base de loisirs. Elle indique les circuits avec précision.

MOULINS ET CHÂTEAUX EN LAURAGAIS

À une trentaine de kilomètres à l'est de Toulouse, c'est le célèbre « pays de cocagne », où poussait le pastel.
Terre de collines à perte de vue traversée par le canal du Midi, transition entre l'Aquitaine et le Languedoc. C'est un paysage assez homogène parfois balayé par l'autan, un vent souvent fort, très sec et venant du sud-est de la Montagne noire.
Vous rencontrerez ici beaucoup d'églises fortifiées. Elles vous rappelleront que la région fut la voie de passage de nombreuses invasions. Enfin, en Lauragais, on a conservé pas mal de traditions (comme le cassoulet) et on cultive un doux art de vivre, à l'image de ces terres vallonnées, quand l'autan fait sa sieste... sans faire tourner les ailes des anciens moulins.

UNE GUERRE DE RELIGION CACHÉE

La culture du pastel, tenue par les protestants, enrichit les alentours de Toulouse et d'Albi. Au XVIIIe s, cette plante fut détrônée par l'indigo, provenant d'un arbuste des Antilles bien moins cher à produire que le pastel. Cette guerre économique fut d'autant plus violente que les planteurs des îles étaient catholiques.

BONREPOS-RIQUET (31590)

Ce minuscule village abrite un château où l'on retrouve la passionnante épopée de Pierre-Paul de Riquet.

À voir

Le château de Bonrepos : *31590 Bonrepos-Riquet. ☎ 05-67-16-16-18. • bonrepos-riquet.fr • En visite guidée slt (durée : 2h) : juil-août, mar-sam et j. fériés à 15h, dim à 15h et 16h ; juin, sam-dim et j. fériés à 15h ; mai et sept, dim et j. fériés à 15h. Tarif : 8 € ; réduc ; gratuit moins de 12 ans. Mi-juin, pdt 1 w-e, ont lieu les Festivités de Riquet : le Tout-Bonrepos-Riquet et les villages alentour se déguisent pour festoyer dans le parc du château. Le 1er w-e de nov, on y organise Les Journées des plantes, un grand marché aux plantes avec de nombreux producteurs et artisans (entrée : 3 €, gratuit moins de 12 ans). Mai-oct, concerts dim ap-m (5-15 € selon programmation).* Demeure de Pierre-Paul de Riquet, le concepteur et réalisateur du fameux canal du Midi, au XVIIe s. C'est dans le parc de ce château (également du XVIIe s) qu'il expérimenta,

INVESTIR POUR LA FRANCE

Avant d'être l'instigateur du canal du Midi, Riquet était superviseur de l'impôt sur le sel et du transport de celui-ci. C'est d'ailleurs la question du transport qui lui donnera l'idée du canal... La famille Riquet, propriétaire de l'ouvrage, devra patienter 25 ans après la mort de Pierre-Paul pour finir d'éponger les dettes liées à la construction du canal !

grandeur nature, le système hydraulique du futur canal. Le château fut reconstruit par la famille Riquet pour en faire une demeure familiale et un lieu d'expérimentation. Il faut dire que les Riquet étaient l'une des familles les plus puissantes de la région. Le château fut habité jusqu'en 2007. Le canal devait en fait longer le château, mais son tracé fut finalement déplacé pour passer par Toulouse. Autant le savoir, le château est vide et relativement abîmé. Mais c'est la visite guidée qui est intéressante ici, car, outre les pièces que l'on visite rapidement, c'est surtout la genèse de l'épopée du canal que l'on vous narre et qui est d'un grand intérêt. Après l'intérieur du château, du parc et de l'orangerie, on se dirige vers le ***vallon de Garenne,*** zone de chasse et de pêche, où Riquet installa sur 24 ha une succession de bassins où étaient captées les eaux de ruissellement des vallons environnants. C'est donc ici qu'il mettra en pratique, sous le contrôle des ingénieurs du roi, toutes ses hypothèses les plus ambitieuses. On y verra le bassin-canal long de 250 m et ce qu'il reste du fameux « modèle hydraulique ». Puis passage à la ***glacière,*** ancien lieu de stockage des blocs de glace pour l'alimentation du château en eau.

LOUBENS-LAURAGAIS (31460)

Très joli village accessible par la D 826, doté de quelques maisons à colombages et d'un beau château Renaissance entouré d'un parc. On est ici au cœur du pays du pastel.

À voir

Le château de Loubens-Lauragais : *☎ 05-61-83-12-08. • chateaudeloubens.com • Ouv tte l'année pour les groupes sur rdv slt. Entrée : 6 € ; réduc.* Beau château Renaissance fortifié, remanié au XIXe s. On est accueilli ici par la propriétaire, qui vous reçoit comme à la maison, et c'est sans doute ce qui constitue tout l'intérêt de la visite. Avant d'entrer, petite vidéo sur le château et la famille (environ 10 mn). L'extérieur du château frappe par ses deux grosses tours joufflues au nord et une autre hexagonale au sud. Ce côté-là accuse un caractère tout à fait méridional. On passe en revue une quinzaine de pièces meublées (grands salons, salle des gardes, cuisine, chambre du capitoul, bibliothèque...), dont certaines accueillent des vitrines pleines de souvenirs, objets divers, collections de dessins, bonnets de bébés, vaisselle, documents personnels, etc. Passage par les greniers à grains (petite expo des dessins d'un des aïeuls) et par les offices souterrains (ancien cachot). Tout autour, 4 ha de parc très boisé dans lequel on peut se promener en toute liberté.

SAINT-FÉLIX-LAURAGAIS (31540)

L'un de nos villages préférés dans la région, situé sur la D 2. Vu sa situation perchée, les Romains y avaient installé un camp. Saint-Félix est à cheval sur la ligne de partage des eaux qui délimite les versants atlantique et méditerranéen. Les cathares tinrent leur premier concile en 1167 au sein du château primitif. Montfort prit la ville et détruisit le château en 1211. Adorable place centrale, avec une belle halle du XIIIe s surmontée d'un beffroi, symbolisant

la bastide, la « ville nouvelle ». Autour, quelques demeures à colombages et encorbellement. C'est aussi le village natal de Déodat de Séverac, compositeur français de la fin du XIXᵉ s-début du XXᵉ s, qui nous laissa notamment la fameuse berceuse *Ma poupée chérie*. Ah bon, vous ne connaissez pas ?

Où manger ?

Auberge du Poids Public : *route de Toulouse. ☎ 05-62-18-85-00. • auberge-du-poids-public.fr • À l'entrée du village. Resto fermé dim soir sf juil-août. Congés : janv. Doubles 76-90 € ; petit déj 11,50 € (petit déj express au bar moins cher). Formule déj en sem 27 € ; menus 47-80 €, et carte.* Agréables petits salons et grande salle à manger au décor distingué, avec vue panoramique sur la campagne. Atmosphère inévitablement chic, mais ce n'est pas un défaut. Produits de qualité au service d'une cuisine inventive : foie gras d'oie ou de canard, gigotin d'agneau de lait des Pyrénées, pigeonneau du Lauragais... La gamme des vins est suffisamment large pour que tout le monde y trouve son compte. À signaler pour les végétariens, un menu tout légumes. Terrasse agréable en saison. Vous tenez là l'une des meilleures tables du département. Une très, très belle étape.

À voir

L'église : *dans la rue principale.* Ancienne collégiale du XIVᵉ s, dédiée à saint Félix. L'intérieur se démarque par le beau buffet d'orgue du XVIIIᵉ s, le plafond polychrome à caissons en trompe l'œil et une intéressante chaire baroque. Une grille en fer forgé ferme le chœur, dont le plafond gothique est orné de belles nervures saillantes. À droite de l'église, la Commanderie, jolie ***maison gothique*** avec fenêtre à meneaux. Construite en 1300, c'est la plus ancienne maison de la bastide. Fronton triangulaire peint en trompe-l'œil.

Se balader côté vallée, au bout du village. Vestiges significatifs des ***remparts*** (du XVIIIᵉ s) avec une tour ronde surmontée d'une table d'orientation qui permet de jeter son regard sur sept départements grâce à un sacré point de vue. Agréable esplanade pour goûter au panorama, dans la douceur des soirées lauragaises.

Importants vestiges du ***château*** des XIIIᵉ-XIVᵉ s, construit dans un style roman tardif, typiquement toulousain. *Se visite l'été, lors des visites guidées organisées par l'office de tourisme (☎ 05-62-18-96-99).*

Fête et manifestations

– ***Festival Déodat de Séverac :*** *de mi-juil à mi-août. Rens auprès de la Maison de Déodat de Séverac : ☎ 05-61-83-01-83.* Concerts payants de musique classique.
– ***Festival Théâtre :*** *dernier w-e de juin.* Rassemble amateurs et professionnels (stages, lectures, etc.).
– ***Fête de la Cocagne :*** *date variable (rens à l'office de tourisme).* Repas, défilé et fête historique.

DANS LES ENVIRONS DE SAINT-FÉLIX-LAURAGAIS

SAINT-JULIA *(31540)*

Vieux village avec quelques vestiges de remparts (porte de Sers). L'église possède un émouvant clocher-mur, campanile complètement usé.

Où manger ?

Auberge de Saint-Julia : *rue du Vinaigre. ☎ 05-61-83-04-79. • aubergedesaintjulia@gmail.com • Ouv le midi mer-dim et le soir jeu-sam. Résa conseillée. Le midi (sf dim), menu 16 € ; le soir et dim midi, menus-carte 30-38 €.* Voici une auberge de village qui constitue une adresse idéale pour le déjeuner. Le menu du jour offre une cuisine maison soignée et copieuse à déguster dans une salle à l'atmosphère très bistrot. Le soir, on s'attable dans une pièce au cadre plus conventionnel. En saison, lorsque le temps le permet, la terrasse est particulièrement agréable.

AVIGNONET-LAURAGAIS (31540)

Dans ce sympathique village, on s'arrêtera voir l'église Notre-Dame-des-Miracles, des XIIIe-XIVe s, de style gothique, dont les travaux ont été arrêtés par la peste, la famine et les guerres. On notera la remarquable tour-clocher, carrée à sa base, puis octogonale et terminée par un classique clocher pointu. Le portail latéral (au sud) présente de jolies voussures. En contrebas de l'église (par la rue qui borde la façade et qui descend), on verra les vestiges d'une tourelle isolée, ancienne poivrière, tout ce qui subsiste de l'ancienne porte de Cers, à laquelle on a accolé une statue de guerrier. Les anciens remparts du village disparaissent sous les habitations qui sont venues s'adosser aux épaisses murailles. Belle vue sur la campagne.

UNE CLOCHE CANON !

L'église de Saint-Julia est fière de posséder une cloche de 1396, l'une des cloches les plus anciennes du département ! On raconte qu'elle aurait été cachée dans un champ par les villageois lors de la Révolution pour lui éviter d'être fondue et transformée en métal à canon. Elle aurait le pouvoir de repousser les catastrophes naturelles... En levant les yeux face au clocher-mur, vous la verrez au niveau de la première rangée, côté gauche.

PORT-LAURAGAIS (31290)

Une fois n'est pas coutume, on vous propose une halte sur un parking d'autoroute, mais on a de bonnes raisons. Il s'agit en réalité, comme son nom l'indique, d'un petit port construit sur une presqu'île dans un bassin du canal du Midi.

La Maison de la Haute-Garonne : *☎ 05-61-81-41-03. Mai-sept, mai-sept, tlj 10h-18h – 19h juil-août ; fermé en hiver GRATUIT.* Dans cette maison de tourisme, petite ***expo*** sur l'histoire du canal du Midi. Également des produits du terroir.

Pour compléter la visite, possibilité de faire des ***promenades en bateau sur le canal*** à partir de Port-Lauragais *(sur la péniche* Le Surcouf, *☎ 05-61-60-31-65, • lescroisieresendouce.com •). À Port-Lauragais, loc de bateaux* *habitables sans permis avec la compagnie* Nicols *(● nicols.com ●) et la compagnie* Navicanal *(● navicanal.com ● ; loc également de bateau électrique à l'heure).*

➢ Signalons qu'à partir de Port-Lauragais le ***parcours du canal du Midi*** se poursuit dans le département de l'Aude, avec encore plein de belles étapes où faire halte.

LE FRONTONNAIS ET SES ENVIRONS

Région viticole à 20 km au nord de Toulouse, le Frontonnais produit une excellente AOP (Appellation d'origine protégée), le fronton, un vin au bouquet riche et au caractère bien trempé. C'est vrai qu'on est au pays du rugby ! Et pourtant, ce terroir offre un paysage tout en douceur, tout en discrétion, avec des vignes qui se lovent sans faire de bruit au creux des vallons, qui s'étirent presque secrètement au pied des bosquets. Pour découvrir ce vignoble, rien de mieux que de filer sur la route des vins et de partir à la rencontre des vignerons fiers de cultiver un cépage que l'on ne rencontre nulle part ailleurs.
Pour compléter cette visite du nord du département, cap vers Grenade et la vallée de la Save. Plus loin, vers le Gers, une balade aromatique à la découverte de l'ail violet au pays de Cadours vous attend. Ces deux petites régions limitrophes du Frontonnais et du Pays toulousain recèlent quelques petits coins bucoliques et des adresses à enchanter les gourmands avides de nature...

LES VINS DU FRONTON

À cheval sur les départements de la Haute-Garonne et de Tarn-et-Garonne, le vignoble s'étend sur 2 400 ha et une vingtaine de communes. Ce sont les Romains qui auraient planté les premiers ceps dans le coin. Selon la légende, au XIIe s, les chevaliers de Saint-Jean-de-Jérusalem ramenèrent un cépage de Chypre, parfaitement adapté à la région : le mavro, qui, plus tard, deviendra la négrette. C'est à partir de ce cépage très rare (quelques pieds ont été repérés en Vendée...) qu'est réalisé le fronton. La négrette doit être en effet majoritaire et représenter au moins 40 % dans l'encépagement. Le reste se compose de syrah, de cabernet franc, de cabernet sauvignon ou de gamay. Les rouges (près de 70 % de la production), aux arômes de violette, cassis, mûre, framboise, réglisse et poivre, gagnent rapidement maturité et plénitude, et se boivent jeunes (et à 14 °C). Certains apprécient même le « vin de printemps », qui se consomme au mois de mars (suivant la vendange). Nettement moins nombreux, les vins rouges de garde, plus charpentés, vieillissent bien, se boivent dans les 4 ou 5 ans (température idéale : 18 °C) et accompagnent fort bien plats régionaux, volailles et gibiers. Rosés vifs et fruités (30 % de la production) se boivent jeunes et accompagnent parfaitement viandes blanches et poissons. Et, pour finir, bonne nouvelle, ces vins sont tout à fait abordables (5-15 € la bouteille).
Le fronton, c'est près de 170 producteurs, une quarantaine de domaines et une coopérative. Bien entendu, impossible de tous les citer ! On a sélectionné trois domaines (voir « Adresses et info utiles » à Fronton), reconnus pour leur sérieux, leur passion du terroir et de la vigne, la qualité de leurs vins, sans oublier leur sens de l'accueil.

FRONTON (31620)

La petite capitale du Fronton égrène paisiblement les jours qui passent au rythme des vendanges.
Au cœur du village, une petite *église* du XIIe s, remaniée au XVIe s, grandement restaurée au XIXe s. À l'intérieur, beau retable du XVIIe s et cuve baptismale sculptée du XVIe s.

Adresses et info utiles à Fronton et dans les environs

■ ***Maison des vins et du tourisme :*** *château de Capdeville, 140, allée du Château. ☎ 05-61-82-46-33. • vins-de-fronton.com • À la sortie du village, en direction de Villaudric (fléché). Tlj sf dim (ouv dim mat en juil-août) et lun.* Espace dégustation-vente présentant 3 cuvées par domaine. Renseignements sur la route des Vins. Expos d'artistes locaux (peinture et sculpture).

■ ***Château La Colombière :*** *190, route de Vacquiers, 31620* ***Villaudric.*** *☎ 05-61-82-44-05. • chateaulacolombiere.com • Depuis Villaudric, prendre la D 63 en direction de Toulouse ; 100 m après le panneau de sortie du village, bifurquer à gauche, puis 300 m plus loin sur la droite (fléché). Lun-ven 9h30-12h30, 14h-18h30 ; sam, sur résa.* C'est par passion de la terre et de l'œnologie que Diane a racheté le domaine familial en 2005. Avec Philippe, son mari et ancien juriste, elle a fait le choix de la biodynamie. Parmi les vins du domaine, le Vin gris, un rosé fringuant et fruité, et le Coste rouge, puissant et généreux en bouche, méritent une mention particulière.

■ ***Château Plaisance :*** *pl. de la Mairie, 31340* ***Vacquiers.*** *☎ 05-61-84-97-41. • chateau-plaisance.fr • Mer-sam 9h-12h, 15h-19h.* Marc Penavayre a repris l'exploitation familiale et s'est converti à l'agriculture bio. Depuis le début des années 2000, sur une trentaine d'hectares, cet amoureux du terroir produit une gamme de vins rouges, blancs et rosés en s'appuyant sur des techniques douces comme l'homéopathie, l'aromathérapie ou le sarclage. La qualité des vins du domaine est aujourd'hui largement reconnue.

■ ***Château Flotis :*** *1013, chemin de Flotis, 31620* ***Castelnau-d'Estrétefonds.*** *☎ 05-62-79-03-94. • chateau-flotis.com • À env 3,5 km de Castelnau ; prendre la D 29 en direction de Fronton, puis, à 1,5 km, bifurquer à droite en direction de Bouloc, c'est 2 km plus loin. Accueil sur rdv slt.* Katia, Myriam et Cathy, 3 femmes pour qui le bonheur est dans la vigne. En 2004, elles se sont associées pour acheter le domaine de Flotis alors quasiment abandonné. Aujourd'hui, elles tirent le meilleur parti des 30 ha du vignoble pour produire un vin bio qui joue la carte de l'élégance et de la féminité. Lors de la vinification, les phénomènes naturels sont privilégiés. Une référence dans le Frontonnais, un défi relevé.

■ ***Vinovalie – Cave de Fronton :*** *175, av. de la Dourdenne. ☎ 05-62-79-97-74. Tlj sf dim 9h-12h30, 14h-19h (18h30 en hiver).*

Fêtes et festival

– ***Festival Musique en vigne :*** *1re quinzaine de juil, sur l'ensemble du Frontonnais. Rens : ☎ 05-61-74-80-69 (office de tourisme).* Concerts *(payants)* de musique classique organisés dans de superbes cadres (églises, domaines viticoles, chais, etc.).

– *Les Buissonnières : 2 dates, fin juil-début août.* Dans un village ou sur un domaine du Frontonnais, une soirée pour découvrir le vignoble (producteurs locaux, jeux et repas). Ambiance familiale.
– *Fronton, saveurs et senteurs : le w-e suivant le 15 août, à Fronton.* Dégustation de vins et produits locaux, concerts.

VILLEMUR-SUR-TARN (31330)

Jolie ville médiévale qui a conservé sa tour de défense (XIIe s), dernière trace d'architecture wisigothique des fortifications détruites en 1631. Dominant le Tarn, elle n'est accessible que lors d'expos temporaires. Villemur-sur-Tarn mérite une petite balade au sein de ses ruelles, à la recherche de quelques belles bâtisses. Parmi celles-ci, ne pas manquer les greniers du Roy (XVIIe s), dont la cour intérieure arbore une remarquable façade de brique et de colombage. L'église Saint-Michel abrite les fresques du peintre toulousain Bernard Bénézet.

UN PEINTRE DE MAUVAIS POIL

Dans les années 1860, Bernard Bénézet, artiste toulousain en vogue à l'époque, réalisa les peintures du chœur de l'église Saint-Michel et se fit un plaisir de représenter certains habitants de Villemur. Mais, peu de temps après, le curé de la paroisse installa un ciborium au-dessus du maître-autel, cachant ainsi une partie des peintures. Profondément vexé, Bernard Bénézet décida alors de reprendre son œuvre et de ridiculiser certains personnages. Il ajouta même une barbe au curé et à ses deux vicaires !

Où manger dans les environs ?

De bon marché à prix moyens

|●| ***La Cour de Récré :*** *15, pl. de la République, 31340* ***Mirepoix-sur-Tarn.*** *☎ 05-61-09-94-90. ♿ À env 8 km de Villemur par la D 22. Résa conseillée. Ouv le midi lun-ven, dim et j. fériés, plus le soir ven-sam. Le midi en sem, formule et menu 11-13 € ; le soir, menus-carte 25-33 €.* Retour à l'école, en classe, dans l'ancienne cour ombragée ou sous le préau. Voilà un cadre original, donc, et joliment relooké, pour une franche cuisine qui réjouit les employés du coin le midi. Le soir, les préparations sont plus élaborées et s'autorisent quelques escapades culinaires au-delà de l'horizon purement régional. Bon accueil.

|●| ***La Promenade :*** *35, allée de la Promenade, 31660* ***Buzet-sur-Tarn.*** *☎ 05-61-84-16-64. ♿ À 17 km de Villemur, par la D 630 (direction Castres). Ouv le midi slt lun-sam. Congés : 2de quinzaine d'août et 1 sem pdt les fêtes de fin d'année. Menus 12,80 € (¼ vin compris).* Au centre du petit (et joli) village, une promenade jusqu'au Tarn et une escale à une table correcte, simple et sympa avec sa petite terrasse ombragée par un marronnier. L'endroit est connu des ouvriers du coin qui viennent profiter du buffet d'entrées et de desserts proposé au menu, auquel s'ajoute le choix entre 2 plats du jour.

De prix moyens à chic

|●| ***Auberge du Flambadou :*** *820, chemin d'Ayrolles, 31340* ***Villematier.*** *☎ 05-61-09-40-72. • bienvenue@aubergeduflambadou.com • ♿ À 4 km* *de Villemur ; prendre direction Toulouse, puis direction Castres (D 630) ; fléché sur la droite. Tlj sf le soir dim-lun. Formules déj « buffet » en sem 12-14,50 € ; menus 23,60-46,30 € et carte.* Isolée en pleine nature, cette ancienne ferme (où l'on peut loger et profiter de la piscine dans un cadre champêtre) propose, en terrasse ou dans la salle aux tons pastel, une cuisine traditionnelle haute en saveurs, variant en fonction des saisons. Une cuisine « fraîcheur » qui fait la part belle au poisson et dont la réputation n'est plus à faire.

DANS LES ENVIRONS DE VILLEMUR-SUR-TARN

De ***Villemur-sur-Tarn*** à ***Buzet-sur-Tarn,*** en passant par ***Mirepoix-sur-Tarn,*** préférez la petite D 22 pour profiter de belles plongées sur le Tarn.

➢ ***La voie verte de Villemur-sur-Tarn à La Magdelaine-sur-Tarn :*** près de 8 km aménagés le long d'une ancienne voie de chemin de fer. Réservée aux piétons et aux cyclistes.

LA FORÊT DE BUZET

Belle forêt qui s'étend sur près de 1 120 ha, véritable poumon vert à proximité de l'agglomération toulousaine. Près de 450 ha appartiennent au conseil départemental de la Haute-Garonne. C'est avant tout une forêt de chênes (chênes sessiles, rouvres, pédonculés et pubescents) auxquels s'ajoutent, selon la nature du sol, des charmes, des frênes, des châtaigniers, des landes à callune ou de bruyère cendrée. Au gré des balades, il n'est pas rare d'observer des chevreuils. Les sangliers et les cerfs sont plus discrets. Bien entendu, le massif forestier compte de nombreux parcours balisés pour les randonnées équestres ou pédestres, des sentiers pour le VTT, un parcours sportif. Également un parcours de course d'orientation et un sentier de découverte jalonnés de panneaux d'interprétation sur la faune, la flore, l'histoire du massif forestier et sa gestion par l'Office national des forêts.

Adresse utile

■ ***Maison forestière :*** *à 600 m du parking nord (accès par la D 15). ☎ 05-61-84-53-86. Tlj sf j. fériés en hiver 8h30-17h.* Pour toutes vos questions sur le massif forestier. Propose différentes brochures et cartes. En principe, on peut s'y procurer la brochure *Les Secrets de la forêt de Buzet,* un livret pédagogique et ludique (gratuit) à destination des enfants ; sinon, livret téléchargeable sur le site ● *haute-garonne.fr* ●, cliquer sur les onglets « Agriculture et aménagement de l'espace rural », puis « Forêt de Buzet ».

Où manger dans les environs ?

I●I *La Métairie :* *30, route de la Forêt, 31380* ***Paulhac.*** *☎ 05-61-99-64-59. ● metairie.paulhac@orange.fr ● ♿ À env 20 km de Villemur par la D 630 (direction Castres), puis suivre Montjoire (D 15E). Fermé sam midi, dim soir, lun tte la journée et mar soir (plus mer soir oct-avr). Congés : 3 sem de mi-août à début sept et vac scol de Noël. Résa conseillée le w-e. Le midi en sem, formule et menus 13-15,50 € ; autres menus 27-37 € ; carte env*

32-35 €. N'hésitez pas à prendre la clé des champs pour vous attabler à ce resto installé au sein d'une ancienne ferme joliment retapée. On a aimé son cadre de caractère (murs en terre, sol recouvert d'anciennes briques, vénérables poutres, vieille cheminée) et le charme bucolique de son jardin. Sa cuisine d'inspiration régionale, soignée, goûteuse et généreuse, est séduisante. Le midi, pas mal de repas d'affaires. En soirée, l'adresse est très bien pour un repas en famille ou en tête à tête.

I●I Ô Saveurs : *8, pl. des Ormeaux, 31180 Rouffiac-Tolosan. ☎ 05-34-27-10-11. • contact@o-saveurs.com • ♿ À env 12 km au sud de la forêt de Buzet, en direction de Toulouse (par la D 888). Sur la pl. de la Mairie, au centre du vieux village. Tlj sf sam midi, dim soir et lun. Congés : 1 sem en fév et 3 sem de mi-août à début sept. Menus 28 € le midi en sem (36 € avec vin et café compris), puis 48-98 €.* Un étoilé comme on les aime, avec des prix raisonnables, un service chaleureux et efficace, et des tablées plutôt joyeuses, où la bourgeoisie locale côtoie la jeunesse voulant s'offrir une grande maison. Intérieur moderne, et jolie terrasse sur le devant de cette petite maison typique, avec ses briques et ses galets, qui fut autrefois un café de village. Pour une fois, on ne va pas pleurer la disparition de ce dernier, car la vie est toujours là, et bien là ! Daniel Gonzalez et David Biasibetti ont créé une association sucrée-salée qui tient la route. Menus d'une progression époustouflante en bouche, d'une originalité totalement maîtrisée et d'une cuisson parfaite.

AU NORD DE TOULOUSE, ENTRE SAVE ET GARONNE

Entre la modeste Save et la fière Garonne, quelques jolies haltes à déguster sans modération. On trouve par ici de mignons villages, de beaux châteaux, mais aussi des points de vue remarquables. La Save est une petite rivière qui traverse le département du sud au nord avant de venir se jeter dans la Garonne, non loin de Grenade. Tout le secteur offre de riches terres céréalières et maraîchères. Les amateurs de nature seront comblés par la variété des sentiers de randonnée pédestre, équestre ou à VTT.

GRENADE-SUR-GARONNE (31330)

Créée en 1290, la bastide de Grenade conserve le bel agencement de son plan en damier. Au détour des rues, elle dévoile son riche passé avec sa vieille halle couverte, ses maisons à pans de bois, ses quelques hôtels particuliers du XVIIIe s et ses pigeonniers. À découvrir au fil d'une visite guidée (gratuite ou payante) proposée par l'office de tourisme de la ville. C'est dans cette petite bourgade qu'est né, en 1921, Jean Dieuzaide, photographe connu notamment pour ses clichés de Salvador Dalí et fondateur de la galerie du Château d'Eau à Toulouse.

– ***Marché :*** *sam mat, sous la halle.* Un des plus grands de la région.

Où manger ?

Le Grenadin : 85, rue de la République. ☎ 05-61-82-60-40. • ylaroche@hotmail.fr • Tlj sf sam midi, dim (tte l'année), plus jeu soir hors saison. Congés : pour les fêtes de fin d'année. Le midi en sem, formule et menu 12-13,50 € ; carte 25-32 €. Apéritif maison offert sur présentation de ce guide. Sous la halle de Grenade, une terrasse des plus agréable ! On est aux premières loges pour en admirer la magnifique charpente lorsqu'il fait beau. Le resto ne paie pas de mine mais s'avère, au final, une bonne surprise. Le petit menu du midi est attractif et les grosses salades sont appétissantes, mais c'est l'excellent magret qui nous a régalés... Accueil sincère et jovial.

La Croisée des Saveurs : 54, rue de la République. ☎ 05-61-82-84-70. • croiseedessaveurs@wanadoo.fr • À env 150 m de la halle. Fermé dim soir, lun et mar soir (tte l'année), plus mer soir en été. Congés : 2de quinzaine d'août. Résa conseillée. Formule et menus déj en sem 13,50-18 €, puis 24-37 € ; carte env 35 €. Apéritif maison offert sur présentation de ce guide. Dans une salle à la déco fraîche ou au sein d'une courette aux beaux jours, on déguste une cuisine qui jongle adroitement entre tradition et originalité. Le chef, aussi à l'aise avec les viandes que les poissons, joue, ici et là, avec des saveurs exotiques. Des plats joliment présentés, un accueil aimable et une riche carte des vins assurent le reste.

À voir

***La halle :** au cœur de la cité.* Datant du XIVe s et restaurée, c'est l'une des halles les plus vastes et les plus anciennes de France. Sous la charpente, les anciennes salles communes. La mairie médiévale, en somme.

***L'ancien couvent des Ursulines :** 56, rue Roquemaurel. ☎ 05-61-82-61-51. Avr-oct, visites guidées slt sur résa à partir de 5 pers. Tarif : 5 € ; réduc.* Créé en 1626 par les ursulines de Toulouse, il assura l'instruction chrétienne des jeunes filles pendant plus de 150 ans ! Belles peintures et fresques du XVIIe s. Vue panoramique sur les toits de la bastide depuis les étages supérieurs.

L'église Notre-Dame : elle date du XIVe s. Coiffée d'un clocher octogonal typiquement toulousain (en brique), elle abrite un riche mobilier baroque et des tableaux des peintres Despax et Rivalz (XVIIe et XVIIIe s). Orgue de 1857 signé Cavaillé-Coll et Magen.

Manifestations à Grenade-sur-Garonne et dans les environs

– ***Guitar'en Save :*** *1 w-e fin mai-début juin. • guitarensave.fr •* Concerts à dominante pop-rock sur plusieurs communes de la vallée de la Save.
– ***Wassan'Africa :*** *1 w-e début juil, à **Launac**. • wassanafrica.com •* Festival africain : expos, concerts, stages de danse.

LE LABYRINTHE ET LE CHÂTEAU DE MERVILLE

***Le labyrinthe et le château de Merville :** 31330 **Merville**. ☎ 05-61-85-32-34. • labyrinthedemerville.com • À 7 km au sud de Grenade par la D 2 (fléché). Mai-oct, 10h30-19h30 (fermeture de la billetterie à 18h) : tlj en juil-août, les w-e et*

j. fériés mai-juin et sept-oct. Entrée du labyrinthe : 9,50 € ; 4-12 ans 7,50 € ; gratuit moins de 4 ans. Ajouter 3,70 € (réduc) pour la visite guidée du château en petit comité (ttes les heures 14h-18h ; durée : 45 mn env). Compter une grosse ½ journée pour profiter du labyrinthe, du parc et du château.
L'architecture et l'art des jardins au XVIIIe s dans un cadre somptueux. Ce qui leur a valu d'être classés « Jardin remarquable ». Merville « émerveille » après la restauration brillamment réussie par les descendants de son fondateur, le marquis de Chalvet. Le jardin de buis de 5 ha, ponctué de salons de verdure, est aménagé en forme de ***labyrinthe***. Sur votre chemin, les portes s'ouvrent (ou les rideaux d'eau s'assèchent) grâce à des codes secrets qu'il faut trouver en résolvant des énigmes. Instructif et très ludique ! Un véritable enchantement pour les enfants... et les plus grands !
Mais, finalement, la merveille de Merville est peut-être son joli château en brique rose, avec sa décoration intérieure, typiquement XVIIIe s. Cinq pièces en enfilade, d'une beauté à couper le souffle ! Magnifiques verdures flamandes, représentant, entre autres, la guerre de Troie. Sans oublier 18 panneaux peints sur bois, 18 chinoiseries aux couleurs chatoyantes. Dommage qu'il faille payer l'entrée au labyrinthe pour visiter seulement le château... car au final, ça fait chérot !
I●I *Taverne* sur place... genre cafétéria. Également une aire de pique-nique.

DANS LES ENVIRONS DE MERVILLE

Le Ramier de Bigorre : *☎ 05-34-31-97-32. • naturemp.org • À 5 km à l'est de Merville ; rejoindre la D 2 en direction de Toulouse, puis fléché sur la gauche. Accès libre ; possibilité de visite guidée (payante) sur résa.* Espace de nature préservée, situé dans un méandre de la Garonne. La forêt y a des allures de jungle, avec ses lianes et sa végétation luxuriante. Vous pouvez vous y balader au fil du sentier d'interprétation ou bien profiter de la visite guidée qui vous sensibilisera à l'écologie de cette zone humide.

MONTAIGUT-SUR-SAVE (31530)

Dans ce village, on s'arrêtera à l'église Notre-Dame-d'Alet, où la Vierge apparut à un pauvre laboureur au XIe s. En l'honneur de cette apparition, on reconstruisit l'église au XVIIe s. Surtout notable, le porche d'entrée avec ses quatre colonnes de marbre local et ses deux statues d'ange en terre cuite de Virebent avec couronne d'épines, suaire et une pietà. Également de magnifiques retables baroques *(visite gratuite sur résa au 📱 06-87-33-74-00).*

LÉVIGNAC-SUR-SAVE (31530)

Ce village possède une bien belle halle du XIXe s, avec ses bons gros piliers ronds en brique et sa remarquable charpente qui abrite le marché. À côté, une mignonne petite mairie néoclassique tout en brique. Jetez encore un œil à la maison du Barry (au 28, rue de la République), maison à façade néoclassique (fin XVIIIe s), avec à l'arrière un joli fronton et deux ailes néogothiques sur les côtés.

LE PAYS DE CADOURS

Encore un peu plus à l'ouest du département, on trouve le pays de Cadours et ses coteaux, où l'on cultive l'ail violet. Une singularité propre au terroir, qui confère une saveur prononcée à ces belles gousses striées et renommées. Il bénéficie d'une AOP depuis 2015. Le pays recèle de petits trésors de patrimoine, tantôt discrets, tantôt plus imposants comme le château de Laréole.
– ***Marché :*** *mer mat.*

LE CHÂTEAU DE LARÉOLE

Le château de Laréole : *31480* ***Laréole.*** *☎ 05-61-06-33-58. À 3 km de Cadours par la D 29. Juil-août, tlj sf lun 10h-19h ; mai-juin, mer, w-e et j. fériés 10h-18h ; sept, w-e 10h-18h. GRATUIT. Possibilité de visites guidées gratuites tlj à 11h30, 14h30, 15h30 et 16h30 (plus 17h30 mar-ven en juil-août). En période estivale, animations diverses (gratuites) proposées le w-e, et salon de thé dans les communs du XIXe s.* Édifié au XVIe s par le fils d'un riche négociant de pastel, le château offre une élégante silhouette de brique et de pierre qui s'élève sur la butte de Laréole. Admirablement restauré par le conseil départemental de Haute-Garonne, ce fleuron représentatif de l'architecture Renaissance du XVIe s impose son harmonie malgré son aspect massif. L'ensemble du 1er étage accueille aujourd'hui des expositions temporaires d'art contemporain. Dans l'une des tours (l'ancien cabinet de travail, accessible lors des visites guidées), des fresques du XVIIe s ont été mises au jour. Autour du château, un magnifique parc aménagé sur le principe des jardins à la française, tels qu'on les connaissait au XVIIIe s.

Où manger dans le coin ?

De bon marché à prix moyens

Bar-restaurant Chez Anny : *rue Principale, 31480* ***Cox.*** *☎ 05-61-85-62-67. À 4 km au nord-ouest du château de Laréole par la D 41. Ouv le midi mar-dim, plus le soir ven-sam. Résa conseillée en sem et quasi obligatoire le w-e. Menu déj en sem 14 € (¼ de vin compris), puis 23 €. Apéritif maison offert sur présentation de ce guide.* Une adresse comme on les aime au centre de ce minuscule village. Du bon, du simple et du (très) copieux. Du coup, ce bar-tabac-resto fait le plein à chaque service. Service spontané et atmosphère conviviale.

DANS LES ENVIRONS DU CHÂTEAU DE LARÉOLE

La Maison du potier : *31480* ***Cox.*** *☎ 05-62-13-70-31. • museecox.com • À 6 km de Cadours par la D 29, puis la D 41. À la sortie du village, direction Puysségur. Juil-août, tlj 14h30-18h30 ; mai-juin et sept-oct, w-e et j. fériés 14h30-18h30. Entrée : 2 € ; gratuit moins de 12 ans et pers à mobilité réduite.* Aménagé dans l'ancien atelier d'un potier, ce musée rend hommage à une activité qui a marqué l'histoire du village durant près de 500 ans. À la fin du XVIIe s, le village comptait 126 potiers ! Nombreuses poteries, bien entendu. Mais on peut aussi admirer l'ancien four classé et resté à l'identique.

Le moulin de Brignemont : *31480* **Brignemont.** ☎ *05-62-61-09-26.* • *moulindebrignemont.com* • *De mi-juil à fin août, tlj 15h-19h ; juin et sept, dim et j. fériés 15h-19h. Entrée : 3 € ; réduc enfants.* Moulin à vent du XVIIIe s. Classé Monument historique, il a été restauré par son propriétaire. Le moulin tourne au gré du vent, moud le blé et produit de la farine, comme autrefois... Pédagogique, instructif et hors du temps.

Manifestation

– ***Les Journées de l'ail violet :*** *dernier w-e d'août.* Artisanat, expo artistique à base d'ail, concerts, bandas, animations et repas.

AU FIL DU CANAL DU MIDI ET DU CANAL DE LA GARONNE, À VÉLO

- Le canal du Midi à vélo, de Toulouse à Port-Lauragais
- Le canal de la Garonne à vélo, de Toulouse à Moissac

C'est l'occasion de rappeler l'admirable ingéniosité de son concepteur et réalisateur, Pierre-Paul de Riquet. Secrètement motivé par le désir que sa famille retrouve un titre de noblesse, alors déchu et âgé de 57 ans (l'espérance de vie était de 40 ans à l'époque !), Pierre-Paul de Riquet entreprend une véritable course contre la montre, surmonte des montagnes, inaugure un système de sécurité sociale avant-gardiste pour les 12 000 ouvriers qui travailleront sur le chantier (ce n'est que 250 ans plus tard, avec le Front populaire, que seront généralisées de telles conquêtes sociales en France !). Sa fortune y passe, et il meurt ruiné alors qu'il ne restait plus que 3 km de canal à creuser !

➢ ***Le canal du Midi à vélo, de Toulouse à Port-Lauragais :*** sur près de 49 km, le tronçon du canal du Midi qui relie Toulouse à Port-Lauragais constitue une superbe échappée, réalisable, en partie ou dans sa totalité, à vélo, à pied ou à rollers. Un large chemin de halage de 3 m permet de pénétrer la campagne du Lauragais après avoir traversé la banlieue toulousaine. Long de 240 km, il fut réalisé pour transporter les marchandises, et notamment le sel et le blé. Il faut rappeler que Riquet fut le superviseur de l'impôt sur le sel et du transport de celui-ci. Il avait donc tout intérêt à ce que l'acheminement soit rapide. Le canal, inscrit au Patrimoine mondial de l'humanité par l'Unesco en 1996, cessa de transporter des denrées et matériaux dans les années 1970 pour entamer une nouvelle vie liée au tourisme et à la découverte tranquille des beautés de la région. Les platanes font encore de l'ombre sur ce chemin tranquille que l'on peut emprunter dans un sens comme dans l'autre. Malheureusement, ils sont gravement malades et même menacés de disparition à cause du chancre coloré, un champignon microscopique qui bloque la circulation de la sève. Seule solution pour tenter d'endiguer le fléau : abattre les arbres ! Plusieurs tronçons, notamment dans les départements de l'Aude et de l'Hérault, sont aujourd'hui totalement déplumés. On a replanté, mais les arbres sont encore petiots... Douze écluses rythment le parcours. Il n'est pas rare de voir le paisible passage d'une péniche ou d'un bateau de plaisance sur ce canal historique. Dans la campagne, la culture des céréales environne la silhouette des villages agricoles.

Notre parcours débute du centre de Toulouse pour aboutir à Port-Lauragais ponctué de petites étapes sympas qui permettent de découvrir quelques villages et les beaux clochers-murs du Lauragais, au rythme de la petite reine.

Infos pratiques

■ ***Locations de vélos à Toulouse :*** *voir la rubrique « Comment se déplacer en ville ? » dans « Toulouse. Adresses et infos utiles ».*

– ***Cartes du parcours :*** l'office de tourisme de Toulouse délivre une carte sur les parcours cyclables en Haute-Garonne. Propose également une carte touristique de Toulouse à Sète qui indique les étapes du circuit, les distances, les durées moyennes et quelques adresses pour dormir et manger.

Les gares sur le parcours : outre la gare de Toulouse (d'où l'on part), on peut faire halte aux gares suivantes : *gare de Montlaur* (à proximité de l'écluse de Montgiscard), *gare de Villefranche-de-Lauragais* (à proximité d'Ayguesvives) et enfin *gare d'Avignonet-Lauragais* (non loin de Port-Lauragais). À chacune de ces gares, il est possible de reprendre un TER dans lequel on peut mettre les vélos pour revenir à son point de départ. Il est évidemment possible, depuis Toulouse, si vous désirez éviter la partie la plus urbanisée (en début de parcours), de prendre un TER (avec les vélos) jusqu'à la gare de Montlaur et de débuter le circuit à Montgiscard. Bref, toutes les combinaisons sont envisageables. Une précision tout de même : bien vérifier les horaires de passage des TER, il n'y en a pas tant que ça.

Départ de la gare de Toulouse par le chemin de halage.

– La première écluse est celle de **Castanet,** où le *Café de l'Écluse de Castanet* vous tend les bras pour une première halte. C'est également un salon de thé. Puis on atteint rapidement l'écluse de Vic. Ce tronçon se révèle assez urbain.

– Le parcours devient ensuite plus verdoyant jusqu'à l'***écluse de Montgiscard*** (avec la gare de Montlaur non loin).

– ***Entre Montgiscard et l'écluse de Gardouch,*** on traverse sans doute la partie la plus champêtre et tout simplement la plus belle. Au début de ce tronçon, on pourra rendre hommage au très beau clocher-mur du village d'***Ayguesvives*** (non loin de l'écluse du même nom).

– ***De l'écluse de Gardouch à Port-Lauragais :*** cette partie, si elle suit par intermittence le tracé de l'autoroute, reste bucolique et agréable. À Port-Lauragais, pas de gare. Il faudra aller en chercher une à Avignonet-Lauragais (à environ 1 km). Avant cela, allez donc faire un tour sur le petit port. Voir le texte consacré à Port-Lauragais dans la partie « Moulins et châteaux en Lauragais ».

➢ ***Le canal de la Garonne à vélo, de Toulouse à Moissac :*** le canal de la Garonne est le nom que prend le canal du Midi quand il s'échappe de Toulouse vers le nord-ouest pour rejoindre l'Atlantique. Entre la Ville Rose et l'écluse d'Embalens (aux confins du département), compter environ 21 km ; puis le circuit se prolonge par la traversée des départements de Tarn-et-Garonne, de Lot-et-Garonne et ainsi de suite jusqu'à l'océan. La première partie de ce parcours traverse les banlieues (moins riantes que dans la partie sud, avouons-le), puis des zones industrielles jusqu'à Saint-Jory (environ 12 km de Toulouse). La balade retrouve ensuite son caractère bucolique et champêtre.

– Si vous ne devez faire qu'une petite partie du parcours, choisissez de préférence le canal du Midi (à savoir la partie sud du canal, de Toulouse vers Port-Lauragais).

ESCAPADES À LA JOURNÉE DEPUIS TOULOUSE

Si vous voulez pousser plus loin les plaisirs, Toulouse propose à la journée quelques superbes excursions, à ne pas manquer.

ALBI

(81000)

Albi, surnommée « Albi la Rouge » à cause de la couleur de sa brique, est certainement l'une des plus belles villes de la région. La cité épiscopale, classée au Patrimoine mondial de l'Unesco depuis 2010, n'a rien à envier à la Toscane italienne, avec son patrimoine architectural hors du commun. D'une apparence indolente, cette préfecture se développe autour de la place du Vigan, mais aussi autour de la cathédrale et de l'ancienne ville.

À voir

Sur les berges du Tarn, on verra les ***anciens moulins,*** dans le pittoresque quartier aux vétustes maisons roses surélevées. On verra encore le beau ***musée La Pérouse,*** consacré aux aventures du grand navigateur explorateur du Pacifique, ainsi que la remarquable ***cathédrale Sainte-Cécile,*** « forteresse de brique rouge », édifiée au XIVe s, sans oublier le ***musée Toulouse-Lautrec,*** où l'on retrouve les souvenirs du grand peintre.

CORDES-SUR-CIEL

(81170)

Un beau village médiéval, admirablement conservé et perché sur un promontoire qui offre un point de vue remarquable. De belles façades à admirer, moult galeries d'art à explorer, une imposante halle du XIVe s autour de laquelle se concentre l'activité, une balade dans le jardin des Paradis à ne pas manquer. Cordes est alors d'une poésie rare. La ville a été créée par le comte de Toulouse, Raymond VII, pour protéger les frontières de son territoire. C'est aussi là qu'Albert Camus écrivit ses derniers livres.

À voir

La « ville aux cent ogives » a su conserver de ravissantes maisons gothiques, des ruelles entièrement pavées, souvent en pente, et des murailles fortifiées.

On accède au cœur de la cité médiévale à pied par la ***grand-rue*** qui part de la ville basse. Celle-ci passe par la très belle ***porte en pierre de l'Horloge.*** Au pied, un pittoresque escalier dévoré par les herbes, appelé ***escalier du Pater Noster,*** ses marches étant aussi nombreuses que les mots de la prière ! Après la *Barbacane* et l'imposante *porte du Planol,* on pénètre dans l'enceinte. On ira voir la ***maison du Grand Fauconnier (musée d'Art moderne et contemporain).*** Les faucons qui lui donnèrent son nom ne sont plus sur le toit, et pour cause, cette vénérable demeure date du XIVe s. Reste le superbe encorbellement, avec ses oiseaux et ses animaux fantastiques.

REVEL

(31250)

Aux confins du département, l'ancienne bastide royale construite par Philippe VI de Valois devient cité du meuble d'art avec l'arrivée d'Alexandre Monoury en 1888. Compagnon marqueteur versaillais, il se spécialise alors dans la fabrication de meubles d'art. Dans les années 1960, la ville compte près de 600 ébénistes pour seulement 6 000 habitants ! Jolie place centrale avec arcades.

À voir

On verra ici la remarquable ***charpente du beffroi de la halle*** en bois du XIVe s avec sa forêt de piliers, mais on appréciera surtout la vue panoramique sur Revel, la Montagne noire et le Lauragais, ainsi que le ***musée du Bois et de la Marqueterie.*** Dans les environs de Revel, un petit tour à l'***Explorarôme*** (à ***Montégut-Lauragais***), sorte de musée-laboratoire monté par un « sculpteur d'arômes » professionnel.

SAINT-FERRÉOL

(31250)

C'est là que Claude Chabrol tourna les extérieurs de *L'Enfer.* Plus récemment, André Téchiné choisit également le coin pour son film *Les Égarés.*
Le réservoir de Saint-Ferréol est le plus ancien d'Europe. Il fut construit de 1667 à 1672 pour alimenter et réguler le débit du canal du Midi grâce à une digue de 780 m de long retenant les eaux du Laudot. C'est le premier ouvrage de cette nature entrepris en France, et peut-être même dans le monde... Aujourd'hui, le lac de Saint-Ferréol, classé au Patrimoine mondial de l'Unesco, situé dans un cadre verdoyant, propose plages, sports nautiques, tennis, vélo, équitation... Également à voir, le musée et les jardins du Canal du Midi.

CARCASSONNE

(11000)

Il était une fois... Difficile de ne pas commencer ainsi quand on veut évoquer l'histoire de cette cité qui inspira Walt Disney pour le décor de *La Belle au bois dormant* et qui vit débouler les visiteurs pour le tournage du film du même nom. Carcassonne est une cité bicéphale, avec une ville basse et une ville

haute, enfermée à l'intérieur d'épais remparts. Ce sont les Trencavel, noble famille également maîtresse d'Albi, de Nîmes et de Béziers, qui donneront son prestige à la ville, du Xe au XIIe s, en y construisant leur château. Modifiée à la Renaissance et au XVIIIe s, elle a pris le visage qu'on lui connaît aujourd'hui. Inscrite au Patrimoine mondial de l'Unesco, elle reste la cité médiévale la plus importante d'Europe, l'une des plus visitées de France aussi.

À voir

On visitera évidemment la ***cité*** et ses deux enceintes successives. En tout, un ensemble de 3 km de murailles et pas moins de 52 tours... On y admirera la ***porte Narbonnaise,*** entrée principale de la cité et véritable château fort à elle seule, et les ***Lices,*** immense terrain vague situé entre les deux enceintes. Ce chemin de ronde fait le tour de la cité et permet de se rendre compte de la démesure des enceintes. Évoquons encore la ***rue Cros-Mayrevieille,*** du nom de l'érudit local qui aida au sauvetage de la cité. La visite se poursuit par le ***château comtal*** et les ***remparts de la cité,*** édifiés vers 1130 par les Trencavel, édifice de 80 m de long sur 40 m de large, véritable « forteresse dans la forteresse » et merveilleux témoignage de l'architecture militaire médiévale. Sans oublier la ***basilique Saint-Nazaire,*** surprenante et absolument superbe.

MONTSÉGUR (09300)

Un petit détour par l'Ariège pour rendre un hommage au château de Montségur, flottant entre terre et ciel et qui s'élève à 1 207 m d'altitude sur un impressionnant *pog* (« piton rocheux », en occitan) calcaire. Quasiment inexpugnable, il représente le symbole de la résistance cathare.

À voir

Le ***château,*** qui attire comme un aimant et épouse intégralement le sommet du *pog*. Malheureusement, il n'en reste que la tête, le *caput castrie* : seulement deux portes, murs pignons aveugles, donjon et chemin de ronde. L'architecture est assez sommaire, purement utilitaire. Tout autour, des fouilles ont révélé des vestiges du village cathare. Le 21 juin, deux meurtrières à angle droit se renvoient le même « carreau » solaire. Calendrier ? Cérémonies ? Ce même jour, un pèlerinage draine chaque année des centaines d'adeptes ou passionnés de catharisme. Passer aussi par le ***village,*** petit bourg paisible lové au creux de la montagne.

LE MAS-D'AZIL (09290)

Ancienne bastide (1286) qui se fortifia et épousa au XVIe s le protestantisme. La célèbre grotte fut également fortifiée en prévision de l'attaque des troupes royales. En 1625, une énorme armée de 14 000 soldats fit le siège du Mas-d'Azil et de ses 1 000 protestants. Le village résista 5 semaines, et le siège fut levé.

À voir

C'est la ***grotte du Mas-d'Azil*** qui mène ici les foules. Voici l'un des sites préhistoriques les plus importants de la région Midi-Pyrénées et la seule caverne d'Europe que l'on traverse en voiture sur 420 m. Dans cet immense abri naturel se réfugièrent d'abord des ours, puis les Aurignaciens (30 000 ans av. J.-C.), les Solutréens (18 000 ans av. J.-C.) et les Magdaléniens (13 000 ans av. J.-C.). La grotte servit sûrement de refuge aux premiers chrétiens, aux cathares, et fut un haut lieu de résistance pour les huguenots.

LA GROTTE DE NIAUX (09290)

Cette grotte est exceptionnelle par l'ampleur de ses salles et par la variété de ses décors. Elle compte, avec Lascaux et Altamira, parmi les plus belles cavernes préhistoriques. Sa véritable cathédrale souterraine fut fréquentée durant la période magdalénienne (environ 17 000 à 12 000 ans av. J.-C.).

À voir

Dans la ***grotte,*** l'obscurité est quasi totale, hormis la faible lueur des lampes, et le silence est absolu. Et soudain le grand choc, l'émotion à l'état pur devant l'apparition du ***Salon noir,*** le fameux sanctuaire où d'authentiques chefs-d'œuvre sont réalisés à même la paroi, des peintures datant de 140 siècles environ ! Chevaux, cerfs, bouquetins, et surtout bisons, dont certains portent sur le flanc des signes énigmatiques. Symboles ? Mythe ? Pure esthétique ?

SAINT-LIZIER (09190)

Fascinant village du Couserans dont les Romains fortifièrent la colline et en firent un puissant oppidum. Aujourd'hui, c'est une aimable bourgade aux surprenantes richesses patrimoniales et une halte sur le chemin de Saint-Jacques-de-Compostelle.

À voir

Parmi les joyaux à visiter, la ***cathédrale Saint-Lizier,*** édifiée à partir du XIe s (superbe abside pentagonale et voûte du chœur du XIIe s). Clocher de type toulousain, massif, avec fenêtres en mitre. Au XVe s, on surélève la nef et le portail. Chaque siècle a ainsi apporté, pourrait-on dire, sa pierre à l'édifice, sans en altérer l'homogénéité. Saint-Lizier est à cet égard un chef-d'œuvre. À l'intérieur, en haut, *vitrail* du XVe s. Puis découvrez de merveilleuses *fresques.* Le *cloître* du XIIe s est l'un des plus fascinants cloîtres romans de la région Midi-Pyrénées, au dépouillement très émouvant. On verra encore la ***pharmacie de l'hôpital,*** située dans l'ancien hôtel-Dieu du XVIIIe s.

SAINT-BERTRAND-DE-COMMINGES (31510)

Voici l'un des plus hauts lieux d'art et d'histoire des Pyrénées centrales. Saint-Bertrand-de-Comminges est aux Pyrénées ce que Le Mont-Saint-Michel est à la Manche. Il faut saisir dans la même perspective le chevet de l'église romane de Valcabrère et l'orgueilleuse cathédrale gothique sur son promontoire pour connaître un moment d'émotion rare... L'ensemble est inscrit au Patrimoine mondial de l'humanité par l'Unesco dans le cadre du classement des chemins de Compostelle.

À voir

On pénètre encore à Saint-Bertrand-de-Comminges par l'une des trois portes médiévales. Sur la *porte Cabirole,* une curiosité : le tarif des taxes sur le poisson au XVIIe s, gravé dans la pierre. De la ***cathédrale Sainte-Marie,*** du XIIe s, subsistent l'imposant clocher, le portail et une galerie du cloître. On verra l'*orgue,* tout simplement fantastique avec ses 2 600 tuyaux, ses 16 m de haut et 10 m de large ! Et pourtant quasiment « aérien ». Au centre, le *jubé* ferme le chœur. Formé de bas-reliefs, il a une valeur inestimable car c'est l'un des derniers du genre, complet et intact. Le *cloître* est le seul existant en Haute-Garonne de forme irrégulière. Enfin le *chœur,* véritable église dans l'église. On y découvre, ébahi, la splendeur des 66 stalles des chanoines (XVIe s).

AUCH (32000)

Au cœur du pays gascon, classée « Ville d'art et d'histoire », une petite capitale à taille humaine, accrochée à une colline, pelotonnée autour de sa magnifique cathédrale, d'où jaillissent de romantiques ruelles bordées de demeures vénérables.

À voir

On commencera la balade par la ***cathédrale Sainte-Marie,*** l'une des dernières édifiées en France. Les travaux commencés à la fin du XVe s ne s'achevèrent qu'à la fin du XVIIe s. Malgré cela, elle présente une remarquable homogénéité architecturale et est aujourd'hui l'un des plus beaux fleurons du gothique flamboyant en France. Extraordinaires décor et mobilier intérieurs avec les vitraux et les stalles. À l'intérieur, 18 grandes *verrières* du chœur, considérées comme les plus belles de la Renaissance. Voir encore les *stalles,* situées dans un chœur complètement clôturé, véritable église dans l'église. Le ***musée des Jacobins,*** qui occupe l'ancien couvent des jacobins, grand musée ethnographique, archéologique et d'histoire de l'art, complète idéalement la visite.

MOISSAC (82200)

Petite cité entre plaines et coteaux, célèbre pour son abbaye et son portail sculpté (sommet de l'art roman), et surtout pour son cloître considéré comme

le plus beau du monde (rien que ça !)... Moissac mérite bien le label « Grand Site de Midi-Pyrénées » !

À voir

On vient à Moissac pour l'***église abbatiale Saint-Pierre et le cloître.*** L'église fut mérovingienne tout d'abord, puis romane au XIe s. Au XVe s, des travées de style gothique méridional et le chœur polygonal voient le jour. Ce manque d'unité n'a aucune importance, tant on est subjugué par le portail et le cloître... C'est en effet le *portail,* l'un des plus célèbres du monde, qui est remarquable, s'insérant dans un clocher-porche fortifié. Voir aussi le *narthex,* imposante salle carrée. Deux énormes arches s'entrecroisent sans clé de voûte. À l'intérieur, *nef* d'une vaste ampleur. On a retrouvé les peintures murales d'origine. Dans le *cloître,* 76 magnifiques chapiteaux surmontant des colonnes de marbre.

MONTAUBAN

(82000)

Autre étape obligatoire, classée « Ville d'art et d'histoire ». Une ville à taille humaine et un beau centre historique à découvrir. Vivante, pleine de clins d'œil architecturaux, de panoramas poétiques à saisir tout au long de la balade. Avec, en prime, l'exceptionnel musée Ingres.

À voir

On passera tout d'abord par la ***place Nationale,*** imaginée dès la construction de la ville en 1144, centre de la vie sociale et politique. Puis la ***rue de la Comédie,*** qui abrite quelques demeures intéressantes. Petit tour par le ***Pont-Vieux,*** qui date du XIVe s. Chef-d'œuvre sur le plan technique, puisqu'il fallut résoudre le problème des violentes crues du Tarn et construire un pont d'une longueur exceptionnelle pour l'époque (205 m). Visite obligatoire au ***musée Ingres,*** qui occupe l'ancien palais épiscopal. On y trouve de belles toiles du maître, évidemment, mais aussi une soixantaine de sculptures, dont quelques-unes de Rodin.

HOMMES, CULTURE, ENVIRONNEMENT

L'AÉRONAUTIQUE ET TOULOUSE

Tout a commencé avec un saut de puce réalisé par « le plus lourd que l'air » nommé « avion » par Clément Ader en 1890. Personne n'allait alors imaginer la place que prendrait « l'engin » dans l'identité toulousaine.
La suite de l'histoire est une succession de faits plus ou moins hasardeux qui mèneront Toulouse au rang de capitale de l'aéronautique française. Il y a tout d'abord l'arrivée, discrète, de l'industriel Pierre-Georges Latécoère, qui vient s'installer à Toulouse pour fabriquer des... wagons de chemin de fer. Sollicité par le gouvernement, il développe l'industrie des avions, alors uniquement considérés comme des machines de guerre. Il transforme son usine et produit jusqu'à six avions par jour. Au lendemain de la Première Guerre mondiale, il comprend très vite que l'avion peut devenir un moyen de transport au service de tous, ce qui lui vaut auprès des autorités une réputation de fou ! Qu'à cela ne tienne, il se lance dans l'aventure de l'Aéropostale avec ses têtes brûlées. Volant sur des machines de bois et de toile, plus de 120 pilotes perdront la vie entre 1920 et 1933. Daurat, Mermoz, Saint-Exupéry et Guillaumet sont les plus grands noms que le public retiendra de l'épopée des pionniers de l'aviation.
Côté technique, c'est un ancien mécanicien qui occupe le devant de la scène. Il s'appelle Émile Dewoitine et conçoit les premiers avions en métal avec un pare-brise !
En installant son usine à Toulouse, Dewoitine pose les jalons de la future Aérospatiale. Dès lors, l'industrie aéronautique soutenue par l'État s'affirme comme un domaine essentiel de l'économie.
Dans le même mouvement, l'école d'ingénieurs Supaéro, créée à Paris en 1909 et formant aux métiers de l'aéronautique et de l'espace, s'installe à Toulouse en 1968.
Les avions se suivent et ne se ressemblent pas : de la Caravelle au Concorde, des Airbus au gros porteur A380 pensé pour une capacité de plus de 500 passagers, tous les grands projets sont portés par les installations toulousaines. Environ 20 000 personnes travaillent aujourd'hui pour Airbus, et une énorme zone d'activité nommée Aéroconstellation s'est installée à Blagnac et à proximité. L'impulsion décisive donnée à la fin des années 1960 par le gouvernement, au nom de la politique de décentralisation, sert également le domaine de l'espace : l'installation du CNES, le lancement des fusées *Ariane* et la multiplication des satellites confirment Toulouse dans son rôle central, relayé auprès du grand public par la Cité de l'espace, qui passe à la vitesse supérieure en ce début de millénaire, ajoutant un côté plus ludique à des attractions qui elles-mêmes gagnent en puissance. Une étonnante réussite.

LA BRIQUE À TRAVERS LES ÂGES

Du mur d'enceinte romain aux façades contemporaines, la brique est omniprésente à Toulouse. Non que l'on ait ici un goût inconsidéré pour le rose brique. C'est plutôt parce qu'il offrait un rapport qualité-prix sans équivalent que ce matériau, souvent dénigré, s'est imposé. Mais la ville n'a pas toujours utilisé la brique de manière systématique. À l'époque médiévale, les constructions à pans de bois permettaient, comme partout ailleurs, d'élever des édifices à moindre coût. Ce sont elles qui dominaient le paysage urbain, mais les incendies successifs ont imposé progressivement la domination de la brique, plus résistante.

UNE PETITE BRIQUE QUI PEUT RAPPORTER GROS

Les briques toulousaines sont de grands parallélépipèdes d'environ 28 cm x 40 cm et de 4 à 5 cm d'épaisseur. Leurs dimensions ont peu varié au cours des âges, sauf quand des vendeurs peu scrupuleux les diminuaient : la brique ne se vendait pas à l'unité mais au millier, donc faire des briques plus petites augmentait le bénéfice !

La réalisation traditionnelle, artisanale et manuelle des briques explique leur aspect imparfait et contribue au charme des monuments anciens. Les oxydes naturels déterminent les dominantes de couleur (le fer donne une brique orangée, le manganèse fait tirer vers le bordeaux). Le mot « brique » arrive tardivement dans le vocabulaire toulousain : on parlait ici de tuiles, de foraines, de rougettes, selon la qualité.

Avec le XIXe s, la brique va considérablement évoluer. Dans la bonne société toulousaine, on ne supporte plus la brique rouge, qui montre trop sa modestie. On lui préfère la brique jaune, plus chic, car elle imite la noblesse de la pierre.

La brique traditionnelle disparaît peu à peu et devient un produit industriel standardisé, l'argile est pressée et acquiert une plus grande compacité mais aussi un aspect lisse, régulier et plus monotone ; elle reste toutefois très utilisée dans l'architecture contemporaine (voir la place Occitane, par exemple). Aujourd'hui, quelques briquetiers s'acharnent néanmoins à conserver le savoir-faire spécifique lié à ce matériau, symbole de l'architecture en Pays toulousain.

LE CANAL DU MIDI ET LES AUTRES CANAUX DE TOULOUSE

Vous croyez que Toulouse ne possède qu'un canal ? Eh non ! Entre le XVIIe et le XIXe s, la ville s'est dotée de trois canaux. Le plus connu est celui conçu par Pierre-Paul de Riquet au siècle de Louis XIV entre Toulouse et la Méditerranée (voir ci-dessous « La belle histoire du canal du Midi »). Grâce à lui, l'opulent Pays toulousain put suppléer au manque de grains de la zone méditerranéenne, et les Méridionaux offrir aux Toulousains les produits qui leur faisaient défaut (huiles, savons, tissus, vins).

Les impératifs du commerce ont favorisé au XVIIIe s le creusement du petit canal de Brienne, sorte de déviation destinée à éviter aux bateaux le passage dangereux à proximité du moulin du Bazacle. C'est aujourd'hui le plus beau et le mieux conservé de la ville. Quant au canal de la Garonne, qui rejoint les deux autres aux Ponts-Jumeaux (voir « Balade le long de la Garonne » dans « Toulouse. À voir »), il ne fait que doubler le fleuve mais permet une navigation plus régulière et plus soutenue que sur le fleuve (300 jours, contre 100 sur la Garonne). Réalisé au milieu du XIXe s, il n'a pas pu (de même que les autres) lutter contre la terrible efficacité du chemin de fer. Dépossédés de leur fonction initiale et voués aujourd'hui à la promenade, les canaux restent cependant une partie intégrante de l'identité toulousaine.

La belle histoire du canal du Midi

Le plus grandiose monument du Midi se trouve-t-il à Toulouse, à Sète, à Carcassonne ou à Béziers ? Réponse : partout, mon capitaine ! De Toulouse à l'étang de Thau serpente une voie « vert d'eau » coupée de 64 écluses (simples, doubles, triples, quadruples... et même octuples, sans compter l'écluse ronde d'Agde, une

sorte de rond-point avant l'heure qui dessert trois directions), 55 aqueducs, 7 ponts-canaux (!), 126 ponts en dos d'âne et même un tunnel (le Malpas) qui fera naviguer les bateaux sous la montagne d'Ensérune.
Tout ça pour réaliser un rêve que poursuivaient déjà les Romains : mettre en communication la Méditerranée avec la Garonne, qui coule vers l'Atlantique, et créer le canal des Deux-Mers. Plus facile à dire qu'à faire : la Garonne appartient au Bassin aquitain alors que l'essentiel de l'ouvrage est sur la zone méditerranéenne. Seule solution : concevoir un canal à double pente et prévoir le robinet à la jonction des deux zones : le point de partage. Oui, mais encore faut-il brancher ledit robinet sur des tuyaux d'amenée ! Qu'à cela ne tienne, on creuse 76 km de rigoles qui permettent une captation partielle des eaux de la Montagne noire et, pour être sûr d'avoir de l'eau aux différentes périodes de l'année, on conçoit trois bassins de rétention dont le bassin de Saint-Ferréol, le plus grand barrage du monde à l'époque.
L'ouvrage et son système alimentaire sont si remarquables et uniques qu'ils sont, depuis 1996, inscrits par l'Unesco au Patrimoine mondial de l'humanité, au même titre que la Grande Muraille de Chine ou que le château de Versailles ! Imaginez 240 km d'une route liquide sous un frais tunnel de platanes, paressant parmi les vergers et les vignes, traversant des cités trois étoiles, enjambant les fleuves d'un jet d'aqueduc et se haussant du col par des accolades d'écluses (jusqu'à neuf à la fois) aux ovales gracieux... Le canal du Midi témoigne de l'art du Grand Siècle. « On y voit le pays autant et mieux qu'en diligence », s'exclamait Stendhal dans son coche d'eau, tiré par trois chevaux. Un demi-siècle plus tôt, l'agronome anglais Arthur Young en était resté éberlué : « C'est là le plus beau spectacle qu'il m'ait été donné de voir en France. Louis XIV, tu es vraiment un grand roi ! »
Lorsque Pierre-Paul de Riquet, surintendant des gabelles, vient présenter le projet, c'est tout juste si Colbert ne le traite pas de farfelu. Après avoir vu les essais de Riquet (à la loupe ?), notamment pour l'alimentation du canal, il devient un intermédiaire efficace auprès du Roi-Soleil, qu'aucun travail colossal ne fait sourciller. Son paraphe au bas de l'édit royal de creusement du Canal royal du Languedoc lance un gigantesque chantier qui dure 14 ans et met au travail 12 000 hommes et femmes engagés pour creuser à la pelle. Ils capteront les ruisseaux de la Montagne noire et bichonneront des ouvrages de titan. Le Trésor royal étant asséché (par Versailles et les guerres ?), Riquet emprunte des sommes importantes (car il sait que l'ouvrage générera du profit à moyen terme). Pourtant, ses descendants mettront 40 années à rembourser les créanciers !
Dès l'ouverture, en 1681, c'est la ruée. La première liaison Atlantique-Méditerranée va transformer la région. De Toulouse à Sète (ville née du canal !), on commerce grâce au canal, on ne voyage plus qu'en bateau. À raison d'environ 6 km à l'heure, on met 4 jours pour aller de Toulouse à Agde avec deux arrêts par jour dans les auberges au bord du canal : pour la dînée (repas du midi) et la couchée (le soir). Relais, chapelles et maisons closes s'agglutinent le long du canal. Riquet avait vu grand.

FORTUNE EN LIQUIDE

En ne finançant que 20 % du chantier, Riquet obtint de Louis XIV l'entière propriété du canal, pour lui et ses héritiers. Tous les bateaux payaient un octroi. Ce patrimoine inouï sera confisqué à la Révolution française.

LE CASSOULET

Difficile d'évoquer avec légèreté un tel sujet... Il n'est – c'est bien connu – de bon cassoulet que de Toulouse, sauf s'il est de Montauban, de Castelsarrasin, de Castelnaudary ou... de Carcassonne ! Passer à Toulouse sans consommer un bon cassoulet reste une hérésie (mot qui ici prend tout son sens) aux yeux d'une bonne partie de la population, tous âges confondus d'ailleurs !

Bien sûr, les journées d'hiver semblent plus appropriées que la chaleur estivale pour l'apprécier, ce sacré cassoulet, mais si la qualité est au rendez-vous, l'expérience s'impose en toute circonstance. Comme de nombreux plats mijotés, son origine est à chercher dans un amalgame d'ingrédients locaux qui, une fois réunis, forment un plat unique et exceptionnel. La légende veut que le plat ait été constitué pendant la guerre de Cent Ans. Il s'agissait de rassembler toutes les victuailles de Castelnaudary afin de préparer un plat destiné à donner aux assaillants la force nécessaire pour vaincre les Anglais (à l'odeur ? L'histoire ne le dit pas !).

LES SEPT PEAUX CAPITALES

Le secret d'un bon cassoulet réside dans le temps de cuisson. La tradition veut que l'on enfourne celui-ci et qu'on le laisse faire sept « peaux » : dès qu'une croûte se forme en surface, il faut l'enlever et la laisser se reconstituer six fois. Et, en principe, la cuillère doit pouvoir tenir debout. Il faut, quoi qu'il en soit, entre 4h et 6h de cuisson et autant pour la digestion, mais quand le démon du cassoulet vous tient ! L'important est de ne pas être pressé...

De fait, le cassoulet est intimement lié au récipient en terre cuite dans lequel on le mijote : la *cassole*. Pour les ingrédients, il est vraisemblable que celui de base n'est pas originellement le haricot blanc, venu du Nouveau Monde, mais la fève, denrée locale utilisée pour les « estouffades ». Le génie du plat est le résultat des initiatives anonymes et talentueuses qui lui ont ajouté au fil du temps le confit puis le salé de porc et l'andouille, jusqu'à la substitution des fèves par les haricots. Chaque ville fait valoir ses accompagnements : ail, confits, saucisses et même, comme à Montauban, couenne et purée de tomates. Les sucs produits par les viandes contribuent à l'onctuosité du plat et le rendent, dit-on, plus digeste !

Pour les amateurs, le problème est de trancher entre le Père, le Fils et le Saint-Esprit. C'est la métaphore communément employée pour désigner les trois villes du cassoulet : Castelnaudary, Carcassonne et Toulouse. Selon Anatole France, la distinction tient au fait que Carcassonne utilise comme viande le gigot de mouton et Toulouse préfère la saucisse à l'andouille ! Bien malin celui qui, au XXIe s, fera la distinction entre l'un et l'autre. En tout cas, plus personne ne croit aujourd'hui, comme Catherine de Médicis, que le cassoulet, qu'elle recommandait instamment à sa fille, la reine Margot, peut être un remède contre la stérilité !

CUISINE

Tradition oblige, on va commencer par vous parler de la cuisine de toute la région, puisque les tables toulousaines la servent sous toutes ses formes. C'est que, dans le pays, l'art de la table est inscrit dans les gènes : les paysans ont merveilleusement exploité leurs maigres ressources. Truffes, foie gras, cèpes, confit, cassoulet, roquefort, gâteau à la broche, melon de Lectoure, raisin de Moissac, etc. Unie dans son abondance, la région se teinte de cuisines diversifiées. Dans la ville et ses environs proches, soyez assuré d'une chose : vous ne mourrez pas de faim ! Mais il serait dommage de vous contenter des clichés habituels, Toulouse méritant mieux que son statut de capitale du cassoulet. De jeunes chefs, formés à bonne école, ont ouvert des tables bien dans l'air du temps, proposant une cuisine du terroir revue à la légèreté, portée par leurs propres souvenirs de voyage. Et puis il y a les tables festives, les lieux pour grignoter à la fraîche. Sortez et goûtez Toulouse à pleines dents, vous ne serez pas déçu.

Mais commençons par l'essentiel. En vedette, donc, et indétrônable malgré la concurrence : le canard. Il alimente ici les daubes, pâtés, ballottines, ragoûts de foie, et offre ses confits au cassoulet toulousain (le plus complet de tous les cassoulets). Si le Languedoc pointe son nez avec les aïolis et les escargots, le gâteau

toulousain aux amandes, en revanche, est proprement du cru. Et n'oublions pas l'une des douceurs les plus populaires : le bonbon à la violette.
Quant à l'influence des Pyrénées, elle se ressent dans les nombreuses charcuteries en provenance directe de l'Ariège voisine, tout comme dans les préparations de gibier, les fromages de brebis, les petits-gris et le touron, une friandise aux amandes.

Spécialités

- ***Aïgo boulido :*** l'aillade ariégeoise ? Un jaune d'œuf délayé dans l'huile, auquel on ajoute le blanc avec une gousse d'ail.
- ***Bougnette :*** la saucisse de Castres, fourrée de pain, d'œufs et de hachis de poitrine de porc.
- ***Cabécou :*** rondelle de fromage de chèvre.
- ***Canard :*** en confit, en magret, en foie gras, tout est bon dans le canard (gésiers, manchons, aiguillettes...), mais est-il utile de le rappeler ? De quoi s'en gaver, bien sûr, par ici. À ce petit jeu (de l'oie), le canard a même fini par régler son pas sur celui de sa consœur en ce qui concerne le foie gras (lire plus loin).
- ***Cassoulet :*** voir plus haut la rubrique qui lui est tout particulièrement consacrée.
- ***Cèpes :*** il se mange à la poêle, en daube dans du vin rouge ou alors au jambon, piqués d'ail et grillés.
- ***Chasselas de Moissac :*** grain fin et translucide, seigneur des raisins de table français. C'est le premier fruit frais à avoir vu sa qualité récompensée par une AOP (Appellation d'origine protégée).
- ***Croustade :*** de Gascogne en Ariège, cette tourte fait varier sa garniture tantôt pommes ou poires, tantôt figues ou pruneaux.
- ***Fénétra :*** gâteau à base de pâte d'amandes meringuée et de citrons confits, une douceur typiquement toulousaine.
- ***Foie gras :*** oubliez le Périgord, c'est la Gascogne qui en produit le plus. À sa tête, le département du Gers. Foie gras d'oie et de canard, tous deux gavés au maïs blanc ou jaune. On trouve davantage de foie de canard. L'oie est plus fragile, plus longue à gaver, donc moins rentable. La période de gavage débute mi-septembre pour s'achever en mai. Répété trois fois par jour, le gavage dote les palmipèdes d'un foie énorme, en 1 mois. Et ce foie-là est tellement exquis, fin et fondant (un poil plus relevé s'il s'agit de canard) qu'on peut même le déguster cru, avec du gros sel : bonne occasion pour l'acheter moitié moins cher.

L'ORIGINE DU FOIE GRAS

Tout vient de l'Égypte antique. Les oies d'Europe qui migraient en Afrique se surnourrissaient pour tenir tout le vol. Ayant abattu quelques spécimens, les Juifs égyptiens se régalèrent de leur foie bien gras et décidèrent, par la suite, de les gaver eux-mêmes. Cette technique arriva dans le Sud-Ouest grâce aux familles juives qui s'installèrent à Bayonne après leur fuite d'Espagne en 1492.

- ***Garbure :*** en entrée ou en plat, selon les endroits, vous la trouverez pratiquement partout. C'est un bouillon ou encore une espèce de potée aux choux pleine de bonnes choses : haricots, navets, carottes, pommes de terre, oignons, un peu de viande (lard, confit, farce ou l'os du jambon, dans les Hautes-Pyrénées), le tout relevé par une pointe d'ail et de persil.
- ***Gasconnade :*** gigot aux anchois et à l'ail.
- ***Gâteau à la broche :*** d'Ariège en Bigorre, le gâteau des grandes occasions. Sur la broche tournante, gainée d'une sorte de rouleau à pâtisserie, on verse peu à peu la pâte – genre madeleine, avec rhum, noix et raisins – qui cuit ainsi par couches.
- ***Haricot tarbais :*** longtemps oublié, il fait son come-back ! Le *mounjete* (en gascon) n'accepte de pousser que sur les terres propices de sa tendre Bigorre,

et ce depuis le XVIIIe s. Avec les méfaits de l'agriculture intensive, ce fut la fin des haricots dans les années 1950. Revenu en odeur de sainteté grâce à d'audacieux particuliers, on peut désormais de nouveau goûter sa chair fondante, sa peau lisse et son teint délicat, qui redeviennent plus que jamais indispensables au cassoulet... qu'il n'aurait jamais dû quitter !

– ***Laguiole :*** outre le coupe-chou auvergnat, la capitale des pâturages d'Aubrac produit un excellent fromage, sorte de cantal au goût fleuri.

– ***Melon de Lectoure :*** ne vous en privez pas, c'est une friandise réputée jusqu'à l'étranger.

– ***Melsat :*** ce gros boudin blanc de Mazamet (mie de pain gorgée d'œufs, de lait et de lard) sera coupé en grosses tranches et poêlé dans la graisse d'oie, dans la grande tradition des bombes caloriques du Sud-Ouest.

– ***Noix :*** cette compagne des mauvais jours (pour le paysan) déborde des Causses quercynois et rouergats.

– ***Porc noir gascon :*** morphologiquement très différent du haricot tarbais, certes, mais il faillit connaître le même sort, à savoir une disparition pure et simple ! La robe noire et les oreilles sur les yeux, tel un avocat radié du barreau, le malheureux revit depuis peu... pour finir dans nos assiettes en délicieux jambons et saucissons. Plusieurs chefs le remettent aujourd'hui au goût du jour.

– ***Poularde à la toulousaine :*** sa garniture comprend des truffes, du foie gras, des champignons, des crêtes de coq et des ris de veau !

– ***Roquefort :*** Rabelais le célébrait, Charlemagne en raffolait... On dit que l'auteur de cette pâte persillée fut un berger qui, ayant oublié son fromage de brebis dans un rocher fissuré du Larzac, le retrouva changé de goût. De fait, seules les caves du village de Roquefort-sur-Soulzon favorisent la moisissure *penicillium roquefortis,* qui bleuit la tomme pendant les 3 mois d'affinage.

– ***Saucisse de Toulouse :*** favorite du cassoulet, elle mêle « gras du dos », viande coupée gros, et deux mesures de poivre moulu pour une de poivre en grains.

– ***Tripoux :*** ce fameux remontant auvergnat – tripes de mouton et farce cousues dans un boyau et cuites dans du vin blanc – serait né du côté d'Espalion.

– ***Truffe :*** en Gascogne, en Rouergue, en Quercy, les marchés des villages débordent de petites caisses de crottin de cheval. Ce « crottin », c'est la truffe, un gros champignon souterrain de 10 à 100 g qui, extrait de sa gangue terreuse, révèle une couleur noire et un parfum d'une force bouleversante. La truffe se développe sous les racines des chênes et des noisetiers, plantés là tout exprès en truffières.

– ***Violette :*** l'un des musts de Toulouse, que l'on déguste sous forme de bonbons, de confiture, etc. (lire plus bas la rubrique qui lui est consacrée).

Et, pour bien faire passer ces bonnes spécialités, sachez que la Ville est propriétaire d'une vigne (au domaine de Candie) et produit donc son propre vin (blancs et rouges), très bientôt bio !

La nouvelle tendance toulousaine des bars à tapas

Ici, comme le disait Nougaro, l'Espagne pousse volontiers sa corne, et sur les nombreuses terrasses ou dans les bars à vins, les tapas se multiplient. Adieu chips et cacahuètes, une multitude de petits grignotages savoureux mettent à l'honneur aussi bien les produits du Sud-Ouest (précités) que ceux de la péninsule Ibérique. Ils réchauffent avec bonheur les ruelles et placettes, à l'heure de l'apéritif, et bien au-delà...

ÉCONOMIE DE TOULOUSE MÉTROPOLE

Toulouse possède tout d'abord de nombreuses activités liées à sa position de capitale régionale : nombreux emplois administratifs, évidemment, mais aussi dans l'enseignement supérieur (près de 96 000 étudiants), dans le domaine de la santé, de la culture et du sport (le TFC en football et le Stade toulousain en rugby...).

Entre tradition et modernité

La tradition se retrouve dans des entreprises implantées depuis longtemps, mais qui sont aujourd'hui dopées par la recherche ou le succès commercial. On peut citer, parmi beaucoup d'autres, les producteurs de tuiles et de briques (Guiraud Frères), le leader français de la menuiserie aluminium (Technal), la mythique boîte de Cachou Lajaunie, dont la formule remonte à 1880, et la maison centenaire des parfums Berdoues, bien placée sur le créneau de l'hygiène et des cosmétiques (tout en poursuivant la fabrication du parfum de violette, fleur dont Toulouse demeure la capitale). La modernité a sa principale vitrine dans l'aéronautique, avec la construction des Airbus et ATR dans les établissements de Toulouse, Blagnac, Saint-Martin-du-Touch et Colomiers. Toute une zone d'activité a vu le jour autour de l'assemblage du gros porteur A380 (le toit du hangar monumental pèse cinq fois plus que la tour Eiffel !). En 2013 est sorti le premier A350 de l'usine d'assemblage située à Colomiers. C'est également là que se trouvent les chaînes d'assemblage des A330 et A320. L'implantation du CNES depuis 1968 a suscité l'émergence d'une véritable cité techno-spatiale générant plusieurs milliers d'emplois. L'arrivée en plus de la direction des systèmes d'observation de Météo-France a fait de Toulouse le premier pôle climatologique français, sans oublier que SPOT Image et la balise ARGOS sont nés à Toulouse. Il faudrait aussi citer les nombreuses entreprises présentes dans l'électronique, l'informatique et ses multiples applications. Enfin, les biotechnologies commencent à susciter la création de petites unités de production qui ne demandent qu'à prospérer. Toutes ces activités bénéficient d'un environnement exceptionnel en matière de recherche. Ainsi, selon l'Insee, Toulouse se classe au troisième rang des villes françaises high-tech (après Paris et Grenoble) par le nombre de ses cadres en informatique et télécoms. Et dans le secteur de la chimie, durement touché après l'explosion d'AZF en septembre 2001, il a été fait le choix de la modernisation et de la reconversion. En témoigne l'ouverture récente de l'Oncopôle sur l'ancien emplacement de l'usine AZF. Il s'agit d'un site unique de recherche contre le cancer, regroupant chercheurs, laboratoires publics et privés, entreprises et médecins qui s'allient pour lutter ensemble contre la maladie et valoriser les bionanotechnologies.

Une ville rose… qui se met toujours plus au vert

Enfin, il ne faut pas oublier les nombreuses activités liées au tourisme, qui s'appuient sur un patrimoine culturel exceptionnel, mais aussi sur un environnement verdoyant très proche de la ville et fort apprécié (canal du Midi, tournesols des collines du Lauragais, forêts domaniales à proximité de Toulouse...). L'accroissement des zones piétonnes et le travail de facilitation des déplacements sans voiture ont contribué à donner une nouvelle image à la ville... toujours plus rose... et verte. Des urbanistes de renom ont été sollicités pour redonner au centre-ville un coup de neuf : Bruno Fortier, aux commandes pour la rue Alsace-Lorraine, artère phare du centre-ville totalement piétonnisée et « rendue » aux Toulousains en 2012, alors que le Catalan Joan Busquets s'est attaqué au centre historique dans sa globalité avec un projet autour de l'espace public entre les boulevards réhabilités et les rues piétonnes multipliées. Ces dernières années, différents aménagements ont été réalisés pour valoriser les bords de Garonne, et ce n'est pas terminé. D'autres projets importants concernent le réaménagement des allées Jean-Jaurès et les abords de la gare. Au-delà du centre, le GPV (Grand Projet de ville) s'attelle à redonner aux quartiers des zones urbaines sensibles un cadre de vie valorisé en intervenant sur le logement, les équipements et l'urbanisme. Le bien-vivre à Toulouse a encore de beaux jours devant lui !

ENVIRONNEMENT

La ville présente un curieux paradoxe en offrant l'une des plus faibles densités urbaines (par rapport aux grandes agglomérations françaises), tout en détenant le record du nombre de voitures par habitant. Une partie de l'explication réside

dans la géographie même de la ville : si la superficie de la commune de Toulouse est supérieure à celle de Paris, l'éparpillement de ses habitants fait encore de la voiture un moyen de transport approprié.
Néanmoins, l'ouverture de deux lignes de métro (en 1993 et 2007), l'inauguration de la première ligne de tram vers Aéroconstellation en 2010 et ses prolongations successives fin 2013, puis début 2015, ainsi que l'arrivée de *VélôToulouse* ont amélioré les choses. Une 3e ligne de métro devrait voir le jour en 2024.
L'avantage certain dont dispose la ville est de couvrir un vaste territoire (presque 12 000 ha) dans lequel on peut multiplier les espaces verts. De fait, si l'on n'échappe pas aux bouffées d'oxyde de carbone dans le centre-ville très concentré, il est facile d'aller prendre l'air tout près. Il suffit de rejoindre l'un des 160 parcs, squares et jardins d'importance variable qui agrémentent le quotidien des Toulousains et qui peuvent vous permettre de faire une pause à l'ombre de beaux arbres, tels les micocouliers ou les ginkgos. L'eau a également la part belle puisque, en plus des bords de la Garonne, elle offre aux promeneurs trois canaux à longer sur les anciens chemins de halage.

LA GARONNE

Tout dans la ville vient du fleuve : le site de la ville historique est une terrasse alluviale qui met la rive droite hors d'atteinte des inondations mais reste accessible grâce à un gué naturel (le Bazacle). Les maisons sont faites de briques moulées à partir de l'argile sédimentaire de la vallée. Le sable qui sert de base aux mortiers et aux crépis était obtenu grâce aux pêcheurs de sable, hommes vigoureux qui, à l'aide d'un « foussou » (longue perche munie d'une sorte de louche), raclaient les trous d'eau et remontaient le sable à la force des bras. Les fondations des murs, la construction des simples demeures ou des bâtiments utilitaires, le pavement des rues utilisaient les galets roulés par la Garonne depuis la montagne pyrénéenne.

GARONNE, FLEUVE À PART

Les Toulousains sont très fiers de leur promenade au bord du fleuve, qui appartient aux sites classés. Ils y marchent, y prennent l'air et le soleil en toute sérénité. D'ailleurs, ils aiment tellement leur fleuve qu'ils l'ont personnifié : on dit que l'on se balade au bord de Garonne et non au bord de « la » Garonne. Sachez-le et ne faites pas l'erreur ! En revanche, à l'écrit, le fleuve reprend son article.

Hier, c'était au bord du fleuve que se concentrait la zone industrielle de Toulouse. Des « égorgeurs » (bouchers) aux fondeurs de métal, des pêcheurs aux tanneurs, des fabricants d'amidon aux mariniers, les berges accueillaient de nombreuses activités modestes, souvent bruyantes et puantes, qui en éloignaient les personnes dites respectables. La Garonne était (et est encore) le principal pourvoyeur d'eau potable et offrait aux habitants une pêche abondante et bienfaisante – même si elle était aussi malodorante ! Tant et si bien que les riverains de la halle aux poissons, originellement située en centre-ville, ont demandé son déplacement au bord du fleuve !
La Garonne était source de vie et de mort. L'histoire de la ville est ponctuée d'une centaine d'inondations catastrophiques ayant provoqué des noyades en nombre et des dégâts terribles ! Mais on la pensait aussi purificatrice quand on procédait à la baignade de la croix, cérémonie qui vit le jour au Moyen Âge et perdura jusqu'à la Révolution. Cette croix avait été déterrée sur la berge par des cochons : on croyait qu'en la soustrayant au fleuve on déclencherait la colère divine. Une baignade annuelle en grande cérémonie éloignait la menace. Purification aussi pour les maquerelles et les blasphémateurs qui, suspendus dans une cage, étaient immergés par trois fois dans la Garonne.

En voyant son cours large et tranquille, on peine à imaginer le torrent pyrénéen à sa source espagnole, aux pieds des glaciers. Sa nature toulousaine est le fruit de la jonction avec de nombreux affluents – en particulier l'Ariège –, aux portes de la ville. En continuant leur course vers l'Atlantique, la moyenne et la basse Garonne vont déterminer ensuite une vaste vallée, traverser Bordeaux et rejoindre, au terme de 575 km de cours, une autre rivière mythique, la Dordogne, pour former la Gironde. Oh, Garonne !

Un projet fleuve

Véritable colonne vertébrale de l'agglomération toulousaine, la Garonne est au centre d'un grand projet intercommunal qui englobe 32 km de fleuve : le ***Grand Parc Garonne,*** poumon vert de l'agglomération. Le grand réaménagement du cadre environnemental et du patrimoine fluvial naturel ou bâti, la mobilité (avec notamment de nombreuses pistes cyclables) et des aménagements de loisirs sont les maîtres mots retenus pour consacrer la réconciliation définitive des Toulousains avec leur fleuve.

GÉOGRAPHIE

Toulouse appartient à un département un peu baroque, la Haute-Garonne, qui devient gascon au contact du Gers, qui fait plus que flirter avec le Tarn-et-Garonne, qui se prend déjà pour l'Ariège à Montesquieu-Volvestre et qui effectue une drôle de manœuvre inspirée pour que les Hautes-Pyrénées ne lui piquent pas Saint-Bertrand-de-Comminges. De plus, il se taille à la machette un mince couloir entre deux gros voisins, pour posséder sa toute petite tranche de Pyrénées et quelques kilomètres de frontière avec l'Espagne. Étrange, non ?

Il paraît qu'en 1790, à la création des départements français, c'est le cours de la Garonne qui détermina les limites de la Haute-Garonne. Les têtes pensantes de l'époque avaient de drôles d'idées ou devaient être particulièrement perturbées par les changements de régime ! Car ce n'est pas tout à fait le genre de raison à même de forger une unité géographique et sociologique. D'autant plus que Toulouse prend vraiment beaucoup de place (et qu'elle en prendra de plus en plus, en continuant sa croissance).

SURVEILLEZ LA MÉTÉO

L'autan, vent violent du Midi toulousain, est supposé rendre fou, ou du moins avoir la même influence sur certains individus que la pleine lune. Les enfants feraient plus de fautes à l'école quand il souffle ! On dit que les juges manifestent parfois une certaine clémence pour les auteurs de crimes et délits commis lors des crises d'hystérie en période de grand vent. Bref, gare aux coups de vent d'autan !

HISTOIRE

Tout d'abord, la région fut habitée par une peuplade celte répondant au doux nom de Volques Tectosages, qu'inévitablement les Romains vinrent déranger à un moment donné. Aux Ier et IIe s de notre ère, *Tolosa* fut d'ailleurs une ville romaine prospère et l'une des plus vastes colonies de la Gaule avec son territoire de 90 ha. Curieusement, il reste peu de vestiges de ce passé lointain. Quelques éléments du mur d'enceinte et des grands monuments publics découverts çà et là, à l'occasion de travaux, et c'est à peu près tout. Les pierres étaient très rares dans la région, et les Romains surent vite exploiter le sol argileux pour mouler des briques.

Cependant, ces hommes hautement civilisés avaient une fâcheuse tendance à massacrer tous ceux qui se réclamaient du christianisme : l'évêque Saturnin en fit l'amère expérience (voir les textes sur la rue du Taur et la basilique Saint-Sernin dans « Toulouse. À voir »). Les Wisis et autres Goths, Francs, Vandales, Sarrasins laissèrent également peu de traces notables. La région fut un lieu de passage.
C'est à partir du IXe s, avec les comtes de Toulouse, que l'histoire put enfin s'écrire. Au cours du Moyen Âge, la sépulture de l'évêque martyr devint le noyau de développement d'une nouvelle partie de la ville (le bourg Saint-Sernin) qui se juxtaposa à la ville romaine. Aux XIe et XIIe s, Toulouse se développa et prospéra, notamment grâce aux pèlerins en route vers l'Espagne, et plus précisément vers Saint-Jacques-de-Compostelle. C'est à cette époque que s'acheva la construction de l'imposante basilique Saint-Sernin, destinée à abriter le trésor de reliques et à accueillir pour la prière ces « marcheurs de Dieu ». Le pape Urbain II vint la consacrer et surtout chercher à Toulouse la participation de Raymond IV à la première croisade pour délivrer le Saint-Sépulcre.

Les capitouls

À la fin du XIIe s, le comte Raymond V accorda l'autonomie municipale à la ville. Originellement, ce sont les bourgeois qui se réunissaient pour prendre les grandes décisions concernant la ville. Ils prirent le nom de « seigneurs du chapitre », ce qui donne en langue d'oc *los senhors del capitol* (et perdurera dans l'appellation du bâtiment municipal : ici, pas de mairie ni d'hôtel de ville, c'est le Capitole !). Aux premiers représentants succédèrent des élus, ce qui valut à Toulouse l'appellation excessive de république. Il ne s'agissait pas véritablement de suffrage universel, mais d'un principe de cooptation sensiblement éloigné de l'idée de démocratie ! Même si l'exercice du pouvoir était court (1 an non renouvelable), la charge était fort recherchée car elle permettait d'acquérir la noblesse héréditaire, de se doter d'un blason, de faire faire son portrait et d'échapper à la question (la torture, autrement dit) ! Il n'y a qu'à regarder les murs de la cour Henri-IV couverts de blasons ou les superbes balcons du Capitole marqués des armes des capitouls pour comprendre que la reconnaissance sociale était l'un des objectifs prioritaires ! Souvent menacée par les autres pouvoirs, la charge capitulaire fut néanmoins confirmée à toutes les périodes. Les capitouls régnèrent ainsi sur Toulouse jusqu'à la Révolution française.

L'époque cathare

Au cours du Moyen Âge, la crise cathare opposant les catholiques à l'église dualiste (qui postule que Dieu n'est pas le seul créateur du Monde, que c'est le démon qui a créé le Mal) et la croisade contre les albigeois qui en résulta entraînèrent les comtes de Toulouse dans des réactions variables. Il y eut l'intransigeance de Raymond V, à l'origine par exemple de la condamnation du marchand Pierre Maurand, contraint, entre autres, à partir en Terre sainte et, dans l'attente de ce départ, à se fustiger torse nu en faisant le tour des églises. Puis, dans une ville à la population partagée, la difficile résistance de Raymond VI qui dut faire face à Simon de Montfort, chargé d'écraser l'hérésie et instigateur de trois sièges devant Toulouse. Lors de la dernière tentative, en 1218, ce dernier fut tué par un projectile efficace lancé par une pierrière manœuvrée par des femmes. « La pierre vint tout droit là où il le fallait », dit la *Chanson de la croisade albigeoise*. La mort du chef de la croisade donna un tournant décisif à l'épisode cathare. Désormais, ce furent directement les rois de France qui tâchèrent d'écraser l'indépendance d'esprit des Occitans. Cette démarche concerna particulièrement le comte Raymond VII, qui finit par accepter sur le parvis de Notre-Dame inachevée, « en chemise et chausses », les clauses du traité de Paris, dont la principale était le rattachement définitif du Languedoc à la France en 1271.

Pour reconquérir et séduire son public, l'Église catholique associa la répression (l'Inquisition fut créée en 1231 contre les « hérétiques » et ceux qu'on considérait comme tels, bien sûr, pour de sombres raisons politico-économiques), la prédication (saint Dominique fonda l'ordre des frères prêcheurs à Toulouse en 1215), l'édification des fidèles (manifeste dans la frénésie de construction des vastes églises gothiques méridionales et la qualité de leur décor) et l'éducation (l'université de Toulouse fut fondée en 1229 pour asseoir le dogme catholique).
La paix rétablie, les bourgeois s'enrichirent, et la ville connut une relative prospérité freinée par les épidémies de peste et la guerre de Cent Ans. En 1444 (après le passage de Charles VII, qui rencontra à cette occasion la belle Agnès Sorel), elle se dota du deuxième parlement de France (après Paris), qui affirmait dans la capitale régionale l'expression la plus haute du pouvoir monarchique : la justice royale. Cette institution imposa à la ville un nouveau partage du pouvoir : le prestige des parlementaires dépassait celui des autres fonctions, et notamment celui des capitouls. Un coup dur mit en péril la ville en plein développement : le grand incendie de 1463 dans la ville médiévale où dominaient les constructions à pans de bois. Il détruisit 7 000 maisons, soit plus de la moitié de Toulouse.

La fortune du pastel

De 1463 à 1560, Toulouse connut son « siècle d'or » grâce au commerce du pastel. Cette plante prolifique dans les terres du Lauragais donnait une superbe teinture bleue. La couleur s'obtenait à partir des feuilles après de nombreuses opérations de transformation (récolte, réduction en bouillie, façonnage, séchage, fermentation, déshydratation). Les feuilles de pastel étaient broyées et mises en boules, appelées ici « coques ». Elles donnaient ensuite, après fermentation, la célèbre teinture bleue. Ces coques, à l'origine de tant de richesses, valurent ainsi à la région de Toulouse le fameux surnom de « pays de cocagne ». La production transitait alors essentiellement par la Garonne avant le transbordement pour la traversée de l'Atlantique vers l'Espagne, l'Angleterre et les Flandres. Le pastel avait acquis un immense succès en Europe. Dans toutes les cours, on recherchait le beau vêtement, celui qui proposait les meilleures couleurs. Le bleu pastel fut vite plébiscité pour ses qualités intrinsèques mais aussi pour sa contribution à fixer les autres couleurs auxquelles il était associé.
Des fortunes colossales s'établirent en quelques années, et Toulouse leur doit parmi ses plus beaux hôtels Renaissance (lire « Toulouse. À voir. Les hôtels particuliers »). Les marchands pasteliers étaient des financiers : ils devaient supporter un investissement important à l'achat du pastel, et le bénéfice de la revente à l'étranger ne leur revenait que plusieurs années après. Aussi, les grands négociants furent peu nombreux, mais leur richesse leur a permis d'édifier dans la ville des demeures de prestige. Les familles Boysson, Delfau, Lancefoc, Cheverry, Bernuy ou Assézat, venues de l'Aveyron, de l'Ariège, du Pays basque ou d'Espagne, ont construit entre la fin du XVe s et la première moitié du XVIe s des hôtels particuliers où les marques de la Renaissance s'impriment timidement d'abord puis fortement (voir « Le centre ancien : circuit nord »). Mais les ambitions personnelles de ces marchands parfois plus soucieux de titres honorifiques que d'efficacité économique (ils sont tous devenus capitouls), les pratiques douteuses (comme celle qui consistait à mélanger du sable à la teinture), les guerres de Religion et l'arrivée de l'indigo des colonies cassèrent net ce marché lucratif. Le pastel connaît un nouvel essor, dans le textile bien sûr, mais aussi dans les cosmétiques.

Les hôtels particuliers

Dès la fin du Moyen Âge, la prospérité économique et la nécessité de reconstruire au lendemain du grand incendie parsèment le paysage urbain de nombreux hôtels particuliers. Aux anciennes demeures marchandes, étroites en façade (plus ou moins 8 m) et développées en profondeur (l'important étant d'avoir pignon sur

rue et d'ouvrir son échoppe sur la chaussée), succèdent de nobles demeures aux façades imposantes. Les négociants de l'âge d'or de la Renaissance, souvent promus à la fonction de capitouls, construisent en brique et pierre des demeures au décor raffiné. Plus question d'être postés sur la rue en contact avec le menu peuple. Ces nouveaux riches plantent entre le commun des mortels et eux-mêmes de véritables murs-écrans, affirmant bien qu'à cette époque on ne mélange pas les torchons et les serviettes ! Une fois la barrière passée, on découvre de magnifiques cours d'honneur marquées par le décor « à l'antique », autour desquelles s'organisent de véritables palais urbains comme l'hôtel d'Assézat.
Stimulés par la « concurrence », les parlementaires se dotent à leur tour d'habitations prestigieuses. Mais surtout aucune de ces personnes de qualité ne rate le moyen de faire connaître à tous l'importance de sa condition sociale. Celle-ci s'exprime dans l'architecture et l'organisation de leurs demeures : outre les belles cours d'honneur, on édifie des tours d'escalier et on utilise beaucoup la pierre (rare, donc chère, à Toulouse). Ici et là fleurissent dans la ville une cinquantaine de ces curieuses tours d'escalier, dépassant en hauteur les corps de logis, indice fiable d'une réussite sociale exhibée. Une vingtaine de ces tours peuvent encore être découvertes aujourd'hui, malgré les immeubles ajoutés postérieurement. À vous de lever les yeux au bon moment !
Les XVIIe et XVIIIe s ajoutent à la ville de belles demeures à l'ordonnance classique organisées en U autour d'une cour régulière, à découvrir particulièrement dans le quartier Saint-Étienne. En tout, Toulouse peut s'enorgueillir de présenter une centaine d'hôtels particuliers. À noter que la cour de la plupart d'entre eux est accessible si l'on demande (poliment et gentiment, bien sûr !) l'autorisation de jeter un œil sur ces richesses cachées.

La montée des « ultras »

La fin du XVIe s vit Toulouse s'affirmer comme une ville ultra-catholique, entourée de centres protestants actifs comme Montauban ou Castres. Pour les contrer, les catholiques se rassemblèrent en confréries de pénitents qui organisaient de spectaculaires processions de repentance et édifièrent des chapelles où s'exprime le style baroque (voir l'église Saint-Jérôme dans « Toulouse. À voir »). La montée de l'absolutisme royal et l'installation de l'intendant royal à Montpellier confirment Toulouse dans son rôle de capitale judiciaire. Les conseillers et les présidents du parlement s'affirment dans la multiplication de demeures somptueuses, principalement dans le quartier sud de la ville. Stimulés par cette « concurrence », les conseillers municipaux érigent la façade du Capitole en 1750. La ville connut à nouveau une certaine période faste avec la production extensive du blé qu'elle commercialisait. La région devint le grenier du Languedoc. Au Siècle des lumières, les projets d'embellissement et de développement du commerce portés par les états du Languedoc ont métamorphosé la ville. Les jardins, les quais de la Garonne, le canal de Brienne, la place Saint-Cyprien et la porte du Languedoc sont l'expression des mutations du XVIIIe s.
La Révolution française fut bien accueillie à Toulouse, qui s'affirmait jacobine. Mais lors de la création des départements, la ville perdit son statut de capitale régionale et ne devint que le chef-lieu d'un département. Elle ne sera longtemps qu'un « grand village ».

Du XIXe s à la Première Guerre mondiale

Dans la première partie du XIXe s, n'ayant investi que dans les demeures de prestige (hôtels particuliers, châteaux, etc.) et dans la terre, la bourgeoisie toulousaine ne se préoccupait guère de la révolution industrielle en marche. Il fallut l'arrivée du chemin de fer, en 1856, pour secouer un peu la léthargie de la ville et de ses élites, qui se contentaient strictement de gérer leurs revenus fonciers. Cité la plus importante de la région, Toulouse se dota alors de succursales des banques parisiennes, de grands magasins, etc. Et comme le plan médiéval de la ville constituait une entrave au commerce, on effectua, comme à Paris, des trouées typiquement haussmanniennes. Heureusement, elles se limitaient à deux rues se croisant (la rue d'Alsace-Lorraine et la rue de Metz), bordées pour la première fois d'immeubles, parfois en pierre, souvent en brique couverte d'un enduit imitant la pierre (et de style haussmannien, bien entendu !). Résistant à l'investissement industriel, la ville ne connaît alors que deux grands établissements : la Poudrerie et la Manufacture des tabacs.

De la naissance de l'aérospatiale à Aéroconstellation

Ce fut la guerre de 1914-1918 qui lança sérieusement l'activité industrielle de Toulouse. En effet, le champ de bataille occupant le nord et l'est de la France, on se replia vers le sud. La ville, bien desservie par les transports, bien alimentée en main-d'œuvre et en énergie (charbon de Carmaux, houille blanche des Pyrénées), développe l'industrie poudrière, qui prend une importance considérable (valant même à Toulouse le surnom de Poudreville). En 1917, elle voit s'installer l'usine Latécoère, qui s'oriente rapidement vers la fabrication d'avions. Une production qui sera déterminante pour Toulouse puisqu'elle va déclencher la création de la fameuse Aéropostale (avec Didier Daurat, Saint-Exupéry et Mermoz)... Et puis d'autres constructeurs, dans les années d'avant-guerre, s'installèrent à leur tour à Toulouse : Dewoitine, Bréguet et, beaucoup plus tard, Dassault (en 1967). Certaines compagnies nationalisées sous le Front populaire donnèrent naissance à Sud-Aviation, puis, par extension, à partir de 1970, à l'Aérospatiale.
Aujourd'hui, avec Airbus et l'électronique notamment, Toulouse a largement rattrapé son retard industriel historique...

L'ORIGINE DE L'AÉROPOSTALE

Latécoère était d'abord un fabricant de wagons de chemin de fer. En 1917, il obtient la commande des armées pour fabriquer 1 000 avions. On construisit une usine de toute urgence et, à la fin de la guerre, 800 aéronefs étaient achevés. L'armistice signé, que faire de tous ces engins ? C'est alors que Latécoère lança son projet fou de transports postaux vers l'Afrique puis l'Amérique du Sud.

La Seconde Guerre mondiale, Toulouse la résistante

Après avoir accueilli les réfugiés espagnols fuyant le franquisme et s'être affirmée comme capitale de l'exil républicain espagnol, Toulouse a joué un rôle prépondérant pendant la Seconde Guerre mondiale.
L'identité toulousaine de cette période et ses spécificités en font un lieu fort de la résistance au nazisme et au pétainisme, où se sont exprimés de nombreux mouvements et réseaux. Par sa position géographique, Toulouse s'est affirmée comme la plaque tournante des évasions par le passage des Pyrénées vers l'Espagne, l'Angleterre ou l'Amérique. La présence des usines d'armement et d'aéronautique a quant à elle favorisé les réseaux de renseignements et de contre-espionnage.
Les étrangers engagés dans les Brigades internationales (Italiens antifascistes, républicains espagnols, juifs d'Allemagne ou d'Europe centrale) et réfugiés à Toulouse ont joué un rôle prépondérant dans les nombreux mouvements de Résistance, parmi lesquels se distingue Libérer et Fédérer, dirigé par Silvio Trentin. Parmi tant d'autres, des personnalités marquantes comme François Verdier, Marie-Louise Dissard, Jean Cassou, Marcel Langer, Camille Soula ou encore le cardinal Saliège se sont positionnées et ont agi avec courage et abnégation. Le monument à la gloire de la Résistance (allée Frédéric-Mistral), le Musée

départemental qui lui est consacré et la stèle des Justes des Nations installée dans le Jardin des plantes témoignent aujourd'hui de l'importance de la Résistance à Toulouse et dans sa région.

Fin du XXe s, de gros efforts sur les transports en commun

Depuis 1993, la ville est équipée d'un métro. La ligne A relie le quartier du Mirail (au sud-ouest) à celui de Balma-Gramont (au nord-est) en passant par le cœur de la Ville Rose. La ligne B, inaugurée en 2007, va de Borderouge (au nord-ouest) à Ramonville (au sud-est). Une troisième ligne est prévue pour 2024. Résolument moderne sur le plan technologique (il s'agit d'un VAL, petites rames sans conducteur contrôlées informatiquement), le métro l'est aussi sur le plan architectural. La réalisation d'œuvres d'art dans chaque station a été confiée à des artistes contemporains, parmi lesquels les frères Di Rosa (un nom prédestiné ?), Sophie Calle ou Olivier Debré, ce qui donne dans l'ensemble un résultat très original. Au printemps 2010, Toulouse s'est dotée d'un tram.

De la catastrophe d'AZF à la naissance de l'Oncopole

« *Aqueste còp, aquela puta a petat !* » (Ce coup-ci, cette putain a explosé !). Incontestablement, cette journée du 21 septembre 2001 (10 jours après les attentats du World Trade Center) restera longtemps gravée dans la mémoire des Toulousains : 30 morts, près de 2 500 blessés, une secousse correspondant à un tremblement de terre d'une magnitude de 3,2 sur l'échelle de Richter. L'enceinte de l'usine AZF (filiale de Total-Fina-Elf) n'est plus qu'un cratère béant. Comment a-t-on pu laisser l'urbanisation se rapprocher si dangereusement d'une telle bombe à retardement ? Juste à côté, il y a la SNPE (Société nationale des poudres et explosifs), qui utilise des produits hautement dangereux, notamment le phosgène. Et puis Tolochimie, avec des produits tout aussi dangereux. Oui, le danger était connu (ces trois usines sont classées au titre des directives Seveso, censées prémunir la population des risques industriels à travers notamment la mise en place d'un dispositif d'alerte).
Probablement sous-estimé au départ, le danger n'a jamais été suffisamment réévalué avec le temps et l'urbanisation. Il faut dire que lorsque l'ONIA (nom d'origine d'AZF) s'installe ici en 1924 le site est alors idéal car bien loin de la ville. Mais l'urbanisation galopante des années 1950 et 1960 « rattrape » le site sans que personne ne réfléchisse vraiment aux conséquences d'une éventuelle catastrophe. On connaît la suite...
Aujourd'hui, il a été fait le choix du renouveau. Le site a été reconverti en Oncopole, un lieu appelé à devenir l'un des plus grands centres européens de recherche contre le cancer. Ce regroupement unique en Europe de compétences académiques et scientifiques, alliant secteurs publics et privés, partage un objectif ambitieux qui est structuré autour de l'Institut universitaire du cancer : lutter contre le cancer et faire reculer la maladie. L'institut universitaire a ouvert ses portes en mai 2014. L'Oncopole a été inauguré en octobre 2014.

La ville des savoirs

Forte de son identité scientifique et technique, Toulouse se positionne comme un lieu de référence en matière de culture scientifique grâce à de nombreuses initiatives destinées au grand public. À proximité du muséum, le ***Quai des savoirs,*** qui a ouvert ses portes au printemps 2016, est un espace de vulgarisation de la connaissance scientifique. De l'autre côté de l'agglomération, à Blagnac, ***Aeroscopia*** offre un parcours de découverte sur l'histoire, les techniques et les savoir-faire aéronautiques. Et, pour être complet, on n'oubliera pas la ***Cité de l'espace,*** consacrée à la fabuleuse aventure spatiale.

Quelques dates importantes à Toulouse et dans la région

– ***Vers 500 av. J.-C. :*** une grande nation gauloise, les Volques, prend ses quartiers dans la région.
– ***Vers 300 av. J.-C. :*** l'une de leurs tribus, les Tectosages, s'établit à Toulouse. Bonnes terres, bonne position : ils s'enrichissent.
– ***Ier s av. J.-C. :*** la romanisation fait mouche. *Tolosa* (Toulouse) et *Lugdunum Convenarium* (Saint-Bertrand-de-Comminges) prospèrent en troquant les blés de la région contre du vin italien.
– ***Ier s apr. J.-C. :*** le vin n'est plus exclusivement italien mais de Gaillac et de Millau. Toutes les villes gauloises se sont romanisées : Cahors, Auch, Eauze, Albi...
– ***IIIe s :*** Toulouse occupe la troisième place en Gaule. On n'oublie pas d'y persécuter les chrétiens : l'évêque saint Saturnin meurt attaché à la queue d'un taureau.
– ***IVe s :*** ici aussi, l'anarchie menace. Le centre de gravité se déplace vers les campagnes, où les *villae* des riches propriétaires préludent à la splendeur des futurs châteaux.
– ***406 :*** invasion des Vandales. La légende veut qu'ils aient épargné Toulouse à cause des mérites de son pasteur, saint Exupère.
– ***Vers 420 :*** snobant saint Exupère, les Wisigoths s'emparent de Toulouse. Une chance : ce sont les plus civilisés de tous les Barbares. Ils sont aussi résistants : Théodoric (Dietrich) arrête même Attila. Le royaume wisigothique englobe bientôt l'Espagne et le Languedoc. Toulouse, qui a rang de capitale, vit un petit « siècle d'or ».
– ***507 :*** Clovis annexe la région. Les Toulousains ne sont pas contents.
– ***VIe s :*** des montagnards basques, les Vascons, investissent une plaine qu'ils nommeront Gascogne.
– ***721 :*** le comté franc d'Aquitaine s'est rendu indépendant. Il défend Toulouse contre l'Arabe Azama.
– ***767 :*** Pépin le Bref, roi des Francs, reprend Toulouse au successeur d'Eudes.
– ***778 :*** Charlemagne, fils de Pépin, échoue dans sa conquête de l'Espagne. En repassant les Pyrénées à Roncevaux, une bonne partie de l'armée se fait étriper dans une embuscade. On accuse les Sarrasins, mais ce sont en réalité les Gascons qui ont fait le coup. Le Languedoc et le Pays toulousain serviront de base aux chrétiens d'Espagne en lutte contre les Arabes.
– ***844 et 874 :*** les Normands assiègent Toulouse.
– ***XIe s :*** la région se divise en comtés – Foix, Rouergue, Carcassonne et Toulouse –, dont les comtes étendent bientôt leur influence sur tout le Midi.
– ***1099 :*** les Méridionaux sont à la pointe de la première croisade. Le comte de Toulouse refuse le trône de Jérusalem mais se taille un comté au Liban.
– ***1177 :*** Toulouse et Barcelone se disputent le Midi. Un des alliés de ce dernier, le vicomte de Carcassonne, est aussi protecteur des cathares. Le comte de Toulouse croit habile de dénoncer l'hérésie au pape. Mauvais calcul...
– ***1208 :*** un écuyer du comte de Toulouse assassine le légat du pape. C'est le début de la croisade. Les armées du Nord descendent exterminer les Albigeois. Le comte de Toulouse va-t-il leur prêter main forte ou bien secourir ses vassaux ? Il atermoie. Il y perdra ses états, qui reviendront dans l'escarcelle de Saint Louis, et peu à peu la France que l'on connaît prend corps.
– ***1229 :*** les grands moyens sont mis en œuvre pour combattre l'hérésie albigeoise, avec la création de l'université de Toulouse, parrainée par l'ordre des dominicains, prompts à défendre l'orthodoxie. Ils y excellèrent, jusqu'à l'excès.
– ***XIIe-XIIIe s :*** multiplication des bastides, castelnaux et sauvetés.
– ***Début du XIVe s :*** guerre de Cent Ans, pestes, brigandages... Toulouse perd la moitié de sa population.
– ***1420 :*** Toulouse et le Languedoc sont les derniers fidèles du dauphin Charles. Jeanne d'Arc leur donnera raison.

– ***1444 :*** naissance du parlement de Toulouse. Il juge, administre et répartit l'impôt.
– ***1562 :*** la Réforme s'est enracinée à Castres, à Montauban et en Ariège. L'expulsion des protestants de Toulouse donne le signal des guerres de Religion : 40 années de dévastations.
– ***XVIe s :*** le pastel enrichit Toulouse. Il sera détrôné par une autre teinture, l'indigo des colonies.
– ***1629 :*** comme le roi enlève au parlement le droit de répartir les impôts, le Languedoc se soulève. Chef des émeutiers, le duc de Montmorency est décapité à Toulouse. Désormais, la région se tiendra tranquille, d'autant que, à Alès, Richelieu a signé l'édit de grâce qui met fin au cycle infernal des guerres de Religion.
– ***Révolution :*** la région opte pour la Convention, sans excès.
– ***XIXe-XXe s :*** désenclavé, le Midi toulousain succombe à la concurrence. Il perd le quart de sa population.
– ***1870 :*** fondation du quotidien *La Dépêche du Midi.*
– ***1875 :*** la plus grande inondation connue de la Garonne. 209 victimes, plus de 1 000 maisons détruites, la plupart des ponts emportés.
– ***1917 :*** installation de l'usine Latécoère à Montaudran, en périphérie toulousaine. Cette société industrielle d'aviation marquera le destin de la ville.
– ***1918 :*** ouverture de la première ligne Toulouse-Casablanca.
– ***1942-1945 :*** Toulouse, faut-il le rappeler, fut avec Lyon l'une des deux capitales de la Résistance (voir le paragraphe plus haut consacré à la Résistance).
– ***1969 :*** premier vol du Concorde depuis l'aéroport de Blagnac.
– ***1997 :*** ouverture de la Cité de l'espace.
– ***21 septembre 2001 :*** explosion de l'usine chimique AZF. Trente morts et près de 2 500 blessés.
– ***7 mai 2004 :*** inauguration du site d'assemblage de l'A380 à Toulouse-Blagnac.
– ***27 avril 2005 :*** premier décollage, vol et atterrissage de l'A380 (4h environ). Un événement officiel qui s'est déroulé en présence du président Chirac et qui a attiré une foule immense à la périphérie du site.
– ***16 mars 2008 :*** Pierre Cohen devient le nouveau maire de Toulouse. Après 37 ans de gouvernance de droite, c'est une liste de gauche qui prend la tête de la mairie.
– ***Janvier 2009 :*** le Grand Toulouse devient communauté urbaine.
– ***11 décembre 2010 :*** inauguration de la première ligne de tram.
– ***1er janvier 2011 :*** la communauté urbaine du Grand Toulouse étend son périmètre à 12 communes supplémentaires, pour rassembler 37 communes au total, et totalise 707 000 habitants.
– ***Mars 2012 :*** le Grand Toulouse devient Toulouse Métropole.
– ***14 juin 2013 :*** vol inaugural de l'A350. Un succès !
– ***30 mars 2014 :*** Jean-Luc Moudenc, candidat de l'UMP, remporte les élections municipales et devient maire de Toulouse.
– ***5 mai 2014 :*** inauguration de l'institut universitaire du cancer de l'Oncopole, sur l'ancien site de l'usine AZF.
– ***Juin 2016 :*** Occitanie est le joli nom retenu pour la nouvelle grande région issue de la fusion entre Languedoc-Roussillon et Midi-Pyrénées.

LANGUES RÉGIONALES

Occitania ! Pendant la guerre du Larzac, le bruit courut qu'une nouvelle nation d'opprimés se révoltait contre le centralisme jacobin. On chercha sur les cartes si quelque province à moitié étrangère du bout de l'Hexagone, comme le Pays basque, l'Alsace, la Corse ou la Bretagne, n'avait pas été annexée par mégarde. Et lorsqu'on découvrit qu'il s'agissait de 15 départements – 23 avec la Provence ! –, cette cause éveilla moins de sympathie que les précédentes. Faudrait-il se passer des grands bordeaux, de l'aéronautique toulousaine et des stages de tissage dans

les Cévennes ? De Brassens et de Jaurès ? Il y en eut pour dire que l'Occitanie n'existait pas et que, en tout état de cause, sa diversité n'était pas moins grande que celle de l'Hexagone.
Et pourtant, l'Occitanie n'a manqué que d'un Cavour pour exister. Sœur de la Catalogne, elle n'a épousé la France que par force. Chaînon manquant entre l'Espagne et l'Italie, c'est une de ces nations de soleil ombrageuses et volubiles, qui produit des vins lourds, des platanes, des saucisses et des peintres. Sa langue est un trésor : 160 000 mots, contre 30 000 pour le français. Mise en littérature par les troubadours, elle régna sur les cours d'Europe.

BOUDU L'ACCENT !

Selon une enquête du site de rencontres • parship.fr •, *l'accent toulousain est le plus séduisant de France : près de 35 % des personnes interrogées le trouvent sexy, 70 % le considèrent charmant. L'accent toulousain devance le marseillais, qui est le plus facilement identifiable après l'accent ch'ti.*

Littérature, solidarité urbaine, tolérance : l'Occitanie du XIe s était très en avance sur son temps. Trop, puisque sa complaisance envers les cathares signa sa perte. Francisé de force, l'Occitan libéral devint un Occitan turbulent. Guerres de Religion, camisards, Révolution, 1848, 1870, 1907 : chaque occasion lui fut bonne pour se révolter contre le mépris que ceux du Nord, comme Céline, vouaient à sa nation de « bâtards méditerranéens dégénérés, félibres gâteux, parasites arabiques que la France aurait eu tout intérêt à jeter par-dessus bord ».

LA CROIX OCCITANE

L'emblème de la ville est à l'origine une croix grecque à 12 branches illustrant les 12 mois de l'année, les 12 heures du jour ou encore les 12 signes du zodiaque. C'est désormais une croix à 4 branches et 12 boules.

Si la décentralisation a mis de l'huile dans les rouages, elle est loin d'avoir tout réglé, puisque l'essentiel des ressources occitanes – hier les mines, aujourd'hui l'aéronautique, l'immobilier touristique et certains vignobles – se trouve encore aux mains des « colons ». Hélas, cette noble cause ne s'en trouve pas moins divisée.
Preuve de sa vitalité, la langue occitane a deux rameaux. Le languedocien, le plus pur, est parlé de Nîmes à Toulouse, où l'Institut d'études occitanes a réussi à imposer l'ex-patois comme épreuve facultative au baccalauréat. On parle ici *gafets* (gamins), *peillarots* (chiffonniers), *castagnes* et *tartaragnes* (vieilles filles). Le gascon, lui, s'est enrichi des dialectes basques des vallées pyrénéennes. Plus haché, martial, à l'unisson des fanfares du haut pays, les *bandas,* et des bruits de rapière.

MUSIQUE : LES NOUVEAUX TROUBADOURS

La musique ? Dans la ville du bel canto et de Claude Nougaro, on connaît. Ici, la musique est avant tout festive, populaire, métissée et diverse. Elle a de l'énergie, de la tchatche. La scène toulousaine est un véritable vivier de créativité. Toulouse est même l'une des villes en France qui comptent le plus grand nombre de formations et de groupes, petits ou grands, par rapport à la population ! Souvent inconnus mais parfois étonnamment de grande qualité, que ce soit dans le registre du rock, des musiques du monde, de la chanson à texte, de la variété, des mouvances jazz, électro... Autant préciser qu'on ne peut pas tous les citer. Peut-être un peu plus qu'ailleurs, on mélange les genres, on brouille les cartes. Et c'est sans doute bien là une spécificité de la Ville Rose. La musique s'enracine avant tout dans la vie associative et socioculturelle, parfois même dans le champ politique.

Dans les années 1980, Jean ***Pierre Mader*** surfe sur la vague de ses tubes *Macumba* et *Disparue*. Les groupes ***Gold*** *(Plus près des étoiles...)* et ***Images*** *(Les Démons de minuit...)* sont au top de leur popularité. Pendant ce temps, dans le quartier Arnaud-Bernard, les ***Fabulous Trobadors,*** avec Claude Sicre à leur tête, inaugurent un genre musical nouveau : un rap folklorique occitan ! C'est osé, certes, mais 10 ans plus tard le groupe trouve un véritable écho. En même temps, la jeune ***Juliette*** fait ses premiers pas dans les bars toulousains tandis que ***Pauline Ester*** et ***Art Mengo*** se font connaître du grand public. De l'autre côté du canal du Midi, aux Minimes, une bande de copains qui agit pour l'insertion sociale des jeunes forme le groupe ***Zebda*** (« beurre » en arabe). À partir du milieu des années 1990, leur musique festive et engagée rencontre un franc succès ! En 2000, aux Victoires de la musique, Zebda reçoit la victoire du « Groupe de l'année » et *Tomber la chemise* obtient la victoire de la « Chanson originale de l'année ». En 2011, après 8 ans de pause, le groupe remonte sur scène. Il sort un nouvel album début 2012, puis un autre à l'automne 2014. Le public est au rendez-vous. Parallèlement à cette ascension, en 1996 sort le premier album des ***100 % Collègues,*** un collectif de cinq groupes (dont Zebda) qui reprend des « chants de lutte » *(Le Chant des partisans, Bella Ciao...),* histoire de rendre les manifs plus festives ! Un succès inattendu : près de 160 000 albums vendus ! Et puis c'est l'engagement politique avec la liste ***Motivé-e-s,*** qui recueille près de 13 % des suffrages aux municipales de 2001. Dans ce sillage, d'autres groupes émergent ou gagnent en popularité pour venir grossir les rangs de la « nouvelle scène française » : Spook & The Guay, Les Beautés vulgaires, Femmouzes T... Dans le registre des musiques du monde, signalons aussi les ***Bombes 2 bal,*** groupe essentiellement féminin qui, depuis 2002, fait danser le public sur des airs d'accordéon et du Nordeste brésilien.

Dans le domaine du jazz (au sens très large), ça joue beaucoup, et ça joue bien ! Parmi les nombreuses formations, zoom sur ***Pulcinella,*** un groupe qui bouscule les frontières en puisant dans le rock, le tango, la musette (entre autres !), et à la renommée grandissante. Ou encore ***Le Tigre des platanes,*** axé sur le free jazz, dont l'album réalisé en collaboration avec la chanteuse éthiopienne Eténèsh Wassié a rencontré un succès certain. Dans cette ville où l'Espagne « pousse un peu sa corne », le flamenco a évidemment toute sa place. ***Bernardo Sandoval,*** guitariste hors pair, installé dans la Ville Rose depuis 1960, lui rend particulièrement bien hommage. On n'oubliera pas non plus ***Serge Lopez*** et ***Kiko Ruiz.*** Dans le registre de la chanson française, chapeau bas à l'inclassable ***Éric Lareine.*** Dans le domaine pop-rock, en 2013 et 2014, gros carton pour le duo félin ***Cats on Trees*** révélé au printemps de Bourges en 2010. Zoom également sur ***Kid Wise,*** l'une des révélations indie-pop de l'année 2014, grâce notamment à leur titre *Hope*. Dans un autre registre, le jeune Toulousain ***François Ier*** (François Giesberger de son vrai nom) s'est fait remarquer avec son EP intitulé *1515*, sorti fin 2013. Les deux frérots ***Bigflo et Oli*** apportent fraîcheur et poésie sur la scène hip hop. Leur ascension est fulgurante.

Et pour finir, au printemps 2016, l'album *Zanaka* de **Jain** (Jeanne de son vrai nom !), mélange de pop, *world music* et d'électro, est disque de platine, 6 mois seulement après sa sortie. La jeune artiste toulousaine enchaîne plateaux télé et festivals.

Pour suivre l'effervescence de la scène toulousaine, ne pas hésiter à consulter le site • *avant-mardi.com* •

PERSONNAGES

– ***Clément Ader*** *(1841-1925)* **:** l'ingénieux ingénieur de Muret qui osa le premier s'élever de terre, et ce en 1890 ! Ainsi, la région avait découvert sa vocation des airs bien avant que, en plein tumulte guerrier, les autorités la choisissent comme centre stratégique, l'éloignant de la poreuse frontière de l'Est.

– ***Dominique Baudis*** *(1947-2014)* **:** ancien journaliste et présentateur du journal télévisé (le 20h sur TF1 à la fin des années 1970 et le Soir 3 au début des années 1980), il fut aussi maire de Toulouse pendant près de 20 ans. Il devient ensuite président du CSA puis de l'Institut du monde arabe (IMA), avant d'être nommé Défenseur des droits en 2011, fonction qu'il occupa jusqu'à sa mort, en avril 2014.

– ***Calas*** *(1698-1792)* **:** quand le fils de Jean Calas est retrouvé pendu dans la boutique familiale, on s'empresse de condamner son protestant de père, modeste commerçant. Dans un pays où il n'existe plus qu'une religion officielle (la religion catholique) depuis la révocation de l'édit de Nantes, persévérer dans l'« erreur » était déjà un crime à priori. L'enquête fut prise en main par des hommes au parti pris affirmé et aboutit à l'inculpation d'infanticide. Calas fut soumis à la torture et attaché sur une roue où on le bastonna à mort. Un procès douteux. Un jugement contre lequel Voltaire s'insurgea, montrant du doigt le « parlement le plus sanguinaire de France » et prenant cette affaire comme un symbole de l'intolérance ambiante. Le dernier grand scandale de l'Ancien Régime.

– ***Didier Daurat*** *(1891-1969)* **:** forte tête toulousaine. Pilote puis patron intransigeant de l'Aéropostale, il est l'un des artisans de la réussite de cette dernière. Il fut enterré, suivant son souhait, près des pistes de Montaudran, aujourd'hui classées Monuments historiques.

– ***Pascal Dessaint*** *(1964)* **:** auteur de romans policiers installé à Toulouse depuis 1984. La ville sert de cadre à la plupart de ses livres, qui ont été récompensés par de nombreux prix. *Du bruit sous le silence* (1999) situe son action dans le monde du rugby.

– ***Jean Dieuzaide*** *(1921-2003)* **:** ce grand monsieur de la photo française a doté Toulouse de la plus belle galerie de France, le Château d'Eau.

– ***Saint Dominique*** *(1170-1221)* **:** venu d'Espagne, Dominique de Caleruega est retenu sur les terres toulousaines par la lutte contre les cathares. Érudit et prédicateur hors pair, il fonde en 1215 l'ordre des frères prêcheurs, dont l'action repose sur la parole. Les dominicains seront ensuite associés à l'Inquisition, ce qui leur vaudra la terrible réputation de « chiens de Dieu » *(Domini cane).*

– ***Carlos Gardel*** *(1890-1935)* **:** symbole du tango argentin, né à Toulouse où il n'a passé que ses 27 premiers mois ! Néanmoins, sa maison natale reste un monument immanquable pour tous les *tangueros* du monde.

– ***Goudouli*** *(1580-1649)* **:** bien qu'avocat de formation, ce contemporain d'Henri IV né dans la Ville Rose préférera la littérature. Ses poèmes en langue d'oc expriment ses aspirations de bon vivant et lui vaudront un grand succès au XVIIe s.

– ***(Saint) Guillaume de Toulouse*** *(vers 750-812)* **:** ce cousin – et brillant second – de Charlemagne mena une vie « exemplaire ». Premier acte : Guillaume, duc d'Aquitaine, anéantit des Sarrasins. Deuxième acte : il fonde une abbaye dans le village cévenol qui prendra son nom, Saint-Guilhem-le-Désert, pour s'y retirer saintement jusqu'à sa mort. Les chansons de geste le connaissent sous le nom de Guillaume « au courb nez », ou Fierebrace.

– ***Clémence Isaure*** **:** personnage parmi les plus célèbres de la ville, mais dont l'existence n'a jamais été prouvée. On lui attribue un legs généreux qui aurait permis de doter richement les lauréats de la plus ancienne société littéraire européenne, l'Académie des jeux floraux. Souvent représentée en peinture et en sculpture, elle reste le symbole de la culture à Toulouse, avant que le Siècle des lumières ne la dénigre sous prétexte de vulgarité. Elle est aujourd'hui une figure importante pour le mouvement félibrige regroupant écrivains et poètes de langue d'oc.

– ***Jean Jaurès*** *(1859-1914)* **:** généreux, pugnace, la langue bien pendue, ce natif de Castres était un Méridional pur jus. Ancien prof, tendance Jules Ferry, c'est à Toulouse qu'il s'investit dans la politique en tant que chargé de l'instruction publique. Il deviendra député du Tarn et maire-adjoint, et défendra pêle-mêle Dreyfus, les mineurs de Carmaux et la paix. Assassiné le 31 juillet 1914 à Paris, il ne connaîtra pas la guerre.

– ***Juliette*** *(1962)* **:** chanteuse aux belles rondeurs et musicienne hors pair. Narratrice pétillante et puissante qui voyage de la modération à l'excès, de la gravité à l'humour. À voir sur scène pour sa forte présence.

– ***Simon de Monfort*** *(1160-1218)* **:** petit seigneur d'Île-de-France devenu grand par son rôle à la tête de la croisade contre les cathares. À force de chercher les noises aux comtes de Toulouse, il ne s'est pas remis de la pierre qu'il a reçue sur le crâne lors du siège de la ville en 1218 près de l'actuel Jardin des Plantes.

– ***Le duc de Montmorency*** *(1595-1632)* **:** gouverneur du Languedoc et opposant à Richelieu, il se laisse emmener sur le chemin du complot. Blessé lors de l'affrontement avec l'armée royale (bataille de Castelnaudary), il est condamné à la décapitation pour traîtrise et perd la tête dans la cour du Capitole.

– ***Claude Nougaro*** *(1929-2004)* **:** petite stature mais grande pointure de la chanson française. Fils d'un baryton, sa voix vibrante et son é-lo-cu-tion dé-tachée accompagnent des musiques superbes fortement imprégnées de jazz. Il est intimement lié à Toulouse, qu'il chantait avec des mots de poète. Sa disparition à l'âge de 74 ans a ébranlé la Ville Rose. Ses cendres furent éparpillées dans la Garonne. Une visite organisée par l'office de tourisme est régulièrement programmée.

– ***Claude Onesta*** *(1957)* **:** l'entraîneur de l'équipe de France de handball depuis 2001 est le plus titré du sport français, tout simplement.

– ***Michel Plasson*** *(1933)* **:** né à Paris. A été à la tête de l'orchestre national du Capitole, qu'il mena à la baguette. Incontournable du panorama musical, il a déplacé les mélomanes de la France entière et enchanté les Toulousains gourmands d'art symphonique et lyrique. Son jeune successeur, Tugan Sokhiev, nommé en 2008, a su lui aussi conquérir le public toulousain, qui le plébiscite.

– ***Les Raymond, comtes de Toulouse*** **:** les plus grands seigneurs de la France méridionale. Raymond IV est surtout connu par son départ pour la Terre sainte, où il mourut après avoir posé les jalons du futur comté de Tripoli. Raymond V, pour sa gestion parfois houleuse qui le mène à la reconnaissance du pouvoir municipal. Les plus célèbres sont Raymond VI, prince tolérant, à l'origine de la chute de Simon de Monfort, et son fils Raymond VII, artisan malheureux de la résistance méridionale, contraint à l'obéissance par la royauté. Par le mariage de son unique héritière avec Alphonse de Poitiers, frère de Saint Louis, il signe l'arrêt de mort du comté de Toulouse.

– ***Pierre-Paul de Riquet*** *(1609-1680)* **:** homme d'argent qui a évolué vers la gestion des liquides. Autodidacte génial, il a su convaincre le Roi-Soleil de la nécessité d'ouvrir une voie d'eau entre Toulouse et la Méditerranée (voir plus haut « Le canal du Midi et les autres canaux de Toulouse. La belle histoire du canal du Midi »).

– ***Jean-Pierre Rives*** *(1952)* **:** gentleman-paladin, « Casque d'Or » est l'ancien capitaine du Stade toulousain et de l'équipe de France de rugby. Il est aussi sculpteur.

– ***Saint-Exupéry*** *(1900-1944)* **:** petit prince de la littérature et héros de l'Aéropostale, le poète-aviateur dormait alors à la pension du Grand-Balcon (place du Capitole) avant de partir dans les airs, où il trouva la mort en Méditerranée.

– ***Saint Saturnin*** **:** un beau jour, au IIIe s, le bon Saturnin allait dire la messe quand il passa devant le temple de Toulouse. Mauvaise idée. Excédée par le silence de ses dieux, la foule des païens s'en prit au saint homme et l'attacha au taureau destiné au sacrifice. On s'empressa de le fouetter, et l'animal partit dans une course folle à travers la ville, traînant l'évêque derrière lui. Plus tard, les Toulousains se rachetèrent en lui offrant un beau tombeau : l'église Saint-Sernin (Saturnin).

– ***Georges Séguy*** *(1927-2016)* **:** il voit le jour à Toulouse, d'un père cheminot et communiste. En juin 1944, il travaille à l'imprimerie toulousaine des frères Lions qui édite clandestinement pour la Résistance. Sur dénonciation, toute l'équipe est arrêtée par la Gestapo. Le jeune Georges est du convoi. Rescapé des camps de concentration, il devient militant contre la barbarie nazie. En 1967, il est élu secrétaire général de la CGT, et le restera jusqu'en 1982. Il a négocié avec quatre présidents de la République !

– ***La famille Virebent :*** dynastie d'architectes qui a apposé sa griffe sur la ville au XIXᵉ s. On lui doit, entre autres, le dessin des grandes places toulousaines, la multiplication des décors de terre cuite plaqués sur les façades pour les anoblir, et la céramique colorée présente dans plusieurs églises toulousaines.

POPULATION : TOULOUSAINS *OR NOT* TOULOUSAINS...

Sans remonter aux Celtes et aux Wisigoths (voir la rubrique « Histoire » plus haut), il faut remarquer une spécificité toulousaine : celle d'avoir absorbé au cours de son évolution des personnes d'origines diverses et variées. Et il est amusant de remarquer que parmi les grands noms passés à la postérité, plusieurs affirment une origine plus ou moins lointaine géographiquement : saint Dominique, qui prit pied à Toulouse pour y fonder l'ordre des dominicains, est un Castillan ; les marchands pasteliers Bernuy et Assézat sont originaires respectivement de Burgos, en Espagne, et d'Espalion, en Rouergue ; le grand architecte de la Renaissance Nicolas Bachelier est natif d'Arras... Mais le phénomène le plus remarquable est l'absorption réelle de groupes arrivés à Toulouse, poussés par l'histoire.
L'immigration contemporaine est rythmée par quatre grands sursauts : les Belges, les Flamands et les gens de l'Est arrivent nombreux en 1914, les Français de la zone occupée en 1940, les pieds-noirs en 1962. Mais l'exemple le plus marquant est celui des réfugiés républicains espagnols qui rejoignent massivement Toulouse au lendemain de la chute de Barcelone, tombée aux mains de Franco, en 1939. Ils sont alors peut-être 100 000 à intégrer la ville. Environ 25 000 se fixeront définitivement, particulièrement dans les faubourgs, contribuant encore plus à ce que l'Espagne « pousse sa corne » dans la ville. Les patronymes à consonance espagnole sont nombreux et, bien avant la mode hispanisante, Toulouse offrait à sa population turbulente l'animation chaleureuse des bars à tapas. En mars 2006, le roi Juan Carlos a effectué une visite historique à Toulouse, au cours de laquelle il a rencontré des exilés républicains et leurs descendants. La fin des années 1960 et les premières décisions de décentralisation (CNES, par exemple) parachutent à Toulouse des Parisiens souvent réticents à l'implantation dans d'autres régions, mais qui sont aujourd'hui parmi les meilleurs ambassadeurs de l'art de vivre toulousain. En accueillant au sein du consortium aéronautique plusieurs partenaires européens, la ville voit transiter en nombre des Allemands, des Anglais et des Italiens ; les traditions s'échangent et se mélangent. Le nord-ouest de l'agglomération s'est même doté d'un lycée international où l'enseignement est partiellement donné en anglais et en allemand. Ajoutez-y le dynamisme de la troisième ville universitaire de France et des établissements de réputation internationale (universités, écoles d'ingénieurs, entreprises de haute technologie) pour comprendre que la plupart des pays ont des représentants sur le sol toulousain. Alors, parfois, dans cet amalgame riche et varié, certains Toulousains perdent un peu les pédales. Et depuis longtemps déjà, la société savante qui regroupe les érudits amateurs d'histoire locale et de patrimoine s'appelle... *Les Toulousains de Toulouse.* Pour être sûr de ne pas se tromper...

RUGBY : UN SPORT D'ART ET D'ESSAIS

De Pau à Béziers, la Gascogne et le Languedoc sont les deux mamelles du rugby français. Et le tronc qui les réunit, c'est le Midi toulousain. Au fait, mordiou, que font ici les Anglais ? Trois cents ans d'occupation de l'Aquitaine leur ont fait aimer la région. Les bourgeois de Bordeaux ont adopté leur savoir-vivre. Gascons et Languedociens, eux, ont reconnu dans le rugby leur propre tempérament : turbulent, grande gueule mais gentleman, et soudé autour du village par deux

millénaires de culture citadine. Aujourd'hui, le moindre bourg a son équipe, ses supporters, ses banquets.
Mais, à côté du rugby rugueux des montagnes ariégeoises, Toulouse a imposé une légende. Créé officiellement en 1907, le Stade toulousain a remporté son premier titre de champion de France en 1912. S'ouvre alors une période faste : pas moins de cinq titres décrochés entre 1922 et 1927 ! Mais c'est surtout à partir des années 1980, avec des joueurs comme Jean-Pierre Rives (Casque d'Or !), Jean-Claude Skrela et quelques autres que le Stade développe un style bien à lui : « Du panache, un jeu complet qui allie au jeu d'avants très sobre, celui très brillant des lignes arrière », comme l'explique l'une des plus célèbres figures du ballon ovale, Walter Spanghero, qui fut lui-même un joueur de légende du Stade, nommé 34 fois capitaine de l'équipe de France. En résumé : un palmarès éclatant avec 19 victoires en championnat de France, 4 titres européens et des joueurs qui portent régulièrement les couleurs de l'équipe de France. Lorsque la France a accueilli la ***Coupe du monde de rugby*** en 2007, quatre matchs ont été disputés au Stadium de Toulouse. Ainsi, la légendaire équipe des All Blacks a pu y intimider la Roumanie avec son célèbre haka ; et le XV de France y a inscrit sa victoire sans surprise contre la Namibie.
Les fervents supporters consulteront le site • *stadetoulousain.fr* • et ne manqueront pas de se rendre dans l'un des bars de la place Saint-Pierre (pour les plus jeunes) pour la troisième mi-temps des matchs, ou chez les rugbymen qui se sont reconvertis dans la limonade, avec plusieurs sympathiques bars-restaurants (*Los Piquillos,* route de Grenade ; *La Cantina,* place Saint-Cyprien).

Le rugby à 13, un autre rugby

Si le rugby à 15 est de loin le plus populaire et le plus connu en France, il existe un autre jeu aux règles spécifiques (numéros inversés, phase de jeu nommée « le tenu », calcul des scores différent) qui rassemble lui aussi de nombreux supporters autour d'un jeu très dense. Le Toulouse Olympique XIII, créé en 1937, doit s'interrompre pendant la guerre suite à l'interdiction du gouvernement de Vichy. Il se rejoue à partir de 1944 au stade Arnaudé, et s'impose peu à peu avec un beau palmarès qui le consacre finaliste ou champion à plusieurs reprises. L'ambition affichée : obtenir l'intégration dans la Super League, compétition européenne de renom où une seule équipe française (les Dragons Catalans) a droit de cité.

> **L'IRONIE DU SPORT**
>
> *Les rugbymen toulousains se moquent bien du redoutable haka des All Blacks, l'équipe de Nouvelle-Zélande : le nom de cette danse rituelle du peuple maori se traduit en français par « la violette », fleur emblématique de Toulouse !*

LES AUTRES SPORTS À TOULOUSE

Le monde de l'Ovalie ne doit pas masquer l'importance des autres sports où la ville se distingue. Le ballon rond a de nombreux adeptes pour encourager le « Téfécé » (TFC : Toulouse Football Club), qui a ses quartiers au Stadium ; les pôles aviron ont formé de nombreux médaillés, le Fenix Toulouse Handball Club se fait régulièrement remarquer pour ses très bons résultats, le canoë-kayak, la natation avec les Dauphins du Toec sont parmi les disciplines où la ville occupe une place enviable. Bref, Toulouse offre de beaux moments aux amateurs d'émotions sportives.
Mais au-delà du monde des spécialistes et des professionnels, Toulouse propose une incroyable diversité d'animations et d'équipements sportifs et de loisirs. On ne peut ici en faire le listing complet, mais voici quelques idées originales : faire

de la glisse aquatique à Sesquières autour du téléski nautique (ski nautique, *wake board, knee board,* etc.), tester l'aviron sur la Garonne, faire de l'escalade sur la digue, tenter une rando nocturne à rollers ou expérimenter le golf *indoor.* Si vous êtes du genre à fond la forme, rendez-vous sur le site • *toulouse.fr/sports* •

LA VILLE VERTE

Même si la ville est de premier abord assez minérale, il ne faut pas croire que les espaces verts font défaut. Avec 160 jardins et parcs dans le centre, plus de 1 000 ha d'espaces verts, 400 ha de zones vertes aménagées, 150 000 arbres, la Ville Rose vire au vert.
Une multitude de jardins et squares parsèment le centre-ville. Les plus fréquentés sont naturellement ceux de la ***place Wilson*** autour de sa belle fontaine ou le ***square Charles-de-Gaulle,*** dit square du Donjon, derrière le Capitole, avec plein de bancs pour faire une pause. Les bords de la Garonne ou des canaux figurent parmi les lieux favoris des Toulousains. La ***prairie des Filtres,*** à côté du Pont-Neuf, est un must pour découvrir l'un des plus beaux panoramas de la ville tout en prenant le frais, comme son pendant autour des Abattoirs, le ***jardin Raymond-VI,*** avec sa terrasse panoramique. Autour du Grand-Rond, les ***trois grands jardins*** (avec le Jardin royal et le Jardin des plantes) communiquent entre eux par des passerelles et forment le plus bel espace vert du centre-ville. À l'opposé, vers Arnaud-Bernard, le magnifique ***jardin japonais*** (dans le parc Compans-Caffarelli) offre un moment de zénitude si la ville vous épuise. Un peu plus loin, les ***zones vertes*** des Argoulets, de Sesquière, de Pech-David ou de la Ramée sont de vrais lieux de détente et de loisirs dans un cadre reposant.

LA VIOLETTE ET TOULOUSE

L'histoire de Toulouse et de la violette est finalement assez récente. Elle démarre au milieu du XIXe s. La plante arrive sur les terres de la région en venant de Parme, selon la légende. On se met donc à la cultiver pour sa fleur, très à la mode. Elle s'exporte en Angleterre et aux États-Unis. À l'apogée de sa culture, on trouve jusqu'à 600 familles de maraîchers qui font pousser la violette l'hiver et les légumes le reste de l'année. On fabrique les bouquets à la veillée, et la vente se fait toute seule, tellement la couleur violette a le vent en poupe dans le monde entier (le violet symbolise l'amour). Cela dure jusqu'au milieu du XXe s. L'intérêt pour cette fleur décline doucement, la production dégringole donc. Le coup de grâce est donné par le gel des cultures en 1956. Puis l'inauguration du marché international de Rungis ouvre les portes aux fleurs exotiques.
Il faut attendre les années 1980 (il ne reste alors que deux producteurs) pour que la chambre d'agriculture de la Haute-Garonne relance la culture et cherche à en faire le symbole de Toulouse. On assainit les plans, et 15 maraîchers se relancent dans l'aventure. Et la mode revient. Notamment avec des cuisiniers qui se mettent à travailler la fleur. On la retrouve aujourd'hui en fleur ou en pot sur les marchés, surtout sur celui de Saint-Aubin, mais aussi sous de nombreuses formes dérivées : confitures, thé aromatisé, moutarde, pots pourris, bougies, liqueurs, savons, bonbons... *La Maison de la Violette,* une péniche sur le canal, invite sympathiquement à la découverte de cette fleur délicate (se reporter à la rubrique « Toulouse. À voir. Les quartiers Jaurès, Saint-Aubin et Marengo »). Une fête de la Violette est également organisée chaque année, en février.

les ROUTARDS sur la FRANCE 2017-2018

(dates de parution sur • **routard.com** •)

Découpage de la FRANCE par le ROUTARD

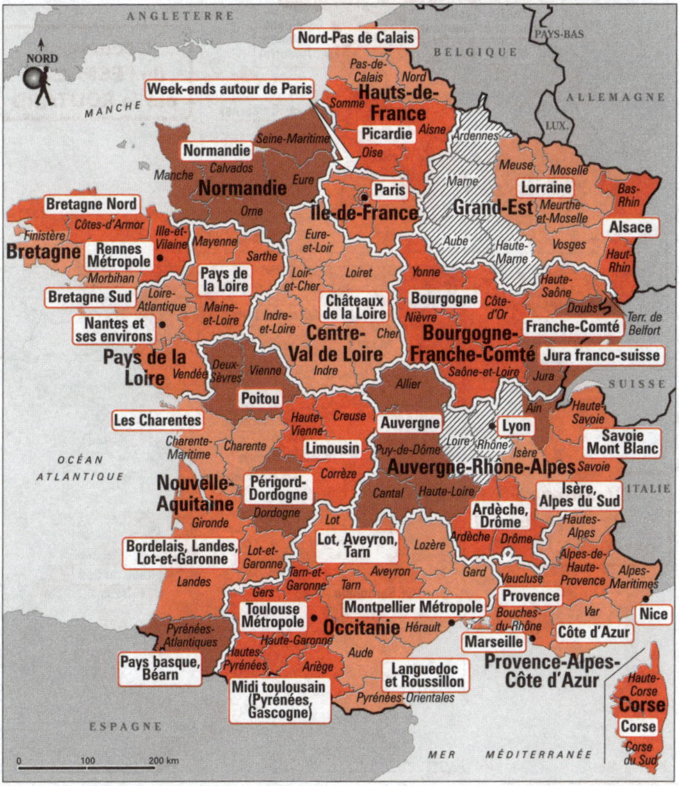

Autres guides nationaux

- Hébergements insolites en France (mars 2017)
- La Loire à Vélo
- La Vélodyssée (Roscoff-Hendaye)
- Nos meilleurs campings en France
- Nos meilleures chambres d'hôtes en France
- Nos meilleurs restos en France
- Les visites d'entreprises

Autres guides sur Paris

- Paris
- Paris balades
- Restos et bistrots de Paris
- Le Routard des amoureux à Paris
- Week-ends autour de Paris

les ROUTARDS sur l'ÉTRANGER 2017-2018

(dates de parution sur • **routard.com** •)

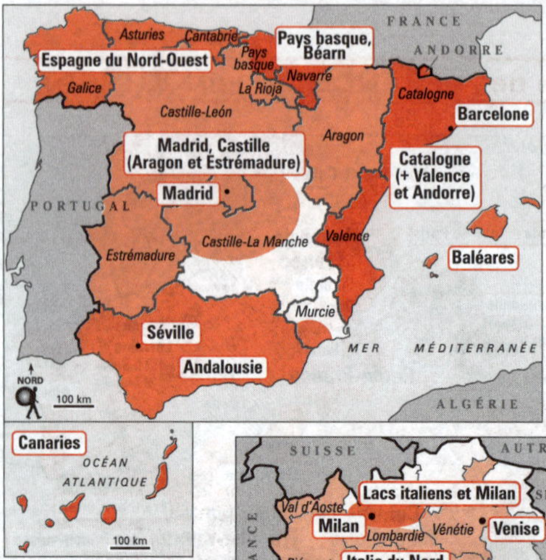

Découpage de l'ESPAGNE par le ROUTARD

Découpage de l'ITALIE par le ROUTARD

Autres pays européens

- Allemagne
- Angleterre, Pays de Galles
- Autriche
- Belgique
- Budapest, Hongrie
- Capitales baltes (avril 2017)
- Crète
- Croatie
- Danemark, Suède
- Écosse
- Finlande
- Grèce continentale
- Îles grecques et Athènes
- Irlande
- Islande
- Madère
- Malte
- Norvège
- Pologne
- Portugal
- République tchèque, Slovaquie
- Roumanie, Bulgarie
- Suisse

Villes européennes

- Amsterdam et ses environs
- Berlin
- Bruxelles
- Copenhague
- Dublin
- Lisbonne
- Londres
- Moscou
- Prague
- Saint-Pétersbourg
- Stockholm
- Vienne

les ROUTARDS sur l'ÉTRANGER 2017-2018

(dates de parution sur • routard.com •)

Découpage des ÉTATS-UNIS par le ROUTARD

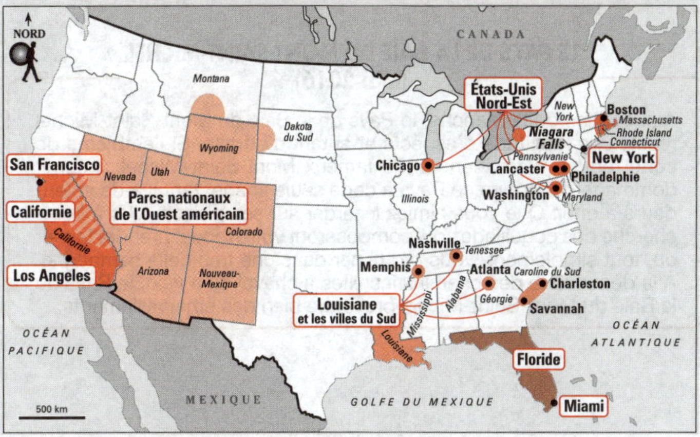

Autres pays d'Amérique

- Argentine
- Brésil
- Canada Ouest
- Chili et île de Pâques
- Costa Rica (nouveauté)
- Équateur et les îles Galápagos
- Guatemala, Yucatán et Chiapas
- Mexique
- Montréal
- Pérou, Bolivie
- Québec, Ontario et Provinces maritimes

Asie et Océanie

- Australie côte est + Red Centre
- Bali, Lombok
- Bangkok
- Birmanie (Myanmar)
- Cambodge, Laos
- Chine
- Hong-Kong, Macao, Canton
- Inde du Nord
- Inde du Sud
- Israël et Palestine
- Istanbul
- Jordanie
- Malaisie, Singapour
- Népal
- Shanghai
- Sri Lanka (Ceylan)
- Thaïlande
- Tokyo, Kyoto et environs
- Turquie
- Vietnam

Afrique

- Afrique du Sud
- Égypte
- Kenya, Tanzanie et Zanzibar
- Maroc
- Marrakech
- Sénégal
- Tunisie

Îles Caraïbes et océan Indien

- Cuba
- Guadeloupe, Saint-Martin, Saint-Barth
- Île Maurice, Rodrigues
- Madagascar
- Martinique
- République dominicaine (Saint-Domingue)
- Réunion

Guides de conversation

- Allemand
- Anglais
- Arabe du Maghreb
- Arabe du Proche-Orient
- Chinois
- Croate
- Espagnol
- Grec
- Italien
- Japonais
- Portugais
- Russe
- G'palémo (conversation par l'image)

Les Routards Express

Amsterdam, Barcelone, Berlin, Bruxelles, Budapest, Dublin, Florence, Istanbul, Lisbonne, Londres, Madrid, Marrakech, New York, Prague, Rome, Venise.

Nos coups de cœur

- Les 50 voyages à faire dans sa vie (nouveauté)
- Nos 52 week-ends dans les plus belles villes d'Europe
- France
- Monde

NOS NOUVEAUTÉS

LE PAYS DE LA BAIE DU MONT-SAINT-MICHEL (mai 2016)

Aux confins de la Manche, le Pays de la Baie du Mont-Saint-Michel recèle une multitude d'aspects et autant d'attraits. Si l'emblème de cette région reste, bien sûr, le fameux Mont-Saint-Michel, il serait dommage de réduire ce Pays à cette seule image, tant il a de splendeurs à offrir. Que vous aimiez lézarder sur ses plages, aller à la recherche des coquillages qui composeront votre repas, prendre la mer ou, tout simplement, vous promener dans une très belle campagne. À la découverte des chemins insolites à cheval ou à vélo, le Pays de la Baie du Mont-Saint-Michel provoque bien des émerveillements.

LE PAYS DE RETZ (mai 2016)

Au sud de l'estuaire de la Loire, à une petite cinquantaine de kilomètres de Nantes, le Pays de Retz se parcourt au fil de l'eau. Côté océan, c'est la Côte de Jade qui égrène de jolies stations balnéaires comme Saint-Brevin et Pornic pour les adeptes des sports nautiques. À l'intérieur des terres, on découvre un Pays de rivières et de marais facile et propice aux balades à vélo ou en canoë. Et c'est encore d'eau qu'il s'agit avec le canal maritime de la basse Loire qui encadre le Pays de Retz au nord et le lac de Grandlieu à l'est. Un des plus grands de France en hiver, mais peut-être un des plus méconnus, que ce guide vous invite à découvrir.

PARCOUREZ
LA LOIRE
à Vélo
avec le Routard
La Loire
à Vélo
Le Routard
hachette
routard.com
14€
UN GUIDE ILLUSTRÉ
TOUT EN COULEURS
800 km
de voies cyclables
8
itinéraires
41
étapes
ET TOUS LES BONS PLANS DU ROUTARD

NOS NOUVEAUTÉS

LE PAYS PYRÉNÉES-MÉDITERRANÉE (mai 2016)

Deux noms qui disent bien la double personnalité de ce territoire catalan installé entre mer et montagne. Quelle chance ! En altitude, ses massifs possèdent chacun leurs particularités : les Aspres, les Albères et le Vallespir. Les sportifs pourront y pratiquer de nombreuses activités et les amateurs d'Art roman y découvrir de petites merveilles de cloîtres et de chapelles. Les versants côtiers, entre Collioure et Banyuls, affichent fièrement leurs vignobles en terrasses, tandis que la Côte Vermeille offre une vaste plage de sable à Argelès, et au sud, des criques abritées, au pied des falaises.

LE PAYS DE BRIVE (avril 2016)

Le Pays de Brive, c'est la Corrèze côté soleil. Un coin de France charmant qui fait partie du Limousin parce que l'histoire en a décidé ainsi mais qui se sent proche, dans sa nature et son esprit, des régions qui le bordent. Brive et tout le Pays alentour, c'est déjà le Périgord, ou même le Quercy. Les paysages, la cuisine, le climat tirent le visiteur vers le Sud-Ouest. Alors faites comme les Brivistes, entre deux balades, allez vous installer à la terrasse des cafés, pour regarder la vie s'étirer aussi paisiblement que le cours de la Corrèze. Et prévoyez aussi de fêter la troisième mi-temps en dégustant la cuisine régionale dans une des bonnes tables de Brive.

NOS NOUVEAUTÉS

AUSTRALIE CÔTE EST + AYERS ROCK (paru)

Le pouvoir attractif de l'Australie est évident. Des terres arides à l'emblématique Ayers Rock, cet immense « rocher » émergeant au milieu de rien, des îlots paradisiaques sur la Grande Barrière de corail… Les animaux, parfois cocasses – kangourous, koalas, crocodiles, araignées Redback… –, côtoient la plus vieille civilisation du monde, celle du peuple aborigène. Pour les adeptes de la mer, il faudrait 27 ans pour visiter toutes les plages du pays, à raison d'une par jour ! La plus longue autoroute du monde suit 14 500 km de côtes, sans jamais lasser. Pour les accros de culture, l'Opéra de Sydney s'impose, avant de découvrir de fabuleux musées. Sans oublier l'ambiance des cafés de Melbourne, véritable petite San Francisco locale. Vous saurez tout sur le fameux Programme Vacances Travail (Working Holiday Visa), permettant d'alterner petits boulots et voyage au long cours. Mais le plus important se trouve dans la franche convivialité du peuple australien.

LA VÉLODYSSÉE (ROSCOFF-HENDAYE ; paru)

Suivant la façade Atlantique, la plus longue véloroute de France pénètre de charmants villages sur plus de 1 200 km. À vous de choisir votre parcours parmi les 12 itinéraires d'une centaine de kilomètres, divisés en étapes d'une journée. Un parcours écologique, caractérisé par la diversité des milieux traversés : eau salée de l'Atlantique et eau douce des lacs aquitains, forêts bretonnes de feuillus et pinèdes landaises, marais salants et parcs à huîtres, plages de sable et zones humides où viennent nicher les oiseaux… La Vélodyssée prend racine dans la végétation sauvage du Finistère, suit les berges tranquilles du canal de Nantes à Brest. La piste longe ensuite le littoral atlantique, ses plages à perte de vue et ses stations balnéaires…
Un guide pratique avec, pour chaque étape, une carte en couleurs, sans oublier des adresses utiles pour chaque itinéraire.

NOS NOUVEAUTÉS

ESTÉREL-CÔTE D'AZUR (paru)

Rouge comme le lever ou le coucher du soleil qui embrase les roches, bleu comme la mer et le ciel, vert comme les collines sur lesquelles sont posés de jolis villages perchés, voilà les trois couleurs fondamentales qui cimentent les territoires d'Estérel-Côte d'Azur et du Pays de Fayence. Les férus de farniente et d'activités nautiques y trouveront leur bonheur, les amateurs de randonnées de quoi satisfaire leur appétit de sentiers insolites, et ceux qui aiment l'histoire, de quoi assouvir leur curiosité. Le tout dans des paysages étonnants que le *Routard* vous invite à parcourir.

LE PAYS DES PORTES DE GASCOGNE (avril 2016)

Les Portes de Gascogne, un nom évocateur qui respire une vraie douceur, le bon vivre, la bonne chère, le partage et la convivialité. Nous sommes dans le Gers, le décor du *Bonheur est dans le pré*. Ce Pays, à la longue tradition d'hospitalité, ouvre ses portes avec générosité. Voici une terre où les coteaux dorés présentent des rondeurs fécondes, les cours d'eau dessinent des tracés discrets, et les bastides offrent leurs jolies places aux jours de marchés. Un Pays où il faut prendre le temps de se balader pour aller débusquer de véritables trésors cachés et déguster ses délicieux produits du terroir.

NOS NOUVEAUTÉS

COSTA RICA
(paru)

Costa Rica, littéralement la Côte riche. Ce pays est le royaume de la biodiversité planétaire. Un grand bain de nature, voilà la promesse de cette bande de terre qui s'étend entre la mer des Caraïbes et l'océan Pacifique. Un quart du territoire est classé en parcs nationaux ou zones protégées. Alors ouvrez grand vos yeux pour ne pas en perdre une miette ! De la paisible côte caraïbe aux rouleaux agités du Pacifique, le Costa Rica égrène ses richesses. Plantations de cafés, champs de bananiers, cordillères piquées de volcans, lacs et forêts impénétrables, sans oublier ses plages splendides, Mère Nature dévoile ici toutes ses merveilles. Paresseux, iguanes, oiseaux, tortues ou singes, le pays offre de belles rencontres. Et n'oubliez pas que depuis 1948, le Costa Rica abolit son armée pour investir dans l'éducation et la santé. On adopte vite la maxime locale : *pura vida !*

MADRID
(janvier 2017)

Madrid me mata ! Toujours tuante, Madrid, comme le proclamait l'époque Movida ? Oui, de plaisir, et plus que jamais. Madrid se joue des extrêmes. La capitale de l'Espagne aligne des musées stupéfiants et propose aussi des ambiances de village dans chaque quartier, aux identités bien marquées. On plonge dans l'univers de Picasso au Museo Reina Sofia *(Guernica !)* ou une journée d'éblouissement au Prado (Goya, Velázquez, et l'incroyable Jérôme Bosch) ou au Museo Thyssen-Bornemysza, les bars à tapas, traditionnels ou osés. Et la nuit se prolonge souvent : entre deux placettes autour de la plaza Mayor, au long du barrio de Las Letras, en dévalant La Latina et les ruelles cosmopolites de Lavapiés, de Malasaña la rebelle ou du gay-friendly Chueca... Autant de mondes à savourer ! Plus que jamais capitale et dynamique, la ville prend le tournant durable en développant un vaste réseau de pistes cyclables et en aménageant ses rives de bouffées d'espaces verts. À découvrir entre potes, en famille ou en couple, définitivement.

PARCOUREZ
LA VÉLODYSSÉE
Avec le Routard
La Vélodyssée
L'Atlantique à vélo, de Roscoff à Hendaye
Le Routard
routard.com
16€
UN GUIDE ILLUSTRÉ
TOUT EN COULEURS
POUR PARCOURIR
LA CÔTE ATLANTIQUE
À VÉLO
1200 Km
de voies cyclables
54
étapes
12
itinéraires
ET TOUS LES BONS PLANS DU ROUTARD

NOS NOUVEAUTÉS

NOS MEILLEURS HÉBERGEMENTS INSOLITES EN FRANCE (mars 2017)

Rien de tel pour retrouver son âme d'enfant que de dormir dans un arbre, ou au milieu d'un lac dans une cabane flottante, ou à six pieds sous terre dans une chambre troglodytique. Il y en a pour tous les goûts avec plus de 200 adresses dénichées en France, les « + » et les « - », mais aussi les activités incontournables à faire en famille ou entre amis à proximité de chaque adresse. Sans oublier la photo de chaque établissement. Le plus dur sera de choisir, entre l'île déserte, la réserve animalière, le phare, la roulotte, le combi VW, la bulle transparente au milieu de la forêt ou le vieux camping-car américain en alu, à deux pas de l'Arc de Triomphe !

CAPITALES BALTES (avril 2017)

Tallinn, Riga, Vilnius, trois capitales si proches et pourtant si surprenantes. Elles mêlent leurs racines entre des mondes disparates : scandinave, slave et germanique. Estonie, Lettonie, Lituanie, on les mélange souvent, mais très vite, on distingue leurs particularismes. Tallinn, secrète et magique, a gardé le charme d'une cité médiévale. La vieille ville, et son lacis de rues dominées par ses clochers, est classée au Patrimoine mondial de l'Unesco. Même reconnaissance pour le centre historique de Riga, où se mêlent un superbe noyau médiéval à un centre-ville Art nouveau. Après les musées, savourez sa vie nocturne, la plus folle des trois pays. À Vilnius, la baroque au coeur de collines boisées, découvrez le labyrinthe de ruelles étroites et la végétation lui donnant des airs de village. Malgré les 50 ans de présence soviétique, vous serez surpris par la modernité et le dynamisme qui anime leurs habitants.

PETITS TRUCS ET ASTUCES POUR ÉVITER LES ARNAQUES !

Un routard informé en vaut deux ! Pour éviter les arnaques en tous genres, il est bon de les connaître. Voici un petit vade-mecum destiné à parer aux coûts et aux coups de bambous. À commencer par **l'affichage des prix** : dans les hôtels comme dans les restos, il est **obligatoire** et doit être situé à l'extérieur de l'établissement, de manière visible. Vous ne pouvez donc contester des prix exorbitants que s'ils ne sont pas clairement affichés.

À L'HÔTEL

1 - Arrhes ou acompte ? : au moment de réserver votre chambre par téléphone – par précaution, toujours confirmer par écrit (ou mail) – il n'est pas rare que l'hôtelier vous demande de verser à l'avance une certaine somme, celle-ci faisant office de garantie. Il est d'usage de parler d'arrhes et non d'acompte (en fait, la loi dispose que « sauf stipulation contraire du contrat, les sommes versées d'avance sont des arrhes »). Légalement, aucune règle n'en précise le montant. Toutefois, ne versez que des arrhes raisonnables : 25 à 30 % du prix total, sachant qu'il s'agit d'un engagement définitif sur la réservation de la chambre. Cette somme ne pourra donc pas être remboursée en cas d'annulation de la réservation, sauf cas de force majeure qu'il vous faudra justifier (maladie ou accident) ou en accord avec l'hôtelier si l'annulation est faite dans des délais jugés raisonnables. Si, au contraire, l'annulation est le fait de l'hôtelier, il doit vous rembourser le double des arrhes versées. À l'inverse, l'acompte engage définitivement client et hôtelier.

2 - Subordination de vente : comme les restaurateurs, les hôteliers ont interdiction de pratiquer la subordination de vente. C'est-à-dire qu'ils ne peuvent pas vous obliger à réserver plusieurs nuits d'hôtel si vous n'en souhaitez qu'une. Dans le même ordre d'idées, on ne peut vous obliger à prendre votre petit déjeuner ou vos repas dans l'hôtel ; ce principe, illégal, est néanmoins répandu dans la profession, toléré en pratique, surtout en haute saison... notamment dans les zones touristiques, où la demande est bien plus importante que l'offre ! Bien se renseigner.

« QUI DORT DÎNE ! »

Cet adage, venu du Moyen Âge, signifie que les hôteliers imposaient le couvert aux clients qui prenaient une chambre. Déjà de la vente forcée !

3 - Les réservations en ligne : elles se sont généralisées. Par l'intermédiaire de sites commerciaux ou en direct sur les sites des hôtels, elles sont simples et rapides. Mais voilà, les promesses ne sont pas toujours tenues et l'on constate parfois des dérives, notamment via les centrales de résa telles que promos bidons, descriptifs exagérés, avis d'internautes truqués... Des hôteliers s'estiment étranglés par les commissions abusives. N'hésitez pas à contacter l'hôtel sur son site pour vous faire préciser le type de chambre que l'on vous a réservé (sur rue, sur jardin ?).

4 - Responsabilité en cas de vol : un hôtelier ne peut en aucun cas dégager sa responsabilité pour des objets qui auraient été volés dans la chambre d'un de ses clients, même si ces objets n'ont pas été mis au coffre. En d'autres termes, les éventuels panonceaux dégageant la responsabilité de l'hôtelier n'ont aucun fondement juridique.

5 - En cas d'annulation : si vous avez réservé une chambre (sans avoir rien versé) et que vous avez un empêchement, passez un coup de téléphone pour annuler, c'est la moindre des politesses. Trop peu de gens le font, ce qui rend les hôteliers méfiants.

AU RESTO

1 - Menus : très souvent, les premiers menus (les moins chers) ne sont servis qu'en semaine ou que le midi, et avant certaines heures (12h30 et 20h30 généralement). C'est parfaitement légal, à condition que ce soit clairement indiqué sur le panneau extérieur : à vous d'être vigilant et d'arriver dans les bons créneaux horaires ! Il peut arriver que ce soit écrit en tout petit. Par ailleurs, bien vérifier que le « menu d'appel », le moins cher donc, est toujours présent dans la carte qu'on vous donne une fois installé. Il arrive qu'il disparaisse comme par enchantement. N'hésitez pas à le réclamer si vous êtes entré pour ce menu précis.

2 - Le « fait maison » : cette grande « tendance culinaire » de ces dernières années s'oppose aux plats sous-vide ou congelés achetés par les restaurateurs, réchauffés sur place et « agrémentés » d'une petite touche personnelle pour noyer le poisson (ou la souris d'agneau). Depuis 2013, le label « fait maison » permet de vérifier si les plats sont réellement préparés ou non sur place.

3 - Commande insuffisante : il arrive que certains restos refusent de servir une commande jugée insuffisante. Sachez, toutefois, qu'il est illégal de pousser le client à la consommation. Mais l'on peut également comprendre que commander un seul plat pour 3 personnes peut agacer un tantinet le restaurateur. Tout est une question de juste équilibre.

4 - Eau : une banale carafe d'eau du robinet est gratuite – à condition qu'elle accompagne un repas – sauf si son prix est affiché. On ne peut pas vous la refuser, sauf si elle est jugée impropre à la consommation par décret. La bouteille d'eau minérale quant à elle doit, comme le vin, être ouverte devant vous. L'arnaque dans certains restos « pousse-conso » consiste à proposer d'emblée une eau minérale et de la facturer 7 €, voire plus… À la question du serveur : « …et pour l'eau, Badoit ou Vittel ? » vous êtes en droit de répondre « une carafe ! ».

5 - Vins : les cartes des vins ne sont pas toujours très claires. Exemple : vous commandez un bourgogne à 16 € la bouteille. On vous la facture 32 €. En vérifiant sur la carte, vous découvrez que 16 € correspondent au prix d'une demi-bouteille. Mais c'était écrit en petits caractères illisibles. Attention au prix parfois exorbitant des vins au verre. Abus bien courant, l'année de référence n'est plus disponible : on vous sert un millésime plus récent mais au même tarif ! Vous devez obligatoirement en être informé avant le débouchage de la bouteille.

6 - Couvert enfant : le restaurateur peut tout à fait compter un couvert par enfant, même s'il ne consomme pas, à condition que ce soit spécifié sur la carte. Parfois il est libellé « Enfant ne mangeant pas », tant d'euros ! Cela dit, ce n'est quand même pas courant et ça donne une petite idée de la générosité du restaurateur !

7 - Sous-marin : après le coup de bambou et le coup de fusil, celui du sous-marin. Le procédé consiste à rendre la monnaie en plaçant dans la soucoupe (de bas en haut) : les pièces, l'addition puis les billets. Si l'on est pressé, on récupère les billets en oubliant les pièces cachées sous l'addition. Malin !

N'oublions pas que l'hôtellerie et la restauration sont des métiers de service, qui ne souffrent ni l'approximation, ni les (mauvais) écarts. Nous supprimons de nos guides tous les établissements qui abusent. Mais la réciproque est aussi valable : tout est question de respect mutuel.

Bonne route !

Nous tenons à remercier tout particulièrement Loup-Maëlle Besançon, Thierry Bessou, Gérard Bouchu, François Chauvin, Grégory Dalex, Fabrice Doumergue, Cédric Fischer, Carole Fouque, Michelle Georget, David Giason, Claude Hervé-Bazin, Emmanuel Juste, Dimitri Lefèvre, Fabrice de Lestang, Romain Meynier, Éric Milet, Pierre Mitrano, Jean-Sébastien Petitdemange et Thomas Rivallain pour leur collaboration régulière.

Emmanuelle Bauquis
Jean-Jacques Bordier-Chêne
Michèle Boucher
Sophie Cachard
Lucie Colombo
Agnès Debiage
Émilie Debur
Jérôme Denoix
Flora Descamps
Louise Desmoulins
Tovi et Ahmet Diler
Clélie Dudon
Sophie Duval
Alain Fisch
Romain Fossurier
Bérénice Glanger
Adrien et Clément Gloaguen
Marie Gustot
Bernard Hilaire
Sébastien Jauffret
Jacques Lemoine
Amélie Mikaelian
Caroline Ollion
Martine Partrat
Odile Paugam et Didier Jehanno
Émilie Pujol
Prakit Saiporn
Jean-Luc et Antigone Schilling
Caroline Vallano

Direction: Nathalie Bloch-Pujo
Contrôle de gestion: Jérôme Boulingre et Adeline Cazabat Barrere
Secrétariat: Catherine Maîtrepierre
Direction éditoriale: Catherine Julhe
Édition: Matthieu Devaux, Olga Krokhina, Gia-Quy Tran, Julie Dupré, Emmanuelle Michon, Sarah Favaron, Ludmilla Guillet, Coralie Piron, Flora Sallot, Elvire Tandjaoui, Quentin Tenneson, Clémence Toublanc et Sandra Vavdin
Préparation-lecture: Hélène Meurice
Cartographie: Frédéric Clémençon et Aurélie Huot
Fabrication: Nathalie Lautout et Audrey Detournay
Relations presse France: COM'PROD, Fred Papet. ☎ 01-70-69-04-69. • *info@comprod.fr* •
Illustration: Anne-Sophie de Précourt
Direction marketing: Adrien de Bizemont, Clémence de Boisfleury et Charlotte Brou
Contacts partenariats: André Magniez (EMD). • *andremagniez@gmail.com* •
Édition des partenariats: Élise Ernest
Informatique éditoriale: Lionel Barth
Couverture: Clément Gloaguen et Seenk
Maquette intérieure: le-bureau-des-affaires-graphiques.com, Thibault Reumaux et npeg.fr
Relations presse: Martine Levens (Belgique) et Maureen Browne (Suisse)
Régie publicitaire: Florence Brunel-Jars

INDEX GÉNÉRAL

Remarque : la ville de Toulouse est aussi traitée dans le *Routard Midi toulousain (Pyrénées, Gascogne)*.

TOULOUSE

INDEX GÉNÉRAL

ENVIRONS DE TOULOUSE

LISTE DES CARTES ET PLANS

Remarque importante aux hôteliers et restaurateurs

Les enquêteurs du *Routard* travaillent dans le plus strict anonymat. Aucune réduction, aucun avantage quelconque, aucune rétribution n'est jamais demandé en contrepartie. Face aux aigrefins, la loi autorise les hôteliers et restaurateurs à porter plainte.

Avis aux lecteurs

Le Routard, ce n'est pas comme le bon vin, il vieillit mal. On ne veut pas pousser à la consommation, mais évitez de partir avec une édition ancienne. Les modifications sont souvent importantes.

Les réductions accordées à nos lecteurs ne sont jamais demandées par nos rédacteurs afin de préserver leur indépendance. Les hôteliers et restaurateurs sont sollicités par une société de mailing, totalement indépendante de la rédaction, qui reste donc libre de ses choix. De même pour les autocollants et plaques émaillées.

Avec routard.com, choisissez, organisez, réservez et partagez vos voyages !

✓ Rejoignez la plus grande communauté francophone de voyageurs : plus de **2 millions** de visiteurs !

✓ Échangez avec les routarnautes : forums, photos, avis d'hôtels.

✓ Retrouvez aussi toutes les informations actualisées pour choisir et préparer vos voyages : plus de 200 fiches pays, une centaine de dossiers pratiques et un magazine en ligne pour découvrir tous les secrets de votre destination.

✓ Enfin, comparez les offres pour organiser et réserver votre voyage au meilleur prix.

Les **Routards** *parlent aux* **Routards**

Faites-nous part de vos expériences, de vos découvertes, de vos tuyaux. Indiquez-nous les renseignements périmés. Aidez-nous à remettre l'ouvrage à jour. Faites profiter les autres de vos adresses nouvelles, combines géniales... On adresse un exemplaire gratuit de la prochaine édition à ceux qui nous envoient les lettres les meilleures, pour la qualité et la pertinence des informations. Quelques conseils cependant :

– Envoyez-nous votre courrier le plus tôt possible afin que l'on puisse insérer vos tuyaux sur la prochaine édition.

– N'oubliez pas de préciser l'ouvrage que vous désirez recevoir, ainsi que votre adresse postale.

– Vérifiez que vos remarques concernent l'édition en cours et notez les pages du guide concernées par vos observations.

– Quand vous indiquez des hôtels ou des restaurants, pensez à signaler leur adresse précise et, pour les grandes villes, les moyens de transport pour y aller. Si vous le pouvez, joignez la carte de visite de l'hôtel ou du resto décrit.

– N'écrivez si possible que d'un côté de la lettre (et non recto verso).

– Bien sûr, on s'arrache moins les yeux sur les lettres dactylographiées ou correctement écrites !

En tout état de cause, merci pour vos nombreuses lettres.

122, rue du Moulin-des-Prés, 75013 Paris

• *guide@routard.com* • *routard.com* •

Routard Assurance *2017*

Née du partenariat entre *AVI International* et le *Routard*, *Routard Assurance* est une assurance voyage complète qui offre toutes les prestations d'assistance indispensables à l'étranger : dépenses médicales, pharmacie, frais d'hôpital, rapatriement médical, caution et défense pénale, responsabilité civile vie privée et bagages. Présent dans le monde entier, le plateau d'assistance d'*AVI International* donne accès à un vaste réseau de médecins et d'hôpitaux. Pas besoin d'avancer les frais d'hospitalisation ou de rapatriement. Numéro d'appel gratuit, disponible 24h/24. *AVI International* dispose par ailleurs d'une filiale aux États-Unis qui permet d'intervenir plus rapidement auprès des hôpitaux locaux. À noter, *Routard Assurance Famille* couvre jusqu'à 7 personnes, et *Routard Assurance Longue Durée Marco Polo* couvre les voyages de plus de 2 mois dans le monde entier. *AVI International* est une équipe d'experts qui répondra à toutes vos questions par téléphone : ☎ 01-44-63-51-00 ou par mail • *routard@avi-international.com* • Conditions et souscription sur • *avi-international.com* •

Édité par Hachette Livre (58, rue Jean-Bleuzen, CS 70007, 92178 Vanves Cedex, France)
Photocomposé par Jouve (45770 Saran, France)
Imprimé par Jouve 2 (Quai n° 2, 733, rue Saint-Léonard, BP 3, 53101 Mayenne Cedex, France)
Achevé d'imprimer le 23 janvier 2017
Collection n° 15 - Édition n° 01
84/5966/2
I.S.B.N. 978-2-01-279907-3
Dépôt légal : janvier 2017

PAPIER À BASE DE FIBRES CERTIFIÉES